지속 가능한 프런트엔드 엔지니어링

유지보수하기 쉽고 확장성 있는 프런트엔드 구축을 위한 핵심 원칙과 기법

지속 가능한 프런트엔드 엔지니어링

유지보수하기 쉽고 확장성 있는 프런트엔드 구축을 위한 핵심 원칙과 기법

지은이 이문기

펴낸이 박찬규 엮은이 이대엽 디자인 북누리 표지디자인 Arowa & Arowana

펴낸곳 위키북스 전화 031-955-3658, 3659 팩스 031-955-3660
주소 경기도 파주시 문발로 115 세종출판벤처타운 311호

가격 28,000 페이지 396 책규격 175 x 235mm

초판 발행 2026년 02월 26일
ISBN 979-11-5839-665-7 (93000)

등록번호 제406-2006-000036호 등록일자 2006년 05월 19일
홈페이지 wikibook.co.kr 전자우편 wikibook@wikibook.co.kr

이 책의 내용에 대한 추가 지원과 문의는 위키북스 출판사 홈페이지 wikibook.co.kr이나
이메일 wikibook@wikibook.co.kr을 이용해 주세요.

지속 가능한 프런트엔드 엔지니어링

유지보수하기 쉽고 확장성 있는
프런트엔드 구축을 위한 핵심 원칙과 기법

이문기 지음

위키북스

서문

프런트엔드 개발은 복잡합니다. 사용자의 예측 불가능한 행동, 수시로 변하는 데이터, 다양한 브라우저 환경, 잦은 요구사항 변경까지, 이 모든 것이 하나의 화면 위에서 동시에 일어나고 서로에게 영향을 줍니다. 코드를 수정하다가 '이럴 바에는 새로 짜는 것이 낫겠다'라는 생각이 든다면 복잡성은 이론이 아닌 현실 속 문제가 된 것입니다.

이 책은 바로 그 복잡성을 다루기 위한 기술을 다룹니다. 특히 프런트엔드 개발자로서 복잡한 코드를 다루는 과정에서 얻은 경험을 담았습니다. 책을 쓰며 그동안의 경험을 더하기도 하고, 쓰기로 했지만 마주하기 어려웠던 주제는 빼기도 했습니다. 또한 특정 프레임워크의 사용법이나 최신 기술 동향을 좇기보다는 시간이 지나도 변하지 않는 소프트웨어 설계의 기본 원칙에 집중하고자 노력했습니다.

이 책에서 다루는 내용

이 책은 다음과 같은 고민을 하면서 썼습니다.

- 경험적으로 좋은 코드라는 확신은 있지만 '왜 좋은지' 구체적인 근거를 들어 설명하기 어려웠던 막막함
- 새로운 프레임워크 도입만으로는 해결되지 않는, 코드의 구조적인 개선을 통해 근본적인 문제를 해결하고 싶다는 갈증
- 테스트 코드의 필요성은 느끼지만 막상 작성하려고 하면 어디서부터 어떻게 시작해야 할지 몰라 막막했던 경험
- 오래되어 수정하기 어려운 레거시 코드를 마주했을 때 어떻게 점진적으로 개선할 수 있을지에 대한 고민

이러한 이유로 이 책은 명쾌한 정답을 찾기보다는 문제를 정의하고 해결책을 찾아가는 과정을 관찰하듯이 읽는다면 큰 도움이 될 것입니다.

이 책의 구성과 읽는 법

이 책은 총 2부로 구성돼 있습니다.

1부 '기본 원칙'에서는 소프트웨어를 다루는 핵심 개념들을 다룹니다. 의존성, 인터페이스, 캡슐화, 결합도와 응집도 등 다소 이론적으로 보일 수 있는 주제들을 프런트엔드 개발의 맥락에서 설명합니다. 1부의 각 장은 독립적으로 이해할 수 있도록 썼지만 뒤따라오는 장들이 앞선 장의 개념을 바탕으로 설명되므로 1장부터 차례대로 읽는 것을 권장합니다.

2부 '지속 가능성'에서는 1부에서 다룬 기본 원칙들을 조합해서 조금 더 복잡한 문제를 다룹니다. 비즈니스 로직 분리, API 관리, 컴포넌트 설계 등 우리가 매일 마주하는 구체적인 상황 속에서 어떻게 원칙을 활용해 코드의 구조를 개선하고 복잡도를 관리할 수 있는지 살펴봅니다.

거듭 밝히지만, 이 책은 정답을 제시하지 않습니다. 그 대신 문제를 파악하고, 특정 상황에 적합한 설계를 고민할 수 있는 생각의 도구를 공유합니다. 이를 통해 자신의 코드를 더 깊이 이해하고, 동료들과 더 명확한 언어로 소통하며, 무엇보다 독자들이 지치지 않고 즐겁게 개발해 나가는 데 작은 힘이 되기를 바랍니다.

예제 코드

이 책에 담긴 예제 코드를 아래의 깃허브 저장소에서 확인하고 내려받을 수 있습니다.

- 예제 코드 깃허브 저장소: https://github.com/wikibook/frontend-engineering

1부 / 기본 원칙

2부 / 지속 가능성

1부 / 기본 원칙

오늘날의 프런트엔드 애플리케이션은 단순히 화면을 보여주는 역할을 넘어 수많은 데이터와 사용자의 상호작용을 동시에 처리하는 복잡한 시스템이 됐습니다. 비동기로 쏟아지는 서버 데이터, 시시각각 변하는 UI 상태, 그리고 사용자의 예측 불가능한 입력까지. 이 모든 것이 하나의 화면 위에서 동시에 일어나고 서로에게 영향을 줍니다.

이러한 환경에서 코드는 쉽게 복잡해지고 관리하기 어려운 상태가 되곤 합니다. 기능 하나를 수정하면 전혀 상관없어 보이던 곳에서 에러가 터지고, 새로운 기능을 추가하기 위해 기존 코드를 한참 동안 뜯어고쳐야 하는 일도 비일비재합니다. 복잡도가 높아질수록 우리는 코드에 압도당하기 쉽고, 결국에는 '일단 돌아가게만 만들자'는 유혹에 빠지기도 합니다.

이처럼 높아진 복잡도 속에서 길을 잃지 않고 변화에 유연하게 대응하며 안정적인 애플리케이션을 만들기 위해서는 시간이 흘러도 변하지 않는 소프트웨어 개발의 기본 원칙이 필요합니다.

이 책의 1부를 구성하는 각 장에서는 단순히 이론적인 지식만 나열하지 않습니다. 그 대신 복잡한 로직을 어떻게 정리할지, 거대한 컴포넌트 구조를 어떻게 유연하게 나눌지 고민하고 정리한 생각들을 담았습니다. 우리가 가진 도구가 무엇이든, 이 원칙들은 복잡함을 제어하고 코드를 예측 가능한 상태로 유지하는 데 큰 힘이 됩니다.

1부에서는 우리가 마주하는 복잡한 문제들을 해결하는 데 도움이 되는 구체적인 방법을 다룹니다. 먼저 코드가 서로 어떻게 연결돼 있는지 파악하고 의존 관계를 적절하게 관리하도록 돕습니다. 1장 '의존성'과 4장 '결합도와 응집도'에서는 코드가 서로 복잡하게 얽히지 않게 관리하는 법을, 2장 '인터페이스'에서는 서로 다른 코드가 약속된 규칙을 통해 협력하는 방법을 다룹니다.

또한 복잡함을 다루는 방법을 안내합니다. 3장 '캡슐화'와 5장 '추상화', 7장 '관심사의 분리'에서는 불필요한 정보를 숨기고 핵심만 남겨 개발자가 다뤄야 할 복잡도를 조절하는 방법을 살펴봅니다.

마지막으로 데이터와 로직을 명확하게 다루는 방법을 공유합니다. 6장 '엔티티와 값 객체', 10장 'DTO'에서는 데이터를 목적에 맞는 단위로 정의하는 방법을 다루며, 9장 '부수 효과'와 8장 'DRY'에서는 예측 가능한 동작과 일관된 코드 관리를 위한 방법을 모색합니다.

기본 원칙을 고민하는 과정은 단순히 코드를 보기 좋게 정리하는 것을 넘어, 계속되는 요구사항 속에서 지속 가능한 소프트웨어를 만들도록 도와줍니다. 이 원칙들이 복잡한 요구사항 앞에서 문제 해결의 실마리를 제공하는 도구가 되기를 바랍니다. 이제 그 도구들을 하나씩 함께 살펴보겠습니다.

CHAPTER

01

의존성

의존성(dependency)은 둘 이상의 상호 의존 관계를 설명하는 용어입니다. 예제 1.1처럼 ComponentA가 동작하기 위해 ComponentB가 필요하다면 'ComponentA는 ComponentB에 의존한다'라고 표현합니다.

예제 1.1 ComponentA와 ComponentB의 의존 관계

```
function ComponentA() {
  return (
    ...
    <ComponentB>...</ComponentB>
    ...
  );
}
```

의존성은 결합도(coupling)와 동의어로 사용되기도 합니다. 예제 1.1을 결합도 측면에서 설명하면 'ComponentA와 ComponentB는 결합돼 있다'라고 합니다. 하지만 의존성과 결합도는 코드의 서로 다른 특징을 설명하기도 합니다. 의존성은 두 대상 사이의 의존 여부를 설명할 때 사용하는 반면, 결합도는 두 대상이 서로 의존하는 정도를 나타냅니다. 그래서 의존성은 '의존성이 존재한다'와 같이 사용하고 결합도는 '결합도가 강하다'와 같이 사용합니다.[1] 그리고 의존성

1 『오브젝트』(위키북스, 2019), 266쪽

은 방향에 대한 속성을 갖고 있습니다. ComponentA가 ComponentB에 의존한다면 그림 1.1과 같이 의존하는 방향에 맞춰 점선 화살표로 표현합니다.

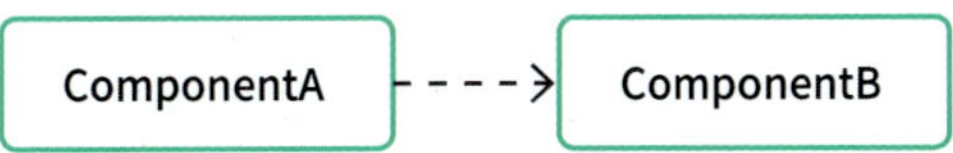

그림 1.1 ComponentA와 ComponentB의 의존 관계 표현

반면 그림 1.1을 결합도 측면에서 이해할 때는 방향성 없이 ComponentA와 ComponentB는 서로 결합돼 있다고 표현합니다.

아무리 별거 없어 보이는 의존성이라도 잘 관리하지 않으면 복잡도가 높고 수정하기 어려운 코드가 됩니다.[2] 코드를 수정할 때 개념적으로는 간단하게 수정할 수 있을 거라 생각했지만 막상 코드를 들여다보면 그렇지 않을 때가 있습니다. 그렇게 이 파일 저 파일을 왔다 갔다 하며 수정하고 있다면 의존성 관리가 잘 돼 있는지 점검할 필요가 있습니다. 왜냐하면 **의존성은 관계뿐만 아니라 변경에도 영향을 미치기 때문입니다.**

ComponentA가 의존하는 ComponentB를 변경하면 ComponentA는 변경 가능성에 노출됩니다. 의존 관계는 서로를 변경 가능성에 노출하고, 한 곳의 변경이 다른 곳의 변경으로 전파될 **가능성**을 만듭니다.

모든 코드가 그렇듯 프런트엔드 코드 역시 작성하다 보면 여러 종류의 의존성을 마주하게 됩니다. 여기서는 프런트엔드 코드에서 마주하는 의존성에는 어떤 것이 있고, 그것들을 어떻게 관리하면 좋을지 몇 가지 예시와 함께 살펴보겠습니다.

1.1 변수 의존성

프런트엔드 코드를 다루면서 중요하지만 놓치기 쉬운 의존성은 변수와 관련된 의존성입니다. 변수는 만들고 다루기 쉽지만, 오히려 그렇기 때문에 복잡한 의존 관계로 인한 복잡도가 발생할 가능성이 높습니다. 예상하지 못한 값이 들어 있어서 사용할 때 에러가 발생하거나, 변수명이 적절하지 않아서 변수명을 수정하고, 수정할 때 깜박하고 관련 변수를 갱신하지 않아 서비

2 『A Philosophy of Software Design』(Yaknyam Press, 2018), 24쪽

스 중에 코드가 동작하지 않는 등 많은 개발자가 변수를 다루면서 어려움을 겪습니다. 그렇다면 프런트엔드에서 변수와 관련된 의존성에는 무엇이 있고 어떻게 개선할 수 있을지 사례를 통해 알아보겠습니다.

변수의 역할은 다양합니다. 그중 프런트엔드에서 가장 많이 사용하는 역할 중 하나는 '최근값 보유자'입니다.[3] 그림 1.2는 사용자 행동이 발생했을 때 일련의 과정을 거쳐 값으로 만든 다음, 이를 변수에 할당하는 흐름을 보여줍니다. 그리고 변수에 담긴 값을 또 다른 흐름을 통해 화면에 출력합니다.

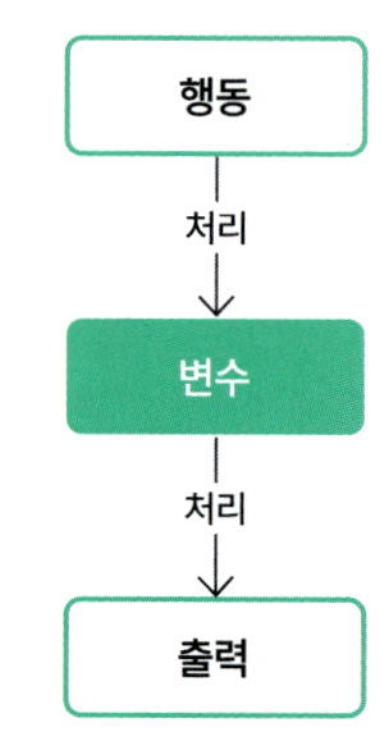

그림 1.2 변수의 사용 흐름

실제 코드로 간단하게 살펴보겠습니다. 예제 1.2는 사용자로부터 값을 입력받아 HTML을 사용해 화면에 출력하는 이벤트 리스너를 보여줍니다.

예제 1.2 가격을 변경하는 행동의 결과를 변수에 담고 그 값을 HTML에 출력

```
$input.addEventListener('change', (event) => {
  const discount = 0.1;

  // 사용자가 입력(행동)한 결과를 변수(price)에 저장
  const price = Number(event.target.value);

  // 변수에 담긴 최근값을 사용해 출력할 값을 계산
  const discounted = price * (1 - discount);

  const $result = document.querySelector('#result');

  // 값을 처리('원'을 할인가 뒤에 붙임)한 후 출력
  $result.textContent = `${discounted}원`;
});
```

3 『프로그래머의 뇌』(제이펍, 2022), 74쪽

이 이벤트 리스너는 사용자로부터 가격을 입력받고, 그 결과를 숫자로 형변환해서 처리한 후에 변수에 담습니다. 그리고 변수에 담은 값을 HTML을 사용해 화면에 출력합니다. 이렇게 간단한 로직은 변수에 의존성이 있더라도 문제가 생기지 않습니다. 하지만 의존성이 늘어나기 시작하면 점점 관리하기가 어려워집니다.

예제 1.3 가격과 할인율을 변경하는 행동의 결과를 변수에 담고 그 값을 HTML에 출력

```
let discount = 0.1;
let price = 10000;

$discountInput.addEventListener('change', (event) => {
  // 할인율 변경 이벤트
  discount = Number(event.target.value) / 100;
  const discounted = price * (1 - discount);

  const $result = document.querySelector('#result');

  $result.textContent = `${discounted}원`;
});

$priceInput.addEventListener('change', (event) => {
  // 가격 변경 이벤트
  price = Number(event.target.value);
  const discounted = price * (1 - discount);

  const $result = document.querySelector('#result');

  $result.textContent = `${discounted}원`;
});
```

예제 1.3은 예제 1.2와 다르게 discount와 price가 이벤트 리스너 밖으로 나왔습니다. 그리고 이 두 변수에 의존하는 이벤트 리스너가 추가됐습니다. 이 말은 price에 담긴 값이 어떻게 결정되고 어떻게 사용되는지 알아보기 위해 살펴야 하는 반경이 넓어졌음을 의미합니다.

예를 들어, price라는 변수명을 regularPrice로 변경하려고 할 때 이전에는 가격을 변경하는 이벤트 리스너만 봐도 됐지만 이제는 할인율을 변경하는 이벤트 리스너도 봐야 합니다. 또한 어떤 경우에는 price에 값을 할당할 때 Number 타입으로 형변환하는지, 아니면 문자열 그대로 전달하는지 주의 깊게 살펴봐야 합니다. price가 숫자일 수도 있고 문자열일 수도 있다면 사용하는 곳에서 모든 가능성에 대비해야 하기 때문입니다.

예제 1.4처럼 화면에 노출하는 방법이 다양하다면 변수에 의존하는 로직이 더 늘어나면서 문제는 더 복잡해집니다. 즉, 변수에 어떤 과정을 거쳐 값을 할당하는지뿐만 아니라, 사용할 때 변숫값이 숫자여야 하는지 문자열이어야 하는지 살펴봐야 하는 곳이 늘어납니다.

예제 1.4 가격과 할인율을 변경하는 행동의 결과를 공유 변수에 담고 그 값을 여러 HTML에 출력

```
$discountInput.addEventListener('change', (event) => {
  // 할인율 변경 이벤트
  // ...

  // 숫자와 문자열 모두 사용해도 되는지 잘 살펴야 합니다.
  // 코드 라인 수가 길다면 이런 단순한 작업도 더 이상 단순하지 않습니다.
  $result.textContent = `${discounted}원`;
  $discount.textContent = `${discount * 100}%`;
});

$priceInput.addEventListener('change', (event) => {
  // 가격 변경 이벤트
  // ...

  $result.textContent = `${discounted}원`;
  $price.textContent = `${price}원`;
});
```

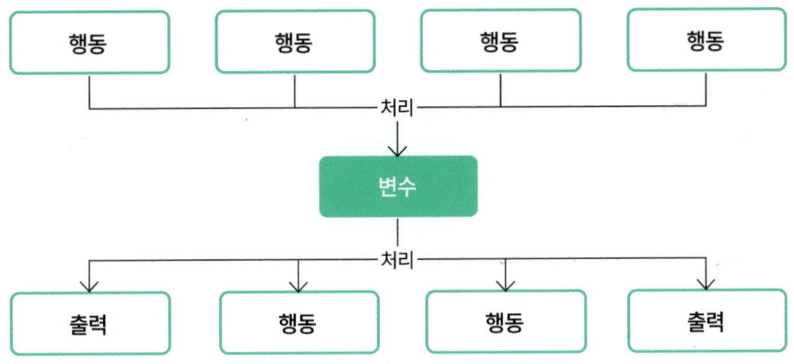

그림 1.3 하나의 변수를 여러 곳에서 의존해서 사용

이 같은 문제가 발생한 이유는 변수에 접근할 수 있는 범위가 예제 1.2에 비해 넓어졌기 때문입니다. 이전에는 하나의 이벤트 리스너에서 변수에 접근했다면, 이제는 두 이벤트 리스너에서 접근하고 있습니다. 그리고 그림 1.3에서 볼 수 있듯이 예제 1.3과 예제 1.4의 discount와 price 변수는 예제 1.2에 비해 다른 함수, 변수, 리스너와의 의존성이 발생할 가능성이 높습니다.

이러한 의존성 문제는 변수에 접근할 수 있는 범위, 즉 스코프를 제한함으로써 일정 부분 해소할 수 있습니다.

예제 1.5 즉시 실행 함수를 활용해 변수에 접근할 수 있는 범위를 제한

```
(() => {
  // 즉시 실행 함수를 통해 변수에 접근할 수 있는 범위를 제한
  let discount = 0.1;
  let price = 10000;

  // 할인율과 가격을 변경하는 함수를 작성
  // 이를 통해 discount와 price에 정해진 처리를 통해 값이 할당되는 것을 보장
  const setDiscount = (value) => {
    discount = Number(value) / 100;
  };

  const setPrice = (value) => {
    price = Number(value);
  };
```

```
  $discountInput.addEventListener('change', (event) => {
    // 할인율 변경 이벤트
    setDiscount(event.target.value);
    const discounted = price * (1 - discount);

    const $result = document.querySelector('#result');

    $result.textContent = `${discounted}원`;
  });

  $priceInput.addEventListener('change', (event) => {
    // 가격 변경 이벤트
    setPrice(event.target.value);
    const discounted = price * (1 - discount);

    const $result = document.querySelector('#result');

    $result.textContent = `${discounted}원`;
  });
})();
```

예를 들어, 예제 1.5와 같이 즉시 실행 함수로 `discount`와 `price`의 사용 범위를 감싸면 즉시 실행 함수의 외부에서 `discount`와 `price`에 접근하는 것을 제한할 수 있고, 수정이 발생할 때 살펴봐야 하는 범위도 제한할 수 있습니다. 또한 `setDiscount`와 `setPrice`처럼 변수에 값을 할당하는 방법을 제한함으로써 값을 사용하는 곳에서 예측 가능한 값을 사용할 수 있도록 합니다. 즉, **변수에 접근할 수 있는 스코프를 제한하는 것은 미래에 발생할 수 있는 변경 가능성 또는 불확실성의 범위를 제한**합니다.

이 방법을 리액트에서 어떻게 활용할 수 있는지 알아보겠습니다. 지금까지 살펴본 코드를 예제 1.6에서 리액트 컴포넌트로 표현했습니다. 이 페이지 컴포넌트는 단순한 형태라서 개선의 필요성을 크게 느끼지 못할 수 있습니다. 하지만 그림 1.2처럼 다른 함수나 변수들이 `discount`와 `price`에 의존할 수 있기 때문에 변수의 스코프를 미리 제한하는 것이 의존성 관리에 도움이 됩니다. 리액트의 상태도 변수이기 때문에 이 예제에서는 변수라고 부르겠습니다.

예제 1.6 가격과 할인율을 입력받아 할인된 가격을 보여주는 리액트 페이지 컴포넌트

```
function Page() {
  const [price, setPrice] = useState(10000);
  const [discount, setDiscount] = useState(0.1);

  return (
    <>
      <input
        onChange={(event) => {
          setPrice(Number(event.target.value));
        }}
      />
      <input
        onChange={(event) => {
          setDiscount(Number(event.target.value) / 100);
        }}
      />

      <p>할인된 가격: {price * (1 - discount)}원</p>
    </>
  );
}
```

가장 먼저 이벤트, 그리고 이벤트가 의존하는 변수를 Page 컴포넌트로부터 분리해서 PriceAndDiscount 컴포넌트로 옮깁니다. 왜냐하면 Page 컴포넌트에는 더 많은 변수와 컴포넌트들이 생길 수 있고 이 변수와 컴포넌트들이 price와 discount를 조작하거나 가져다 사용할 수 있기 때문입니다. 즉, 의존 가능성이 높습니다.

다음으로 price와 discount가 예상 가능한 형태로 수정되는 것을 보장하기 위해 각 변수를 위한 훅을 만들어 줍니다. 이렇게 수정하면 다음과 같은 코드가 됩니다.

예제 1.7 리액트 컴포넌트에서 변수의 의존성을 개선한 결과

```
const usePrice = (initialValue) => {
  const [price, setPriceAction] = useState(initialValue);
  const setPrice = (value) => {
```

```
    // 예제 1.5의 setPrice처럼 price에 값을 할당할 때 Number로 형변환하는 것을 보장
    setPriceAction(Number(value));
  };

  return [price, setPrice];
};
// useDiscount도 usePrice와 같은 방법으로 작성
const useDiscount = (...) => {...};

function PriceAndDiscount() {
  const [price, setPrice] = usePrice(10000);
  const [discount, setDiscount] = useDiscount(0.1);

  return (
    <>
      <input
        onChange={(event) => {
          setPrice(event.target.value);
        }}
      />
      <input
        onChange={(event) => {
          setDiscount(event.target.value);
        }}
      />

      <p>할인된 가격: {price * (1 - discount)}원</p>
    </>
  );
}

function Page() {
  return (
    <>
      <PriceAndDiscount />
      ...
```

```
    </>
  );
}
```

모든 작은 규모의 코드에 이 같은 방법을 사용할 필요는 없습니다. 이렇게 매번 코드를 조정하는 것은 오히려 큰 비용을 초래할 수도 있습니다. 여기서 핵심은 변수에 대한 의존성을 관리하기 위해 외부에서 접근할 수 없는 스코프를 만들고 관리한다는 것입니다.

1.2 함수 의존성

함수 역시 의존성으로 인해 관리하기 어려운 순간이 많습니다. 간단한 유틸리티 함수도 시간이 지나보면 더 이상 간단하지 않은 함수가 되곤 합니다. 다음과 같은 코드가 있다고 해봅시다.

예제 1.8 문자열을 입력받아 숫자만 문자열로 추출하는 함수

```
function getNumber(str) {
  return str.replace(/\D/g, '');
}
```

getNumber는 문자열을 입력받아 숫자만 추출하는 함수입니다. 이런 형태의 함수는 '12px'과 같은 문자열에서 숫자 12만 가져오거나 가격, 전화번호 등을 입력하는 input 요소에서 문자열을 가져와 다른 연산을 하기 전에 값을 사전 처리하는 곳에서 활용할 수 있습니다.

참고 parseInt와 parseFloat

parseInt와 parseFloat는 문자열을 숫자로 변환할 때 자주 사용하는 함수입니다. 이 두 함수는 첫 번째 인자로 전달받은 문자열에서 정수, 실수 또는 NaN을 반환합니다. 이때 문자열이 숫자 또는 공백을 포함한 숫자로 시작한다면 정상적인 숫자를, 그렇지 않다면 NaN을 반환합니다. 예를 들어, '1', ' 1', '1px'을 전달하면 숫자 1을 반환하고, '$1', 'abc1'을 전달하면 NaN을 반환합니다. 얼핏 보면 숫자로 변환할 때 사용하면 좋겠지만 주의해서 사용해야 합니다. 문자열이 숫자가 아닌 값을 포함한 경우에 에러를 반환해야 한다면 parseInt와 parseFloat는 일관된 결과를 반환하지 않기 때문에 사용해서는 안 됩니다.

이처럼 getNumber는 특정 문맥이 아니라 코드상 어디서든 사용할 수 있기 때문에 의존성이 생기기 쉽습니다. 그리고 의존성이 생긴다는 것은 변경과 관련이 있기 때문에 주의해야 합니다.

예를 들어, 다음과 같이 getNumber에 의존하는 이벤트 리스너가 있다고 해봅시다.

예제 1.9 getNumber에 의존하는 이벤트 리스너

```
$inputPhoneNumber.addEventListener('change', (event) => {
  // 전화번호를 입력할 때 숫자가 아닌 값을 제거
  const phoneNumber = event.target.value;

  event.target.value = getNumber(phoneNumber);
});

$inputPrice.addEventListener('change', (event) => {
  // 가격을 입력할 때 숫자가 아닌 값을 제거
  const price = event.target.value;

  event.target.value = getNumber(price);
});
```

그런데 전화번호의 경우에는 하이픈(-)을 제거하면 안 된다는 요청이 추가로 들어왔습니다. 그래서 다음과 같이 getNumber를 수정하기로 합니다.

예제 1.10 숫자와 하이픈만 남기고 나머지는 제거하도록 변경

```
function getNumber(str) {
  return str.replace(/[^0-9-]/g, '');
}
```

참고 정규표현식의 활용

String.prototype.replace는 첫 번째 인자로 정규표현식을 전달할 수 있습니다. 예를 들어, 예제 1.10의 다음 코드에 사용된 정규표현식을 봅시다.

```
return str.replace(/\D/g, '');
```

먼저 '\D'는 '숫자가 아닌 모든'을 의미합니다. 반면 '\d'는 '모든 숫자'를 의미합니다. 그리고 /g는 규칙에 부합하는 모든 대상을 선택하는 역할을 합니다. 대괄호 [...]는 안에 포함한 요소를 찾습니다. ^는 반대로 [...]이 포함하는 요소가 아닌 대상을 찾습니다. -은 0-9와 그 뒤에 -의 의미가 서로 다른데, 0-9에서 -은 '0부터 9까지'라는 의미이고, 그 뒤의 -는 하이픈(-)을 의미합니다.

이처럼 정규표현식은 복잡해 보이지만 잘 알아두면 편리하게 사용할 수 있습니다. 하지만 다음과 같이 이메일 또는 비밀번호 형식을 검증하는 데 자주 사용되는 정규표현식처럼 복잡한 형태를 사용하면 유지보수하기가 어려울 뿐만 아니라 이해하기 어려워 문제가 생겼을 때 문제의 원인을 찾기 어렵게 만들기도 합니다.

```
// 이메일 형식 검증을 위한 정규표현식 예시
const emailRegex = /^[a-zA-Z0-9.!#$%&'+/=?^_`{¦}~-]+@a-zA-Z0-9?(?:.a-zA-Z0-9?)$/;

// 비밀번호 형식 검증을 위한 정규표현식 예시
const passwordRegex = /^(?=.[a-z])(?=.[A-Z])(?=.\d)(?=.[@$!%?&])[A-Za-z\d@$!%?&]{8,}
$/;
```

이 경우 https://regexr.com/ 같은 서비스를 이용하면 정규표현식의 의미와 실행 결과를 확인할 수 있어 정규표현식을 다루는 데 도움이 됩니다.

하지만 예제 1.10처럼 수정하면 문제가 생깁니다. 왜냐하면 예제 1.9에서 가격을 입력받을 때 동작하는 리스너는 여전히 숫자를 제외하고 다른 모든 문자는 제거해야 하기 때문입니다.

이처럼 의존하는 대상이 변경되면 그것에 의존하는 모두가 변경의 **가능성**에 노출됩니다. 그렇기 때문에 많은 곳에서 의존하는 getNumber를 수정하기보다 getNumber에 의존하는 전화번호 입력 이벤트 리스너만 다음과 같이 수정하는 것이 바람직합니다.

예제 1.11 전화번호를 입력하는 이벤트 리스너만 수정

```
$inputPhoneNumber.addEventListener('change', (event) => {
  // 전화번호를 입력할 때 숫자와 하이픈이 아닌 값을 제거
  const phoneNumber = event.target.value;

  event.target.value = phoneNumber.replace(/[^0-9-]/g, '');
});
```

물론 위와 같이 리스너를 수정하는 것이 아니라 getNumber가 다른 곳에 영향을 주지 않도록 수정하는 방법도 있습니다. 다음 예제를 봅시다.

예제 1.12 getNumber에 의존하는 다른 요소에 영향을 주지 않으면서 함수를 수정

```
function getNumber(str, exception) {
  if (exception) {
    const exceptions = Array.isArray(exception) ? exception : [exception];

    return str.replace(new RegExp(`[^0-9${exceptions.join('')}]`, 'g'), '');
  }

  return str.replace(/[^0-9-]/g, '');
}
```

하지만 보다시피 이러한 방식으로 수정할 경우 getNumber가 문맥에 따라 다르게 동작하도록 다양한 매개변수와 조건문이 필요합니다. 그러면 getNumber가 복잡해지고 반드시 getNumber를 수정해야 할 때 높은 복잡도로 인해 수정하기가 어려워집니다. 또한 getNumber가 계속 바뀌다 보면 getNumber라는 이름이 적절하지 않게 되어 이름을 바꿔야 할 때도 의존성이 발목을 잡게 됩니다.

참고 이름 짓기의 무게

이름은 대상에 대한 중요한 정보를 포함하고 있습니다. 그리고 종종 이름이 가리키는 대상이 사용되는 주변 환경, 즉 문맥을 포함하고 있기도 합니다. 이름이 구체적인 문맥을 포함하고 있고, 대상이 담당하는 역할이 많아지거나 적어진다면 지금 정의한 이름이 적절하지 않을 수 있습니다.

예를 들어, 전화번호에 숫자가 아닌 다른 문자가 있는지 검증하는 validatePhoneNumber 함수가 있다고 해봅시다. 이때 '숫자가 아닌 다른 문자가 있는지 검증'하는 것은 전화번호뿐만 아니라 가격, 인증번호 등 다양한 곳에서도 활용할 수 있습니다. 따라서 중복 구현을 피하고 같은 함수를 재사용한다면 validatePhoneNumber라는 함수명은 더 이상 적절하지 않아 수정해야 합니다.

함수에 새로운 매개변수를 추가하는 것과 달리, 이름을 바꾸는 것은 다수의 코드 수정을 수반합니다. 이름은 대상을 참조하기 위해 사용하는 것이기 때문에 이름을 변경할 때 미처 변경하지 못한 부분이 생기면 면 버그로 이어집니다. 그렇기 때문에 이름을 짓는 것뿐만 아니라 수정하는 것 역시 겉보기와 달리 정말 어려운 문제입니다.

함수뿐만 아니라 컴포넌트 역시 이와 비슷한 의존성 문제를 마주할 수 있습니다. 여러 곳에서 함께 사용하는 컴포넌트는 시간이 갈수록 속성과 조건문이 추가되면서 수정하기에는 몸집이 너무 커지는 현상이 생깁니다. 그중 공용 컴포넌트는 많은 곳에서 의존하기 때문에 수정하기가 더 어렵습니다.

이 같은 형태의 의존성 문제를 해결하는 방법 중 가장 유명한 한 가지 방법은 **의존성 역전** (Dependency Inversion)입니다.[4]

지금까지 살펴본 문제가 발생한 이유는 그림 1.4처럼 다양한 곳에서 `getNumber` 유틸 함수에 의존했기 때문입니다. `getNumber`가 바뀌면 `getNumber`를 사용하는 곳 모두 **변경 가능성**에 노출됩니다.

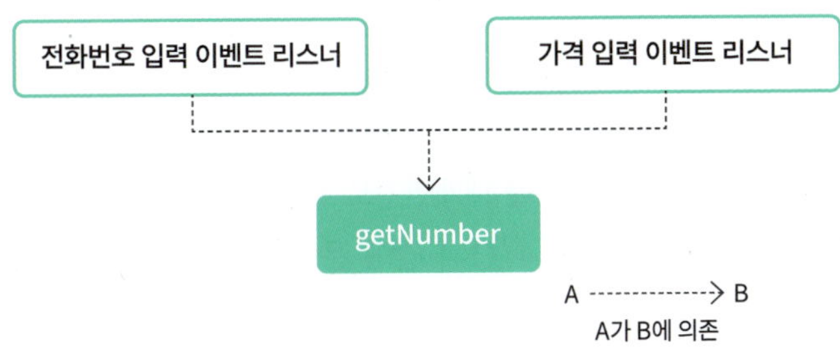

그림 1.4 여러 곳에서 getNumber 유틸 함수에 의존

이러한 의존성의 방향을 반대로 바꾼다면 유틸 함수를 수정했을 때 그 함수를 사용하는 곳의 코드를 바꾸지 않아도 됩니다. 의존성의 방향을 바꾸는 의존성 역전을 `getNumber` 예제에 적용하면 다음과 같습니다.

예제 1.13 JSDoc을 활용해 의존성을 역전

```
function getNumber(str) {
  return str.replace(/\D/g, '');
}

/**
 * 값과 파서를 입력받아 값을 전화번호 형식에 맞게 파싱
```

4 『클린 아키텍처』(인사이트, 2021), 48쪽

```
 * @param {string} value - 파싱할 값
 * @param {(value: string) => string} parser - 파서 함수
 * @returns {string} 파싱된 값
 */
function parsePhoneNumber(value, parser) {
  // 의존성을 역전시키기 위해 parser의 인터페이스를 활용
  return parser(value);
}

$inputPhoneNumber.addEventListener('change', (event) => {
  const phoneNumber = event.target.value;

  event.target.value = parsePhoneNumber(phoneNumber, getNumber);
});
```

이전과 달라진 점은 `parsePhoneNumber` 함수의 존재입니다. 이 함수는 `value`라는 문자열을 전달받고 문자열을 반환하는 `parser` 함수를 매개변수로 사용합니다. 그리고 이 사실을 JSDoc을 통해 명세화합니다. 이 상태에서 예제 1.11과 같이 문자열에서 하이픈도 남겨두자는 요청이 들어온다면 다음과 같이 수정하면 됩니다.

예제 1.14 getNumber를 수정하는 대신 parsePhoneNumber에 전달하는 함수를 변경

```
$inputPhoneNumber.addEventListener('change', (event) => {
  const phoneNumber = event.target.value;

  event.target.value = parsePhoneNumber(phoneNumber, (str) =>
    str.replace(/[^0-9-]/g, ''),
  );
});
```

이 같은 방법은 사실 예제 1.11과 크게 다르지 않습니다. 코드상으로 보면 오히려 조금 더 번거로워졌습니다. 그럼에도 예제 1.14와 같이 작성하는 이유는 `$inputPhoneNumber` 이벤트 리스너에서 사용하는 `getNumber`의 로직을 바꾸고 싶은 사람에게 '파싱하는 방법을 바꾸고 싶다면 `getNumber`가 아니라 `parsePhoneNumber`의 두 번째 매개변수에 문자열을 받아 문자열을 반환하는 함수를 바꾸면 됩니다'라는 JSDoc, 즉 인터페이스를 메시지로 전달하기 때문입니다.

참고 **인터페이스란?**

프런트엔드 개발을 하다 보면 인터페이스는 생소한 개념일 수 있습니다. 인터페이스는 서로 메시지를 주고받는 대상이 정한 규칙 또는 계약과 같습니다.[5] 예를 들어, '한국 사람에게 질문하면 한국어로 대답한다'는 규칙이 있을 수 있습니다. 자바스크립트에서 `parseInt`는 '문자열을 전달하면 숫자를 반환한다'라는 규칙, 즉 인터페이스를 지키고 있습니다.

인터페이스를 지킨다는 것을 다른 말로 표현하면 '구현한다'라고 합니다. `parsePhoneNumber` 함수는 첫 번째 매개변수로 문자열을, 두 번째 매개변수로 문자열을 전달받아 문자열을 반환하는 함수를 받습니다. 그리고 이러한 매개변수를 사용해 문자열을 반환하는 인터페이스(규칙)를 구현(지킨다)합니다. `parsePhoneNumber`는 이 규칙을 통해 다른 대상(`getNumber`와 이벤트 리스너)과 소통(메시지를 주고받음)합니다. 더 자세한 내용은 3장 '인터페이스' 및 다른 장에서 설명하겠습니다.

그림 1.5는 예제 1.13의 구조를 보여줍니다.

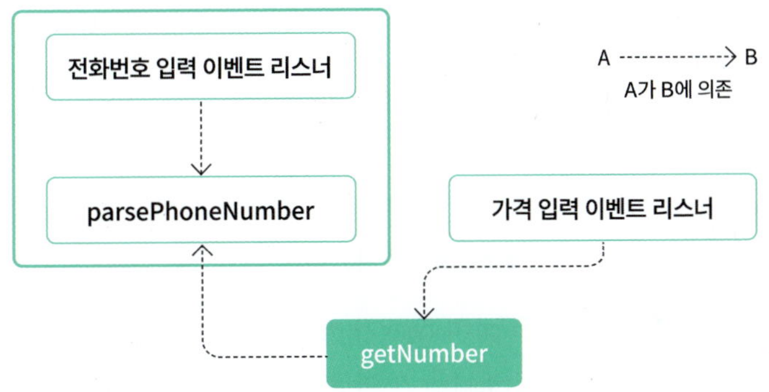

그림 1.5 전화번호 입력 이벤트 리스너가 의존하던 `getNumber`의 의존성을 역전

즉, 전화번호 입력 이벤트 리스너는 `parsePhoneNumber`로 인해 `getNumber`에 직접적으로 의존하지 않습니다. 오히려 `getNumber`가 `parsePhoneNumber`의 '두 번째 매개변수는 문자열을 전달받아 문자열을 반환하는 함수이어야 합니다'라는 **규칙에 의존**합니다. 이 규칙을 지키지 않는다면 `getNumber`는 `parsePhoneNumber`에 의해 사용될 수 없습니다.

5 『오브젝트』(위키북스, 2019), 91쪽

타입스크립트를 사용하고 있다면 다음 예제와 같이 작성할 수 있고, 이렇게 하면 규칙을 지켜야 하는 강제력이 더욱 강해지면서 편의성 또한 올라갑니다. 왜냐하면 JSDoc과 달리 parsePhoneNumber의 두 번째 매개변수인 parser로 전달되는 함수가 규칙을 지키지 않는다면 IDE에서 경고를 주기 때문입니다.[6] JSDoc은 인터페이스 또는 계약으로서의 역할을 하지만 개발자가 직접 파악해야 한다는 측면에서 약한 계약처럼 보입니다. 왜냐하면 JSDoc은 문서화에 좀 더 가깝기 때문입니다.

예제 1.15 JSDoc과 타입스크립트를 사용해 인터페이스를 작성

```
/**
 * 값과 파서를 입력받아 값을 전화번호 형식에 맞게 파싱
 * @param {string} value - 파싱할 값
 * @param {(value: string) => string} parser - 파서 함수
 * @returns {string} 파싱된 값
 */
function parsePhoneNumber(value: string, parser: (value: string) => string) {
  return parser(value);
}
```

물론 타입스크립트뿐만 아니라 JSDoc도 활용해 함수에 대한 자세한 설명을 추가한다면 개발자가 함수를 사용하는 데 훨씬 더 유용할 것입니다.

이렇게 하면 코드를 수정하는 사람은 getNumber가 아니라 parsePhoneNumber에 먼저 집중하게 됩니다. 관련 로직을 수정한다면 getNumber가 아니라 parsePhoneNumber에 전달하는 인자와 parsePhoneNumber의 내부를 먼저 들여다봐야 합니다. 이를 통해 예제 1.11에 비해 좀 더 명확한 관리가 가능해집니다.

물론 매번 이렇게 할 필요는 없습니다. 왜냐하면 매번 이렇게 관리하는 데도 비용이 들기 때문입니다. 만약 함수를 사용할 때 의존성 문제로 코드가 스파게티처럼 꼬여 있다면 의존성 역전을 한 번 떠올려보고 활용하면 좋습니다.

이번에는 조금 복잡한 이야기를 하나 더 해보겠습니다. 예제 1.15의 parser 인터페이스를 타입스크립트를 사용해 조금 더 명확하게 분리하면 다음과 같습니다.

6 물론 JSDoc도 경고를 주도록 지정할 수 있습니다. 하지만 타입스크립트처럼 강제력을 부여하기는 어렵습니다.

예제 1.16 parsePhoneNumber로부터 parser 인터페이스를 분리

```
type Parser = (value: string) => string;

/**
 * 의존성을 역전시키기 위해 parser의 인터페이스를 활용
 * @param {string} value - 파싱할 값
 * @param {Parser} parser - 파서 함수
 * @returns {string} 파싱된 값
 */
function parsePhoneNumber(value: string, parser: Parser) {
  return parser(value);
}
```

여기서는 타입스크립트의 타입 별칭을 사용했는데, 개념적으로 인터페이스로 이해할 수 있습니다. 다시 한번 이전 내용을 되돌아보면 예제 1.13에서 parsePhoneNumber 함수를 만든 이유는 이벤트 리스너를 추가하는 addEventListener에는 parser 인터페이스를 추가할 방법이 없기 때문입니다. 그래서 parser 인터페이스를 parsePhoneNumber 함수의 매개변수를 통해 등록하고 이벤트 리스너에서 parsePhoneNumber를 사용했습니다. 다음은 예제 1.16의 Parser 인터페이스를 포함한 전체 코드입니다.

예제 1.17 Parser 인터페이스 분리한 후의 전체 코드

```
type Parser = (value: string) => string;

/**
 * 의존성을 역전시키기 위해 parser의 인터페이스를 활용
 * @param {string} value - 파싱할 값
 * @param {Parser} parser - 파서 함수
 * @returns {string} 파싱된 값
 */
function parsePhoneNumber(value: string, parser: Parser) {
  return parser(value);
}

function getNumber(str: string) {
```

```
  return str.replace(/\D/g, '');
}

$inputPhoneNumber.addEventListener('change', (event: KeyboardEvent) => {
  const $target = event.target as HTMLInputElement;
  const phoneNumber = $target.value;

  $target.value = parsePhoneNumber(phoneNumber, getNumber);
});
```

시간이 지나 `Parser` 인터페이스에 맞춰 구현하는 함수가 계속해서 늘어난다면 자연스럽게 '이 함수들을 파일로 분리해서 관리하면 좋겠다'라는 생각이 들 텐데, 이때는 다음과 같이 분리할 수 있습니다.

예제 1.18 Parser 인터페이스를 충족하는 함수들을 parsers.ts 파일로 분리

```
// parsers.ts

// Parser 타입을 명시적으로 적용
export const getNumber: Parser = (str) => {
  return str.replace(/\D/g, '');
};

export const getNumberWithHyphen: Parser = (str) => {
  return str.replace(/[^0-9-]/g, '');
};

// Parser 인터페이스를 충족하는 더 많은 함수들 ...
```

그렇다면 타입 별칭으로 정의한 `Parser` 인터페이스는 어디에서 관리해야 할까요? 그대로 이벤트 리스너가 있는 파일에 둬야 할까요, 아니면 `parsers.ts`로 옮겨야 할까요? 의존성을 역전시키기 위해 인터페이스를 사용했다면 함수 또는 모듈을 사용하는 쪽에 인터페이스를 두는 편이 좋습니다. 즉, `Parser`를 예제 1.14의 `$inputPhoneNumber.addEventListener` 이벤트 리스너와 같이 둡니다.

예제 1.19 Parser 인터페이스를 이벤트 리스너 구현부에 배치

```
type Parser = (value: string) => string;

/**
 * 의존성을 역전시키기 위해 parser의 인터페이스를 활용
 * @param {string} value - 파싱할 값
 * @param {Parser} parser - 파서 함수
 * @returns {string} 파싱된 값
 */
function parsePhoneNumber(value: string, parser: Parser) {
  return parser(value);
}

$inputPhoneNumber.addEventListener('change', (event: KeyboardEvent) => {
  const $target = event.target as HTMLInputElement;
  const phoneNumber = $target.value;

  $target.value = parsePhoneNumber(phoneNumber, (str: string) =>
    str.replace(/[^0-9-]/g, ''),
  );
});
```

위와 같이 Parser를 배치하면 의존성은 다음 그림과 같아집니다.

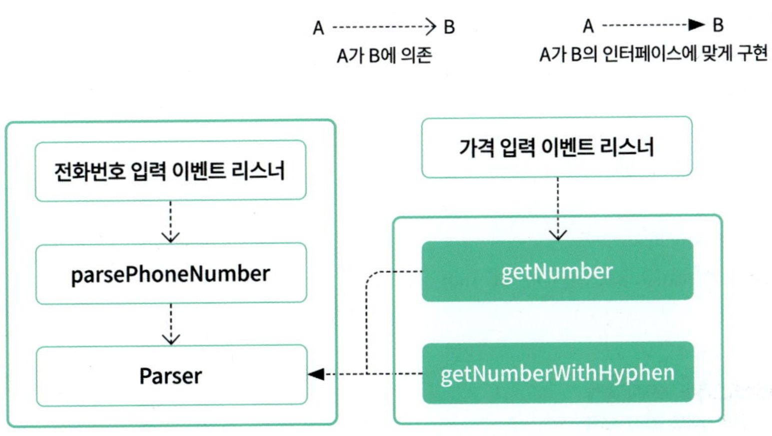

그림 1.6 Parser 인터페이스의 위치

의존성을 역전하는 이유 중 하나는 개발의 독립성을 보장하는 데 있습니다.[7] 위 그림은 Parser 인터페이스를 따르는 함수들을 변경할 때 그 영향이 다른 코드로 퍼지지 않도록 설계한 모습입니다. 즉, getNumber, getNumberWithHyphen 등의 함수가 Parser 인터페이스를 따른다면 함수들의 세부 구현을 변경하더라도 전화번호 입력 이벤트 리스너는 영향을 받지 않습니다. 또한 getNumber나 getNumberWithHyphen 등은 Parser를 따르는 범위에서 함수 내부 구현의 독립성이 보장됩니다. 이렇게 하기 위해서는 Parser의 위치, 즉 Parser라는 규칙을 관리하는 주체는 이벤트 리스너가 돼야 합니다.[8] 따라서 이벤트 리스너와 parsers.ts가 서로 다른 모듈일 때 Parser 인터페이스를 이벤트 리스너 모듈이 소유해야 의존성을 역전시켰다고 할 수 있습니다.[9]

위 그림을 구현한 최종 코드는 다음과 같습니다.

예제 1.20 Parser 인터페이스에 대한 주도권을 이벤트 리스너가 가지면서 의존성을 역전

```
// parsers.ts

// Parser 타입을 사용하는 대신 각 함수가 Parser 인터페이스를 충족하도록 타입을 직접 지정
export const getNumber = (str: string) => {
  return str.replace(/\D/g, '');
};

export const getNumberWithHyphen = (str: string) => {
  return str.replace(/[^0-9-]/g, '');
};

// index.ts

import { getNumberWithHyphen } from './parsers';

// Parser를 export하지 않음
type Parser = (value: string) => string;
```

7 『클린 아키텍처』(인사이트, 2021), 50쪽

8 『클린 아키텍처』(인사이트, 2021), 121쪽

9 『오브젝트』(위키북스, 2019), 304쪽

```
/**
 * 의존성을 역전시키기 위해 parser의 인터페이스를 활용
 * @param {string} value - 파싱할 값
 * @param {Parser} parser - 파서 함수
 * @returns {string} 파싱된 값
 */
function parsePhoneNumber(value: string, parser: Parser) {
  return parser(value);
}

$inputPhoneNumber.addEventListener('change', (event: KeyboardEvent) => {
  const $target = event.target as HTMLInputElement;
  const phoneNumber = $target.value;

  $target.value = parsePhoneNumber(phoneNumber, getNumberWithHyphen);
});
```

그렇다면 다음과 같이 Parser 인터페이스를 parsers.ts에서 관리하면 어떻게 될까요?

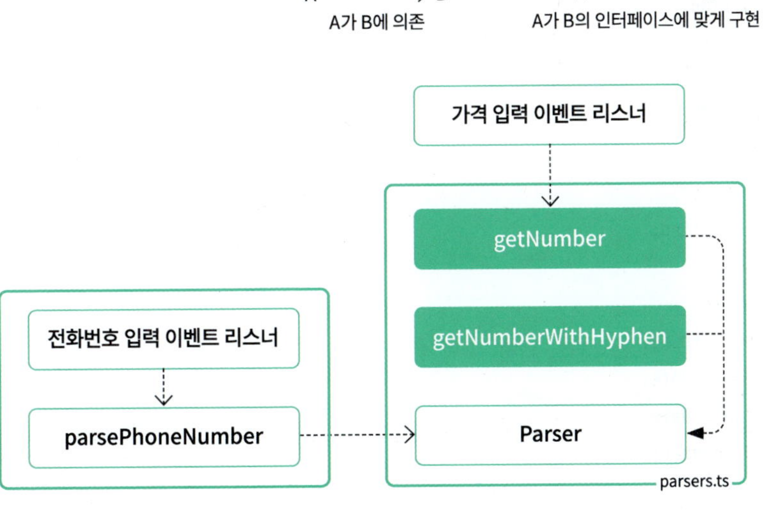

그림 1.7 Parser 인터페이스를 parsers.ts에서 관리

이렇게 하면 의존성의 방향이 바뀌지 않지만 parsePhoneNumber가 파서를 필요에 따라 전략적으로 사용할 수 있게 됩니다. 그래서 이러한 방법을 **전략 패턴(Strategy Pattern)**이라고 부릅니다. 전략 패턴은 런타임에 모듈을 전략적으로 선택할 수 있도록 합니다.[10]

1.3 타입 의존성

타입스크립트를 사용하는 경우가 많아지면서 타입과 관련된 의존성을 관리할 필요성이 높아졌습니다. 타입 의존성을 관리하지 않는다면 지금까지 살펴본 예시와 마찬가지로 코드를 관리하는 데 큰 걸림돌이 될 수 있습니다. 가장 많이 경험하는 사례 중 API 요청에 대한 응답값을 타입으로 관리하는 경우를 살펴보겠습니다.

예제 1.21 PostDetailPage 페이지 컴포넌트

```
// PostDetailPage.tsx

import { PostDetail, Comments } from './components';

export type PostResponse = {
  id: number;
  title: string;
  content: string;
  likes: number;
  createdAt: Date;
  updatedAt: Date;
  userId: number;
  nickname: string;
  comments: {
    id: number;
    content: string;
    createdAt: Date;
    updatedAt: Date;
    userId: number;
```

10 https://en.wikipedia.org/wiki/Strategy_pattern

```
    nickname: string;
  }[];
};

function PostDetailPage({ postId }: { postId: number }) {
  const [loading, setLoading] = useState(true);
  const [post, setPost] = useState<PostResponse | null>(null);

  useEffect(() => {
    // 게시글 상세를 가져오는 API 요청
    fetch(`/api/posts/${postId}`)
      .then((res) => res.json())
      .then((data: PostResponse) => {
        setPost(data);
      })
      .catch((error) => {
        console.error(error);
        // 에러 처리
      })
      .finally(() => {
        setLoading(false);
      });
  }, []);

  if (loading) {
    return <p>loading...</p>;
  }

  return (
    <div>
      <PostDetail post={post} />
      <Comments comments={post?.comments} />
    </div>
  );
}
```

PostDetailPage 컴포넌트는 게시글 상세 페이지입니다. 컴포넌트를 렌더링하면 먼저 로딩 요소를 보여주고 서버에 postId를 아이디로 갖는 게시글을 요청합니다. 응답이 오면 로딩 요소 대신 PostDetail 게시글 상세 컴포넌트와 Comments 댓글 컴포넌트를 보여줍니다. 예제 1.22는 예제 1.21의 PostDetailPage 컴포넌트에서 사용하는 PostDetail과 Comments 컴포넌트입니다.

예제 1.22 PostDetailPage 컴포넌트에서 사용하는 PostDetail과 Comments 컴포넌트

```
// components.tsx

import type { PostResponse } from './PostDetailPage';

export function PostDetail({ post }: { post: PostResponse | null }) {
  // ...
}

export function Comments({
  comments,
}: {
  comments?: PostResponse['comments'];
}) {
  // ...
}
```

구체적인 구조는 코드를 작성하는 사람마다 다를 수 있습니다. 다만 여기서 주목해야 하는 점은 PostResponse 타입을 컴포넌트의 속성으로 활용한다는 점입니다. 지금까지 설명한 코드를 그림 1.8의 다이어그램으로 살펴보겠습니다.

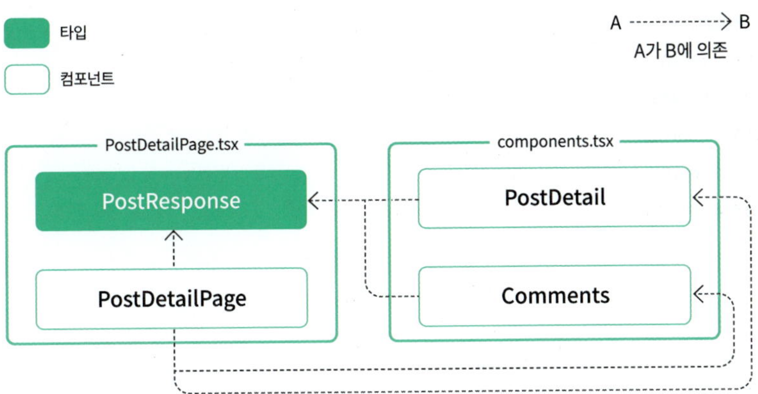

그림 1.8 게시글 상세 페이지의 타입과 컴포넌트 의존성 다이어그램

`PostDetailPage` 컴포넌트는 `PostDetail` 컴포넌트와 `Comments` 컴포넌트에 의존합니다. 그리고 세 컴포넌트 모두 `PostResponse` 타입에 의존합니다. 평소 의식하지 않았지만 막상 타입의 의존성을 포함해서 코드를 살펴보면 아주 단순한 컴포넌트임에도 불구하고 상당히 복잡하다는 점을 알 수 있습니다.

이제 한 걸음 더 나아가 동일한 API를 다른 페이지에서도 호출한다고 가정해보겠습니다. 그러면 API와 `PostResponse` 응답 타입은 `PostDetailPage.tsx` 파일에서 분리해야 합니다. 예제 1.23은 서로 다른 페이지에서 동일한 API를 호출하기 위해 코드를 분리한 결과입니다.

예제 1.23 재사용을 위해 분리한 `PostResponse` 타입과 `fetchPost` API 요청 함수

```
// api/fetchPost.ts

export type PostResponse = {
  id: number;
  title: string;
  content: string;
  likes: number;
  createdAt: Date;
  updatedAt: Date;
  userId: number;
  nickname: string;
  comments: {
```

```
    id: number;
    content: string;
    createdAt: Date;
    updatedAt: Date;
    userId: number;
    nickname: string;
  }[];
};

export const fetchPost = (postId: number) => {
  return fetch(`/api/posts/${postId}`)
    .then((res) => res.json())
    .then((data: PostResponse) => {
      return data;
    });
};
```

이렇게 분리한 타입 및 함수를 새로운 페이지인 PostEditPage를 포함한 각 페이지에서 임포트 한 후에 사용합니다. 예제 1.24는 그중 PostDetailPage 컴포넌트입니다. 예제 1.21의 코드에서 PostResponse 타입을 임포트해서 사용하고 fetch를 fetchPost로 변경했습니다.

예제 1.24 분리한 API 요청 함수와 타입을 임포트해서 사용하는 PostDetailPage 컴포넌트

```
// PostDetailPage.tsx

import { fetchPost } from '../api/fetchPost';
import type { PostResponse } from '../api/fetchPost';
import { PostDetail, Comments } from './components';

export function PostDetailPage({ postId }: { postId: number }) {
  const [loading, setLoading] = useState(true);
  const [post, setPost] = useState<PostResponse | null>(null);

  useEffect(() => {
    fetchPost(postId)
      .then((data) => {
```

```
        setPost(data);
      })
      .catch((error) => {
        console.error(error);
        // 에러 처리
      })
      .finally(() => {
        setLoading(false);
      });
  }, []);

  if (loading) {
    return <p>loading...</p>;
  }

  return (
    <div>
      <PostDetail post={post} />
      <Comments comments={post?.comments} />
    </div>
  );
}
```

얼핏 보기에는 큰 변화가 없을 것 같지만 다이어그램으로 보면 그렇지 않다는 사실을 알게 됩니다. 그림 1.9는 API 및 관련 타입을 분리한 후의 의존성 다이어그램입니다.

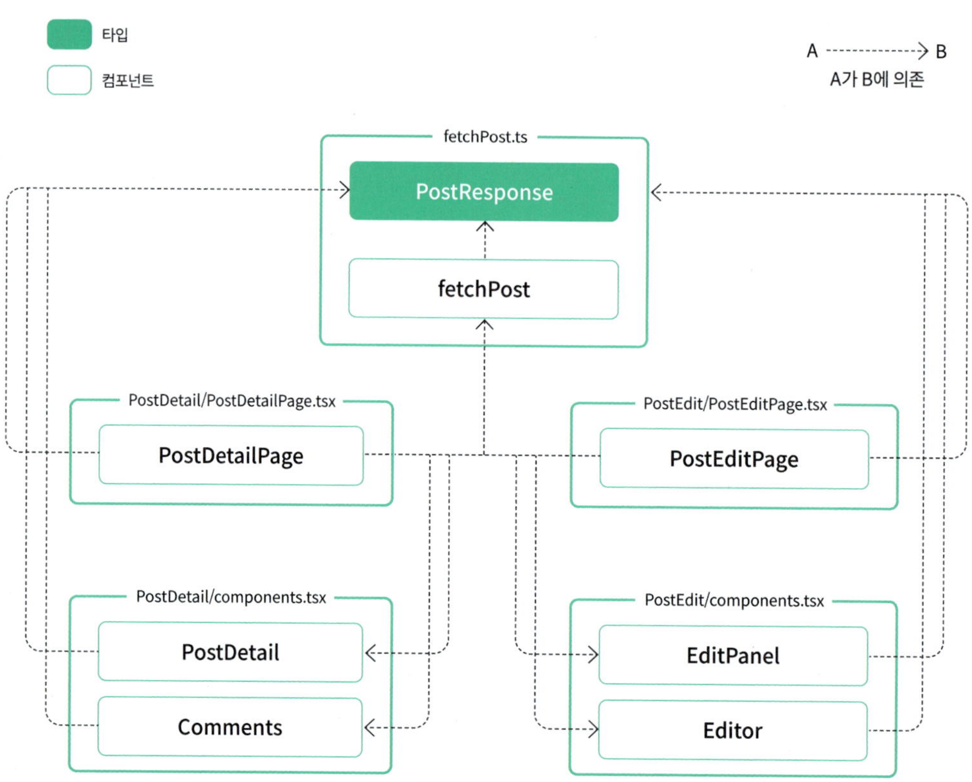

그림 1.9 분리한 API 요청 함수와 타입에 대한 `PostDetailPage`와 `PostEditPage`의 의존성 다이어그램

보다시피 `PostDetailPage`와 비슷한 구조를 가진 `PostEditPage`가 하나 추가되면서 의존성 다이어그램이 더욱 복잡해졌습니다. 이 다이어그램을 봤을 때 가장 큰 문제는 다름 아닌 `PostResponse` 타입입니다. 현재 `PostResponse` 타입의 구조 또는 속성이 변했을 때 영향을 받는 대상은 무려 일곱 군데입니다.

지금까지 살펴본 것처럼 함수, 변수뿐만 아니라 타입 역시 의존 관계를 관리해야 하는 대상입니다. 그럼 어떻게 관리하면 좋을까요?

가장 먼저 고려할 것은 인터페이스에 대한 책임입니다. `PostDetail` 컴포넌트를 예로 들어보겠습니다. `PostDetail` 컴포넌트를 사용할 때 알아야 할 것은 무엇일까요? 그것은 다름 아닌 게시글에 대한 정보입니다. 즉, `PostDetail`은 '게시글 정보를 전달받아 리액트 요소를 반환한다'라는 인터페이스를 갖고 있습니다. `PostDetail`이 다른 무언가에게 통제받지 않고 자유로

워지려면 인터페이스와 같은 규칙을 스스로 관리해야 합니다. 하지만 지금의 PostDetail은 PostResponse가 바뀔 때 자신의 인터페이스 역시 바뀌어야 하는 수동적인 존재입니다. 정리하자면, PostDetail이 외부 변경에서 자유로우려면 다른 컴포넌트와 어떤 관계에 있는지 나타내는 인터페이스에 대한 책임을 PostDetail 컴포넌트가 갖고 있어야 합니다.

예제 1.25 PostDetail 컴포넌트가 더 이상 PostResponse에 의존하지 않도록 PostDetail 컴포넌트에서 사용하는 post의 타입을 수정

```
// components.tsx

type Post = {
  id: number;
  title: string;
  content: string;
  likes: number;
  createdAt: Date;
  updatedAt: Date;
  userId: number;
  nickname: string;
};

export function PostDetail({ post }: { post?: Post }) {
  // ...
}
```

하지만 위와 같이 코드를 작성하면 다른 문제가 생깁니다. 게시글에 대한 정보가 추가되거나 삭제되는 등 PostResponse 타입에 변경이 발생할 때 게시글 정보를 사용하는 모든 컴포넌트를 여전히 하나하나 찾아다니며 수정해야 하기 때문입니다. 그러면 이전보다 못한 상황이 됩니다. 이전에는 PostResponse를 변경했을 때 어디를 수정해야 할지 IDE와 타입스크립트가 알려주기 때문에 수정해야 할 곳이 많아도 실수할 가능성이 높지는 않았습니다. 하지만 지금은 게시글 상세를 어디에서 사용하는지 IDE를 사용하더라도 바로 알 수 없기 때문에 개발자가 실수할 가능성이 더 높아졌습니다.

이 시점에서 다시 한번 주목해야 할 것은 PostDetail 컴포넌트입니다. PostDetail 컴포넌트는 게시글 정보를 필요로 합니다. 이전에 PostResponse에 의존했던 이유도 PostResponse가 게시글 정보를 갖고 있었기 때문입니다. 즉, PostDetail 컴포넌트도, PostResponse 타입도 모두 게시글 상세 정보에 의존적입니다. 이 사실을 고려해서 다음과 같이 구현합니다.

예제 1.26 게시글 상세 정보를 Post 타입으로 분리한 후 PostResponse 타입과 PostDetail 컴포넌트가 의존하도록 수정

```
// types.ts

type Post = {
  id: number;
  title: string;
  content: string;
  likes: number;
  createdAt: Date;
  updatedAt: Date;
  userId: number;
  nickname: string;
};

// api/fetchPost.ts

import type { Post } from '../types';

export type PostResponse = Post & {
  comments: {
    id: number;
    content: string;
    createdAt: Date;
    updatedAt: Date;
    userId: number;
    nickname: string;
  }[];
};

// components.tsx
```

```
import type { Post } from '../types';

export function PostDetail({ post }: { post?: Post }) {
  // ...
}
```

위와 같이 Post 타입을 분리하면 Post 타입은 다른 타입과 다른 성질을 갖습니다. Post 타입은 마치 게시글의 **일반적인 속성**을 갖는 것과 같습니다. 그리고 PostResponse 타입과 달리, 서비스 전체적으로 정의된 Post의 일반적인 속성이 바뀌면 프런트엔드뿐만 아니라 백엔드까지 넓은 범위의 수정이 필요합니다. 이 사실은 Post 타입은 쉽게 바뀌거나 자주 바뀌지 않는다는 것을 방증합니다. 그렇기 때문에 의존성의 수가 늘더라도 **PostResponse 타입에 의존하기보다 Post 타입에 의존하는 것이 더 높은 안정성**을 제공할 수 있습니다.[11] 따라서 코드를 볼 때 개별 컴포넌트나 타입이 Post에 의존한다는 개념이 아니라 그림 1.10처럼 프런트엔드 코드 전체가 Post라는 도메인에 기반을 둔 타입에 의존한다는 개념으로 이해할 수 있습니다.

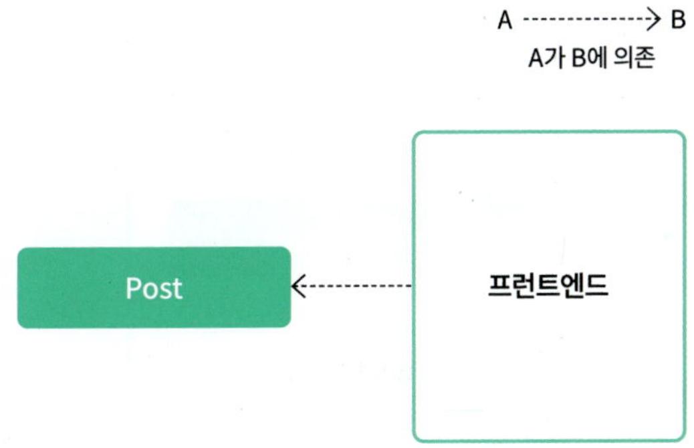

그림 1.10 Post 타입에 의존하는 프런트엔드

11 『클린 아키텍처』(인사이트, 2021), 125쪽

참고 개별 애플리케이션을 뛰어넘는 일반적인 속성

사용자, 상품, 게시글, 댓글 등은 프런트엔드 또는 백엔드에 한정해 정의된 속성이라기보다 애플리케이션을 통해 이용하도록 하는 서비스의 일반적인 속성입니다. Post는 프런트엔드에 한정되지 않은 게시글의 일반적인 속성을 정의합니다.

조금 더 넓은 시각으로 보면 Post는 이미 각종 타입에 내포돼 있습니다. 즉, Post를 타입으로 정의하기 전에 PostResponse와 게시글을 다루는 모든 타입은 이미 Post를 암묵적으로 갖고 있습니다. 따라서 Post 타입을 정의하는 것은 다른 의미로 중복 제거로 이해할 수 있습니다. 그리고 높은 확률로 백엔드 코드 역시 Post를 정의하고, 프런트엔드에서 보낸 API 요청에 응답할 때 활용했을 가능성이 높습니다.

또한, 프런트엔드에서 정의한 Post와 백엔드에서 정의한 Post는 아주 비슷하거나 동일할 가능성이 높습니다. 여기서 겹치는 부분은 서비스에서 정의한 게시글의 일반적인 속성입니다.

그리고 Post 타입이 도메인을 기반으로 정의돼 있기 때문에 수정은 자주 발생하지 않습니다. 따라서 Post로 향하는 의존성은 변경에 대해 크게 걱정하지 않아도 되고, 다음과 같이 코드를 살펴볼 때 특별한 경우가 아니라면 Post 타입에 대한 의존성은 무시할 수 있습니다.

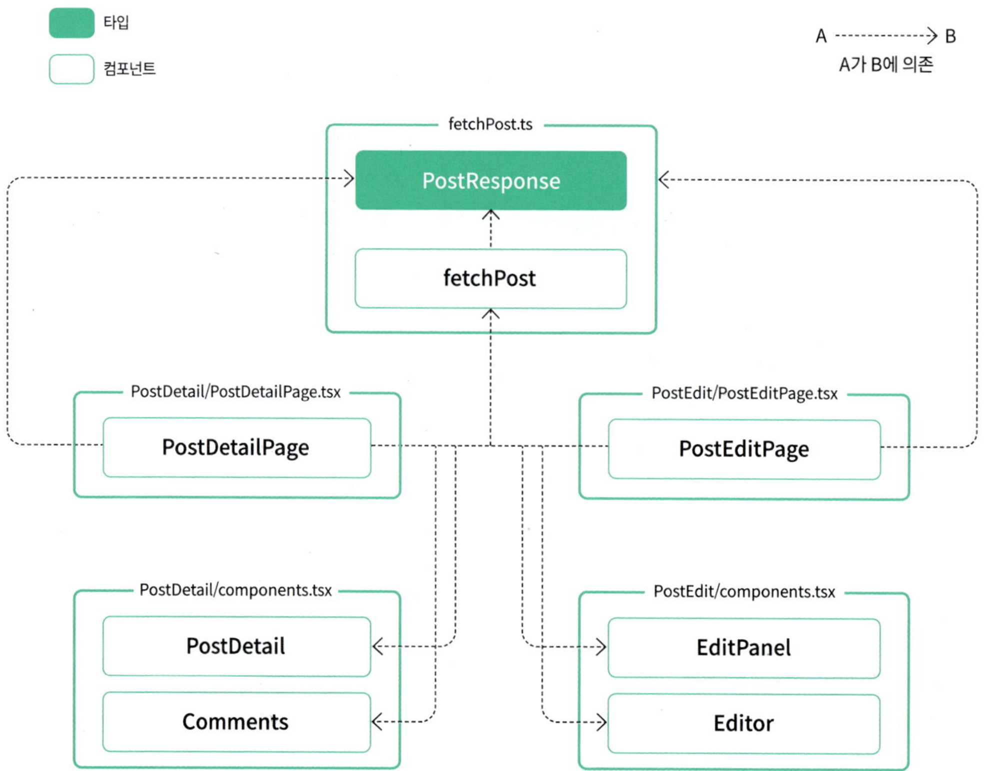

그림 1.11 개념적으로 타입 의존성이 줄어든 의존성 다이어그램

이렇게 했을 때 실제 코드는 어떤지 살펴보겠습니다. 다음은 이렇게 타입을 관리했을 때 PostDetail 컴포넌트가 컴포넌트 속성 타입 변경에 어떤 식으로 대응하는지 보여줍니다.

예제 1.27 PostDetail 컴포넌트

```
// components.tsx

import type { Post } from '../types';

export function PostDetail({
  post,
  readonly,
}: {
  post?: Omit<Post, 'userId'>;
  readonly?: boolean;
}) {
  // ...
}
```

예제에서 PostDetail 컴포넌트는 자신의 속성 타입을 스스로 관리합니다. 즉 '난 Post에서 userId 속성을 제외하고 사용할 거야. 그리고 readonly라는 속성이 추가로 필요해'라고 말하는 것과 같습니다. 필요에 따라 스스로 바뀌는 것입니다. 이것은 PostResponse 타입의 세부 속성이 사소하게 바뀔 때마다 매번 대응해야 하는 것과 다른 모습입니다. 또한 Post 타입이 바뀐다면 그 사실도 IDE와 타입스크립트를 통해 알 수 있습니다. 예를 들어, Post 타입의 createdAt과 updatedAt 속성이 Date 타입에서 string 타입으로 바뀌었다면 PostDetail 컴포넌트에 에러가 발생하고 컴파일이 되지 않습니다.

이렇게 타입을 설정하면 Post 타입이 데이터베이스 테이블의 형태와 비슷하거나 같아질 수 있습니다. 그렇다고 해서 테이블의 형태를 미리 가져다 놓는 것은 좋은 선택이 아닙니다. 예를 들어, 데이터베이스에 있는 게시글 정보 테이블에 deletedAt 칼럼이 있다고 해서 프런트엔드에서 관리하는 Post 타입에 사용하지 않는 deletedAt 속성을 추가하는 것은 좋지 않습니다. 왜냐하면 아직 deletedAt을 사용하는 곳이 없다면 Post 타입을 사용하는 곳을 찾아다니며 다음 예제처럼 deletedAt 속성을 제거해야 하기 때문입니다. 즉 현실이 아닌 미래를 우려한 코드가 더욱 복잡한 결과를 만든 것입니다.[12]

12 「오브젝트」(위키북스, 2019), 305쪽

예제 1.28 사용하지 않는 deletedAt 속성을 미리 추가했을 때의 코드 변화

```
// types.ts

type Post = {
  id: number;
  title: string;
  content: string;
  likes: number;
  createdAt: Date;
  updatedAt: Date;
  deletedAt: Date;
  userId: number;
  nickname: string;
};

// api/fetchPost.ts

import type { Post } from '../types';

export type PostResponse = Omit<Post, 'deletedAt'> & {
  comments: {
    id: number;
    content: string;
    createdAt: Date;
    updatedAt: Date;
    userId: number;
    nickname: string;
  }[];
};

// components.tsx

import type { Post } from '../types';

export function PostDetail({
  post,
```

```
  readonly,
}: {
  post?: Omit<Post, 'userId' | 'deletedAt'>;
  readonly?: boolean;
}) {
  // ...
}
```

물론 타입을 이렇게 관리하는 것이 절대적으로 좋은 방법은 아닙니다. 이 과정은 타입 의존성을 관리해야 하는 대상으로 인지하기 위한 사례 중 하나입니다. 타입의 어떤 부분을 공통적으로 관리하고, 어떤 부분을 각 함수, 변수, 컴포넌트 등이 스스로 관리할지는 코드가 처한 상황을 고려해 코드를 관리하는 구성원들의 논의를 통해 결정해야 합니다.

1.4 불변속성 의존성

불변속성(invariant)은 코드가 실행되는 동안 항상 만족하도록 보장해야 하는 규칙입니다. 예를 들어, '장바구니에 담긴 상품의 개수는 음수일 수 없다'는 대표적인 불변속성 중 하나입니다. 불변속성은 비즈니스 규칙인 경우 애플리케이션 전체를 통틀어 일관성 있게 유지돼야 합니다. 즉, 애플리케이션 전체가 의존하거나 의존할 가능성이 존재합니다. 불변속성이 바뀐다면 이 불변속성에 의존하는 모든 코드를 손봐야 합니다. 그리고 불변속성은 명시적으로 문서화하지 않거나 암묵적으로 유지하는 경우가 많아 깜빡하거나 놓치거나 간과하기 쉽습니다.

예를 들어, "상품을 검색했을 때 '전체' 카테고리는 기본으로 선택돼 있어야 한다"라는 불변속성이 있다고 해봅시다. 이 규칙은 모든 코드에 스며듭니다. 검색 결과 페이지의 카테고리 버튼은 기본적으로 '전체' 카테고리가 선택돼 있고 이를 시각화합니다. 검색 결과를 API로 요청할 때 카테고리 값이 비어 있는 경우 '전체' 카테고리로 요청하도록 합니다. 외부에서 검색 페이지에 카테고리에 대한 쿼리 문자열 없이 접근했다면 쿼리 문자열에 '전체' 카테고리를 자동으로 추가할 수도 있습니다.

그런데 어느 날 '전체' 카테고리를 없애고, 사용자가 선호하는 카테고리를 정한 경우 해당 카테고리를 기본값으로 하고, 그렇지 않은 경우 무작위로 카테고리를 선택해서 결과를 보여주도록 바꾼다고 해봅시다. 그러면 '전체' 카테고리를 기본값으로 다루는, 즉 불변속성에 의존하는 모든 코드를 확인해야 합니다. 불변속성이 바뀌지 않더라도 이와 관련된 새로운 기능을 추가할 때 불변속성을 고려해야 한다는 사실을 놓칠 수도 있습니다.

사실 불변속성은 비즈니스 규칙처럼 대단한 것은 아닐 수 있습니다. 크기가 `large`인 버튼의 너비는 `64px`이라는 규칙을 전제로 스타일 코드를 다루는 것과 같이 범위가 좁고 지극히 일상적인 코드에도 불변속성 또는 이와 비슷한 속성이 있을 수 있습니다.

불변속성뿐만 아니라 함수, 컴포넌트 등의 매개변수, 반환값으로 보이지 않는 내부 정보를 암묵적으로 참고해서 작성한 코드는 보이지 않는 정보에 의존하기 때문에 매개변수와 반환값의 구조 및 형태가 바뀌지 않더라도 변경에 취약할 수 있습니다.

따라서 불변속성, 정보 등에 암묵적으로 의존하는 구조를 만들지 않아야 합니다. 이들에 의존하는 코드를 작성해야 한다면 불변속성 또는 정보를 일관성 있게 지킬 수 있도록 관리해야 합니다. 예를 들어, 다음과 같이 계좌 잔액의 불변속성을 확인하는 코드가 있다고 해봅시다.

예제 1.29 계좌 잔액이 정상인지 확인

```
let accountBalance = 1000;

if (accountBalance >= 0) {
  // ...
}
```

이 같은 방식으로 작성된 코드는 단편적으로 봤을 때는 괜찮아 보이지만 코드 전반으로 퍼져 있을 때 관리하기가 어려울 수 있습니다. 왜냐하면 불변속성을 지키도록 하는 코드의 모양은 매번 다를 수 있고, 따라서 찾기가 어렵기 때문입니다. 따라서 다음과 같이 한 곳에서 불변속성을 관리하는 것이 좋습니다.[13]

13 『파이브 라인스 오브 코드』(위키북스, 2023), 17쪽

예제 1.30 계좌 잔액이 정상인지 확인

```
// account.js

export function isBalanceValid(balance) {
  return typeof balance === 'number' && balance >= 0;
}

// index.js

import { isBalanceValid } from '../account';

let accountBalance = 1000;

if (isBalanceValid(accountBalance)) {
  // ...
}
```

이것은 진실의 원천(source of truth)을 다루는 방법과 유사합니다. 데이터 또는 로직에 대한 진실의 원천이 하나여야 하는 것처럼, 불변속성 또는 비즈니스 정보를 한 곳에서 관리하고 필요시 참조할 수 있도록 해야 변경으로 인한 영향을 최소화할 수 있습니다.[14]

1.5 의존성 역전과 의존성 주입

1.2절 '함수 의존성'에서 의존성 역전에 대해 간단하게 살펴봤습니다. 의존성 역전과 의존성 주입은 중요한 개념이기 때문에 다시 한번 짚고 넘어가겠습니다.

함수 의존성에서 다뤘던 내용은 전화번호를 입력받는 이벤트 리스너에서 `getNumber` 함수를 사용(의존)하는데, `getNumber`를 사용하는 곳이 많아지면서 발생하는 문제를 의존성 역전을 통해 해결하는 과정이었습니다.

여기서는 의존 관계의 변화에 집중해서 이 과정을 다시 한번 살펴보겠습니다. 전화번호 입력 이벤트 리스너와 `getNumber` 함수와의 관계는 다음과 같습니다.

14 『좋은 코드 나쁜 코드』(제이펍, 2022), 233/237쪽

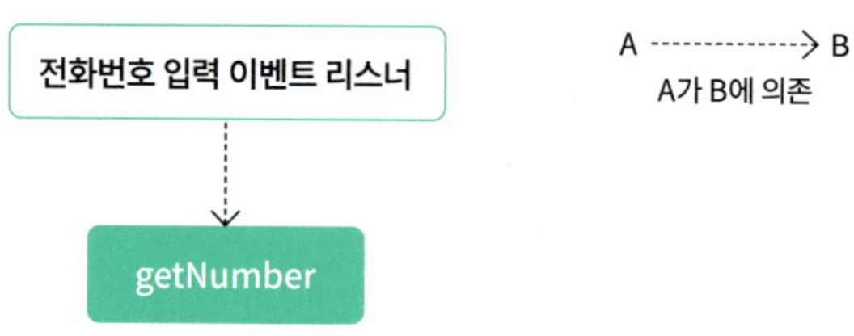

그림 1.12 전화번호 입력 이벤트 리스너와 getNumber의 의존 관계

그리고 문제 해결을 위해 다음과 같이 의존성을 역전시켰습니다.

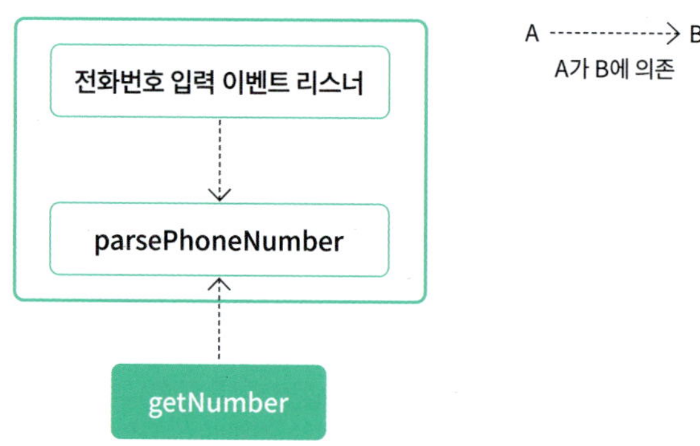

그림 1.13 전화번호 입력 이벤트 리스너와 getNumber의 의존성 역전

그럼 여기서 '역전'은 구체적으로 무엇을 역전했다는 것일까요? 먼저 이벤트 리스너는 함수의 매개변수를 임의로 설정할 수 없기 때문에 리스너와 getNumber와의 관계를 조정하려면 getNumber를 사용하는 별도 함수가 필요합니다. 이 함수가 바로 parsePhoneNumber입니다. 의존 관계에서 parsePhoneNumber 함수의 역할은 리스너가 필요로 하는 인터페이스를 설정해주는 것입니다. 즉, 전화번호 입력 이벤트 리스너가 사용하는 getNumber는 어떤 조건을 가져야 하는지 parsePhoneNumber를 통해 드러냅니다.

정리하면, 전화번호 입력 이벤트 리스너와 parsePhoneNumber를 한 몸으로 본다면 그림 1.12와 같이 getNumber로 향했던 의존성이 그림 1.13에서 반대 방향으로 역전된 것을 볼 수 있습니다. 그리고 getNumber는 이제 parsePhoneNumber가 정하는 규칙에 의존하게 됩니다.

여기서 또 한 가지 주목할 점이 있습니다. 그림 1.12의 전화번호 입력 이벤트 리스너는 getNumber, 즉 구체적으로 구현된 함수에 의존했습니다. 의존성을 역전한 이후에는 의존성의 방향이 구체적인 구현이 아니라 인터페이스 또는 규칙이라는 추상적인 대상을 향합니다. 이렇듯 구체적인 구현은 추상적인 규칙만 지킨다면 유연하게 바꿀 수 있습니다.

의존성 주입(dependency injection)은 의존성 역전과 깊은 관계가 있습니다. 사실 그림 1.12부터 그림 1.13까지의 과정은 의존성 역전뿐만 아니라 의존성 주입을 보여주기도 합니다. 의존성 주입은 그림 1.12처럼 내가 의존하는 대상을 가져와 사용하면서 도구가 바뀌면 거기에 맞춰 나도 바뀌는 게 아니라, 그림 1.13처럼 먼저 규칙을 정하고 외부에서 규칙을 만족시키는 도구를 전달, 즉 주입하도록 합니다. 그리고 나는 규칙을 지키는 주입된 도구를 사용합니다.

정리하면 그림 1.12에서 전화번호 입력 이벤트 리스너(나)는 의존하는 대상인 `getNumber`(구현, 구체)를 직접 가져와 사용했습니다. 하지만 그림 1.13에서는 `getNumber`를 직접 가져와 사용하는 것이 아니라 `parsePhoneNumber`의 두 번째 매개변수(규칙, 추상)를 통해 전달받아(주입) 사용합니다.

그리고 그림 1.12와 같이 구체적인 구현에 의존하면 구현이 바뀔 때마다 영향이 없을지 살펴야 합니다. 반대로 구현체 역시 자신에게 의존하는 곳에 영향을 끼치지 않을지 눈치를 봐야 합니다. 즉, 서로 눈치를 보느라 코드를 수정하기가 어려워집니다. 그림 1.13과 같이 의존성을 역전해 외부로부터 의존성을 주입받으면 이 둘은 규칙(인터페이스)에 의존합니다. 규칙이 변하지 않는 이상 이 둘은 서로 독립적입니다. 이것이 바로 의존성 역전과 주입의 강력한 힘입니다.[15] 또한 의존성 주입은 암묵적으로 존재하는 의존성을 인터페이스로 꺼내 의존 관계를 드러내는 역할을 합니다.

15 『클린 아키텍처』(인사이트, 2021), 50쪽

CHAPTER

02

인터페이스

인터페이스란 무엇일까요? 위키피디아에서는 다음과 같이 설명합니다.

> *인터페이스(interface)는 서로 다른 두 개의 시스템, 장치 사이에서 정보나 신호를 주고받는 경우의 접점이나 경계면이다.*

여기서 인터페이스를 이해하는 핵심은 '사이'와 '접점'이라는 단어입니다. 쉽게 풀어보면, 인터페이스는 **inter**(사이)와 **face**(얼굴)로 나누어 '둘 사이에 위치하며 서로 마주하는 면'으로 볼 수 있습니다. 즉, 인터페이스는 두 대상이 서로 만나서 소통하고 작용하는 공간입니다.[1]

인터페이스라고 하면 떠오르는 단어는 사용자 인터페이스(User Interface, UI)입니다. 프런트엔드 개발자는 UI를 통해 애플리케이션의 기능을 사용자에게 제공합니다. 사용자는 애플리케이션의 UI 요소와 상호작용하며 필요한 작업을 수행합니다.

이러한 인터페이스는 몇 가지 중요한 특징을 가집니다.

먼저 인터페이스는 상호작용 방법을 알려주기 위해 **공개**된 부분입니다. 따라서 인터페이스는 일종의 계약이라고 할 수 있습니다. 어떻게 상호작용할 수 있는지 알려주고, 그대로 동작하기

1 https://aws.amazon.com/ko/what-is/api/

를 기대하게 합니다. 계약 내용을 바꿀 수 있듯, 인터페이스 또한 변경할 수 있습니다. 하지만 인터페이스를 바꾸면 이 사실을 알리고 새로운 계약에 따라 동작할 수 있도록 상호 조정해야 합니다. 이 과정은 상당한 비용이 발생할 수 있으므로 신중해야 합니다.[2]

또 다른 인터페이스의 특징은 인터페이스를 준수하기만 하면 그 외의 사항에 대해 신경 쓸 필요가 없다는 점입니다. 인터페이스를 준수해서 기능을 개발하는 쪽과 인터페이스를 참고해서 기능을 사용하는 쪽 모두의 관심사는 인터페이스뿐입니다. 예를 들어, 백엔드 API(Application Programming Interface)는 API를 통해 요청과 응답 형식을 약속합니다. 이 기능을 사용하는 프런트엔드는 인터페이스를 참고해서 데이터를 주고받습니다. 이때 프런트엔드는 백엔드가 어떤 언어와 프레임워크를 사용하는지 또는 효율적으로 구현했는지 등을 신경 쓰지 않습니다. 반면 API에 맞춰 기능을 개발하는 백엔드는 인터페이스만 준수하면 구현 방법과 효율성 등에서 자유롭게 선택할 수 있습니다. 즉, **인터페이스만 준수하면 구현은 자유롭게** 할 수 있습니다.

이 말은 인터페이스를 준수한다면 완전히 다른 구현체로 변경하는 것도 가능하다는 의미입니다. 사용하는 쪽에서 동일한 인터페이스의 다른 구현체를 사용해도 되고, 구현하는 쪽에서는 동일한 인터페이스의 다른 구현체를 제공해도 됩니다.

그럼 프런트엔드에서는 인터페이스를 어떻게 활용할 수 있는지 몇 가지 사례를 통해 살펴보겠습니다.

2.1 사용자 인터페이스

프런트엔드 개발자의 중요한 역할 중 하나는 사용자에게 제공하는 서비스의 사용자 인터페이스를 만드는 것입니다. 사용자는 이 UI를 기반으로 서비스를 이용하므로 사용자 인터페이스는 중요합니다.

회원가입을 해야만 사용할 수 있는 서비스에 회원가입을 할 수 있도록 하는 공개된 사용자 인터페이스가 없다면 사용자는 회원가입을 할 수 없고 서비스를 이용할 수도 없습니다. 반대로

2 『객체지향의 사실과 오해』(위키북스, 2015), 169쪽

사용자에게 공개돼서는 안 되는 인터페이스, 예를 들어 결제 가능한 상황이 아님에도 결제할 수 있는 수단이 사용자 인터페이스로 노출돼서는 안 됩니다.

따라서 **인터페이스로 공개할 것과 공개하지 않을 것의 경계**를 명확히 해야 합니다. 다시 말해, 외부로부터 접근할 수 있는 것과 **접근을 제한해야 하는 것**을 신중하게 선정해야 합니다.

접근성은 사용자 인터페이스를 구현할 때 반드시 고려해야 하는 중요한 속성입니다. 마우스가 고장 나 키보드만으로 애플리케이션을 이용해야 하는 사용자에게 로그인 버튼이 `div` 요소로 만들어져 있고 제출 버튼이 없어 정보를 입력하고 엔터를 눌러도 아무런 반응이 없다면 이 사용자에게 로그인 인터페이스는 없는 것이나 다름없습니다.[3] [4] [5] 또한, 청각을 사용해 애플리케이션을 이용해야 하는 사용자에게 페이지 개요를 제공하지 않는다면 이는 지도 없이 낯선 곳을 헤매는 것과 비슷해서 인터페이스는 공개돼 있지만 실제로는 접근이 제한된 것과 같은 효과를 가져옵니다.[6]

따라서 적절한 사용자 인터페이스는 신체적으로 장애가 있거나, 모바일 기기 등 다양한 기기로 접근하거나, 인터넷이 끊기거나, 안경을 잃어버리는 등 다양한 상황과 환경에서도 사용자가 서비스를 이용할 수 있는 방법을 제공해야 합니다.[7] 물론 이 모든 것을 항상 고려하기에는 한계가 있습니다. 그럼에도 사용자가 애플리케이션과 상호작용하는 데 제한이 있다면 지속적인 노력을 통해 모든 사용자가 원활하게 서비스를 이용할 수 있도록 하는 것이 중요합니다.

2.2 함수와 인터페이스

프런트엔드 개발에 사용하는 함수에도 인터페이스가 있습니다. 함수 이름, 매개변수, 반환값은 함수를 파악하고 사용하기 위한 규칙, 즉 인터페이스입니다. 같은 기능을 구현한 두 함수의 인터페이스가 동일하다면 사용하는 쪽에서는 이 둘을 같은 함수로 간주할 수 있습니다. 또한 자

3 https://html.spec.whatwg.org/multipage/dom.html#interactive-content-2

4 https://html.spec.whatwg.org/multipage/interaction.html#the-tabindex-attribute

5 저희 어머니는 게임을 많이 한다고 마우스를 숨겨두곤 하셨습니다. 그래서 키보드만으로 웹 서핑을 할 때가 종종 있었습니다. 그럴 때면 키보드만으로 이용할 수 있는 서비스와 아닌 서비스의 차이가 너무 크게 느껴지곤 했습니다.

6 https://html.spec.whatwg.org/multipage/sections.html#headings-and-outlines-2

7 https://www.w3.org/WAI/fundamentals/accessibility-intro/#what

바스크립트의 함수는 일급 함수이므로 값처럼 주고받을 수 있고, 이때 인터페이스는 변수의 타입과 같은 역할을 하기도 합니다.[8] [9]

참고 **인터페이스와 시그니처**

함수의 이름과 매개변수, 반환값은 시그니처(signature)라고 하며, 함수의 사용법을 설명하고 다른 함수와 구별할 수 있도록 하는 개념입니다. 함수 하나에 한정하면 인터페이스와 시그니처를 동일하게 이해할 수도 있습니다. 하지만 시그니처는 함수를 다른 함수로부터 유일하게 구별하는 정보인 반면, 인터페이스는 여러 함수가 공통으로 구현해야 하는 구조를 정의(추상화)함으로써 이를 구현하는 함수들을 하나의 추상화된 개념으로 이해할 수 있도록 하는 정보입니다.

예를 들어, 예제 2.1처럼 버튼 요소에 클릭 이벤트 리스너를 추가한다고 가정해 보겠습니다.

예제 2.1 상품 카드의 버튼 요소에 대한 클릭 이벤트

```
$button.addEventListener('click', (event) => {
  const productId = event.target.dataset.id;

  // productId를 활용해 상품 정보를 가져오는 API를 호출
  // ...
});
```

이 코드에서는 버튼 요소에 이벤트 리스너를 추가하기 위해 `addEventListener` 메서드를 사용합니다. 이 메서드는 첫 번째 인자로 이벤트 이름을 받고, 두 번째 인자로 콜백 함수인 이벤트 리스너를 받습니다. `addEventListener`를 사용할 때 이 인터페이스를 지키기만 한다면 전혀 다른 함수를 전달하도록 구현하더라도 문제가 발생하지 않습니다.

예제 2.2는 프런트엔드에서 구매내역 데이터를 정렬하거나 필터링해서 결과를 보여주는 로직입니다. 이러한 종류의 로직은 주로 백엔드에서 수행하지만 필터나 정렬에 대한 사용자의 반응을 먼저 알아보고 싶어 시범적으로 적용하거나 리소스 제한 등의 이유로 기존 데이터를 활용해 프런트엔드에서 구현하기도 합니다.

8 https://developer.mozilla.org/ko/docs/Glossary/First-class_Function

9 『오브젝트』(위키북스, 2019), 438쪽

예제 2.2 주문 내역을 필터링, 정렬, 그루핑하는 함수

```
function processOrderData(orderList, { filter, order, group }) {
  const result = [];

  // 주문 내역을 필터링
  const filteredOrderList = orderList.filter((orderItem) => {
    if (filter === 'ALL') {
      return true;
    }

    if (filter === 'CANCEL') {
      return orderItem.status === 'CANCEL';
    }

    // ...
  });

  // 그루핑한 결과를 이중 배열로 생성
  const groupedOrderList = filteredOrderList.reduce((acc, orderItem) => {
    if (group === 'MONTH') {
      // 달을 기준으로 그루핑
    }

    if (group === 'CATEGORY') {
      // 카테고리를 기준으로 그루핑
    }
  }, []);

  // 그루핑한 결과를 정렬
  if (order === 'RECENT') {
    // 최근 주문 순으로 정렬
  }

  if (order === 'CHEAP') {
    // 가격이 낮은 순으로 정렬
  }
```

```
  // ...

  return result;
}
```

예제 2.2에서 정의한 processOrderData 함수의 인터페이스를 살펴보면 주문 내역을 첫 번째 매개변수인 orderList로 전달받습니다. 두 번째 매개변수에서는 filter, order, group을 통해 어떻게 필터링하고 정렬 및 그루핑을 할지 전달받습니다. 그리고 전달받은 주문 내역을 예제 2.3과 같은 이중 배열로 반환합니다.

예제 2.3 processOrderData 함수의 반환값 예시

```
// 모든 결과를 보기 위해 필터를 적용하지 않음
// 주문일자 기준 최신순 정렬
// 달을 기준으로 그루핑
[
  // 7월
  [
    {
      "id": 13425,
      "name": "BlissfulBreeze",
      "category": "Furniture",
      "status": "ORDER_COMPLETED",
      "orderDate": "2024-07-23T16:23:52",
      ...
    },
    {
      "id": 13417,
      "name": "RadiantGlow",
      "category": "Book",
      "status": "ORDER_COMPLETED",
      "orderDate": "2024-07-11T17:07:08",
      ...
    }
  ],
  // 6월
```

```
  [
    {
      "id": 13391,
      "name": "SereneHarmony",
      "category": "Cooking",
      "status": "ORDER_COMPLETED",
      "orderDate": "2024-06-29T23:01:38",
      ...
    },
    {
      "id": 13385,
      "name": "StellarElegance",
      "category": "Cooking",
      "status": "REFUND_COMPLETED",
      "orderDate": "2024-06-29T22:46:41",
      ...
    }
  ],
  ...
]
```

반환된 결과 내부에 중첩된 배열은 그루핑한 결과입니다. 예제 2.3에서는 달(month)을 기준으로 그루핑했습니다. 모든 주문 내역을 보기 위해 필터를 적용하지 않고, 주문일자 기준 최신순으로 정렬했습니다. 정렬은 각 그룹 내부에서 수행합니다.

이제 '취소한 주문에 대해 필터를 적용하면 그루핑을 하지 않아야 한다'라는 요구사항이 추가됐다고 가정해 보겠습니다. 예제 2.4는 `filter`의 값이 `CANCEL`이면 그루핑을 하지 않는 코드입니다.

예제 2.4 CANCEL 필터를 적용하면 그루핑을 하지 않는 로직을 추가

```
function processOrderData(orderList, { filter, order, group }) {
  const result = [];

  // 주문 내역을 필터링
  // ...
```

```
  // 그루핑한 결과를 이중 배열로 생성
  const groupedOrderList =
    filter === 'CANCEL'
      ? result.push(filteredOrderList) // 그룹이 하나인 이중 배열
      : filteredOrderList.reduce((acc, orderItem) => {
          // ...
        }, []);

  // 그루핑한 결과를 정렬
  // ...

  return result;
}
```

예제 2.3에서는 필터, 그루핑, 정렬 로직을 순서대로 수행해서 이해하기 쉬웠다면, 예제 2.4는 그루핑 로직에 필터 관련 코드가 추가되어 이해하기가 다소 어려워졌습니다. 이처럼 요구사항이 많아지고 각 로직이 서로 영향을 주고받기 시작하면 코드는 더욱 이해하기 어려워지고 유지보수 비용은 점점 높아집니다.

이럴 때 함수를 추출하고 필요한 정보를 인터페이스를 활용해 전달받도록 하면 변경에 유연하게 대처할 수 있는 코드를 작성할 수 있습니다.[10] 이 방법은 각 로직의 세부 구현이 아닌 인터페이스를 통해 협업하도록 합니다. 구체적인 과정을 천천히 알아보겠습니다.

가장 먼저 각 로직에서 주문 정보를 다룰 때 필요한 데이터를 보겠습니다.

예제 2.5 JSDoc으로 표현한 주문 정보

```
/**
 * @typedef {Object} Order
 * @property {number} id
 * @property {string} status
 * @property {string} category
 * @property {Date} orderDate
 */
```

10 『리팩터링 (2판)』(한빛미디어, 2020), 158쪽

예제 2.5처럼 JSDoc이나 타입스크립트를 통해 데이터 정보를 정해 놓으면 명확한 인터페이스를 설계하는 데 도움이 됩니다. 타입스크립트를 사용한다면 타입을 활용해도 좋습니다. 다음 예제 2.6은 JSDoc으로 준비한 각 로직의 인터페이스와 세부 구현입니다. (세부 구현은 주석으로 표현했습니다.)

예제 2.6 각 로직의 인터페이스

```
/**
 * 주문 내역을 필터링하는 함수
 * @param {Order[]} orderList 주문 내역
 * @param {string} filter 필터
 * @returns {Order[]} 필터링된 주문 내역
 */
function filterOrderData(orderList, filter) {
  // ...
}

/**
 * 주문 내역을 그루핑하는 함수
 * @param {Order[]} orderList 주문 내역
 * @param {string} group 그루핑 기준
 * @returns {Order[][]} 그루핑된 주문 내역
 */
function groupOrderData(orderList, group) {
  // ...
}

/**
 * 그루핑한 주문 내역을 정렬하는 함수
 * @param {Order[][]} groupedOrderList 그루핑된 주문 내역
 * @param {string} order 정렬 기준
 * @returns {Order[][]} 정렬된 주문 내역
 */
function orderOrderData(groupedOrderList, order) {
  // ...
}
```

예제 2.6은 각 로직이 어떤 데이터를 필요로 하는지 각자의 입장에서 정의했습니다. 그리고 각자 어떤 역할을 하는지, 어떤 값을 반환하는지도 정의했습니다. 이처럼 인터페이스가 정의돼 있으면 로직의 세부 코드를 보기 전에 코드의 역할과 사용법을 빠르게 파악할 수 있습니다. 경우에 따라서는 세부 구현을 보지 않고 인터페이스만 이해하는 것으로 충분할 수 있습니다.

또한 이렇게 분리하지 않았을 때는 각 로직이 강하게 결합될 가능성이 높았지만 지금은 인터페이스를 제외하고 모두 숨겨져 있으므로 세부 로직의 결합이 제한됩니다. 즉, **구현이 아닌 추상(인터페이스)에 의존**하게 됐습니다. 이제 함수들이 어떻게 서로 협력하는지 살펴보겠습니다.

참고 JSDoc을 활용한 인터페이스 정의

예시에서 인터페이스를 정의할 때 타입스크립트가 아닌 JSDoc을 활용한 이유는 인터페이스라는 개념이 특정 언어에 종속적이지 않다는 것을 보여주기 위해서입니다. 사용 중인 프레임워크나 라이브러리에 따라 개발 환경이 크게 바뀌는 프런트엔드의 특성상, 변화에 흔들리지 않고 소프트웨어 개발의 지혜를 유연하게 적용하는 과정은 매우 중요합니다.

예제 2.7 각 인터페이스를 구현하는 함수들로 기존 로직을 교체

```
function processOrderData(orderList, { filter, order, group }) {
  // 주문 내역을 필터링
  const filteredOrderList = filterOrderData(orderList, filter);

  // 그루핑한 결과를 이중 배열로 생성
  const groupedOrderList = groupOrderData(filteredOrderList, group);

  // 그루핑한 주문 내역을 정렬
  const orderedOrderList = orderOrderData(groupedOrderList, order);

  return orderedOrderList;
}
```

예제 2.2부터 예제 2.7까지의 과정은 함수를 필터링, 그루핑, 정렬 등 역할에 맞게 분리한 과정으로 이해할 수 있습니다. 그리고 그 과정의 핵심에는 인터페이스가 자리 잡고 있습니다. 함수를 분리하는 과정에서 코드의 세부 구현은 전혀 중요하지 않았습니다. 각 로직을 자율적인 주체로서 **외부와 어떻게 협력**해야 할지 결정하는 데 집중해서 인터페이스를 결정했습니다.

이제 취소한 주문을 필터링하는 것과 관련된 예제 2.4의 요구사항을 반영해 보겠습니다.

예제 2.8 그루핑하지 않는 조건을 추가

```
/**
 * 주문 내역을 그루핑하는 함수
 * @param {Object} params
 * @param {Order[]} params.orderList 주문 내역
 * @param {string} params.group 그루핑 기준
 * @param {boolean} params.skipGrouping true일 경우 그루핑하지 않음
 * @returns {Order[][]} 그루핑된 주문 내역
 */
function groupOrderData({ orderList, group, skipGrouping }) {
  if (skipGrouping) {
    return [orderList];
  }

  // 기존 로직
}
```

예제 2.8과 예제 2.4의 가장 큰 차이점은 그루핑하지 않는 조건을 구현하는 방법입니다. 예제 2.4는 그루핑 로직의 실행 여부를 로직 외부에서 `filter === 'CANCEL'`과 삼항연산자로 결정했습니다. 반면 예제 2.8에서는 그루핑하지 않는 조건을 `groupOrderData` 함수가 정의하고 인터페이스를 통해 공개합니다. 그리고 `groupOrderData` 함수의 외부에서는 그루핑 조건을 연산해 `groupOrderData` 함수에 전달합니다. 즉, 그루핑 여부는 이제 `groupOrderData`가 조건문을 통해 직접 결정합니다.

이러한 방법은 그루핑하지 않는 조건이 다양해지거나 복잡해졌을 때 진가를 발휘합니다. 그루핑하지 않는 조건이 아무리 복잡해져도 그루핑 여부는 외부에서 결정 및 구현해서 `groupOrderData` 함수의 `skipGrouping`에 값으로 전달합니다. 반면 `groupOrderData` 함수 내부는 태풍의 눈처럼 고요합니다.[11]

다음은 주문 취소 필터에 대한 요구사항을 반영한 `processOrderData`입니다.

11 『객체지향의 사실과 오해』(위키북스, 2015), 167쪽

예제 2.9 주문 취소 필터를 적용하면 그루핑하지 않도록 하는 요구사항을 반영

```
function processOrderData(orderList, { filter, order, group }) {
  const result = [];

  // 주문 내역을 필터링
  // ...

  // 그루핑한 결과를 이중 배열로 생성
  const groupedOrderList = groupOrderData({
    orderList: filteredOrderList,
    group,
    skipGrouping: filter === 'CANCEL',
  });

  // 그루핑한 결과를 정렬
  // ...

  return result;
}
```

참고 인터페이스의 중요성

지금까지 인터페이스를 활용한 예시를 보면 의문이 들 수 있습니다. '지금까지 인터페이스라고 설명한 것은 결국 JSDoc으로 함수에 대한 설명을 적었을 뿐이고, 함수 추출과 매개변수 추가처럼 간단한 과정이 아닌가요?' 맞습니다. 지금까지 살펴본 과정에서 인터페이스라는 개념은 오히려 거추장스럽게 느껴질 수 있습니다.

그럼에도 인터페이스라는 개념을 사용한 데는 몇 가지 이유가 있습니다. 첫째, 함수를 구현하기 전에 인터페이스를 먼저 고민하고 만듦으로써 함수가 다른 주체들과 어떤 관계를 맺고 협력해야 하는지 먼저 고민하게 합니다.[12]

둘째, 인터페이스를 기반으로 전혀 다른 구현을 적용할 수 있도록 합니다. 지금까지는 인터페이스와 함수의 구현이 일대일 관계였지만, 전혀 다른 구현을 적용해야 한다면 인터페이스를 변경하지 않고 함수만 교체할 수 있습니다. 이러한 장점은 테스트를 작성할 때 특히 두드러집니다.

12 『오브젝트』(위키북스, 2019), 80쪽

여기에 더해 인터페이스와 일급 함수를 활용하면 더욱 유연한 관계를 만들 수 있습니다. 다음은 인터페이스와 일급 함수를 활용해 만든 curryProcessOrderData 함수와 processOrderData 함수입니다.

예제 2.10 인터페이스와 일급 함수를 활용해 만든 함수인 curryProcessOrderData와 processOrderData

```
/**
 * 주문 내역을 필터링하는 함수
 * @callback FilterOrderData
 * @param {Order[]} orderList 주문 내역
 * @param {string} filter 필터
 * @returns {Order[]} 필터링된 주문 내역
 */

/**
 * 주문 내역을 그루핑하는 함수
 * @callback GroupOrderData
 * @param {Object} params
 * @param {Order[]} params.orderList 주문 내역
 * @param {string} params.group 그루핑 기준
 * @param {boolean} params.skipGrouping true일 경우 그루핑하지 않음
 * @returns {Order[][]} 그루핑된 주문 내역
 */

/**
 * 그루핑한 주문 내역을 정렬하는 함수
 * @callback OrderOrderData
 * @param {Order[][]} groupedOrderList 그루핑된 주문 내역
 * @param {string} order 정렬 기준
 * @returns {Order[][]} 정렬된 주문 내역
 */

/**
 * @param {Object} params
 * @param {FilterOrderData} params.filterOrderData
 * @param {GroupOrderData} params.groupOrderData
 * @param {OrderOrderData} params.orderOrderData
```

```
*/
function curryProcessOrderData({
  filterOrderData,
  groupOrderData,
  orderOrderData,
}) {
  return function processOrderData(orderList, { filter, order, group }) {
    // 주문 내역을 필터링
    const filteredOrderList = filterOrderData(orderList, filter);

    // 그루핑한 결과를 이중 배열로 생성
    const groupedOrderList = groupOrderData({
      orderList: filteredOrderList,
      group,
      skipGrouping: filter === 'CANCEL',
    });

    // 그루핑한 주문 내역을 정렬
    const orderedOrderList = orderOrderData(groupedOrderList, order);

    return orderedOrderList;
  };
}
```

예제 2.10은 이전과 달리 JSDoc의 `callback` 속성을 활용해 함수 인터페이스를 준비했습니다. 마치 계약서만 작성해둔 것과 같습니다. 새로 만든 `curryProcessOrderData` 함수는 인터페이스를 만족시키는 함수를 전달받습니다. `processOrderData` 함수는 `curryProcessOrderData` 함수를 통해 전달받은 `filterOrderData`, `groupOrderData`, `orderOrderData` 함수를 사용합니다. 이때 `processOrderData` 함수는 전달받은 세 함수가 인터페이스에 맞춰 구현된 함수라는 것을 전제로 이들에게 작업을 맡깁니다.

참고 커링 패턴

curryProcessOrderData 함수는 커링 패턴(currying pattern)을 활용해서 구현했습니다. 커링 패턴은 매개변수에 전달하는 몇몇 인자가 고정적으로 사용된다면 함수를 호출할 때마다 매번 동일한 인자를 전달하지 않고 처음에 한 번만 전달하도록 도와줍니다.

이 방법은 마치 함수의 환경을 설정해주는 것과 같습니다. 예제 2.10의 curryProcessOrderData 함수는 filterOrderData, groupOrderData, orderOrderData를 커링 패턴을 통해 미리 전달받아 설정하고, 반환하는 processOrderData 함수가 이들을 반복적으로 사용할 수 있도록 돕습니다.

예제 2.11 새로 만든 함수 curryProcessOrderData의 활용

```
function filterOrderDataVersion1(orderList, filter) {
  // ...
}

function groupOrderDataVersion1({ orderList, group, skipGrouping }) {
  // ...
}

function orderOrderDataVersion1(groupedOrderList, order) {
  // ...
}

const processOrderData = curryProcessOrderData({
  filterOrderData: filterOrderDataVersion1,
  groupOrderData: groupOrderDataVersion1,
  orderOrderData: orderOrderDataVersion1,
});

// 아래와 같이 호출 가능
processOrderData(orderList, { filter: 'ALL', order: 'RECENT', group: 'MONTH' });
processOrderData(orderList, {
  filter: 'CANCEL',
  order: 'CATEGORY',
  group: 'MONTH',
});
```

예제 2.11은 예제 2.9와 다르게 인터페이스를 활용합니다. 기존 processOrderData 함수는 filterOrderData, groupOrderData, orderOrderData 함수에 직접 의존했지만, 이제는 curryProcessOrderData 함수와 FilterOrderData, GroupOrderData, OrderOrderData 인터페이스를 통해 의존성을 주입받습니다. 예제 2.9의 processOrderData 함수는 같은 인터페이스를 구현하는 다른 함수를 사용하려면 함수의 세부 코드를 수정해야만 했습니다. 반면 예제 2.10에서 구현한 processOrderData 함수는 의존하는 함수를 curryProcessOrderData를 통해 전달받으므로 예제 2.11과 같이 세부 코드를 수정하지 않고도 인터페이스를 지키는 다른 함수를 사용해 구체적인 로직을 바꿀 수 있습니다.

다른 함수로 바꾸는 경우가 빈번하고 기억에 의존해서 교체해야 한다면 팩토리 패턴(factory pattern)을 사용하는 것도 좋습니다. 예를 들어, 주문 내역을 보여주는 방법이 사용자 권한에 따라 다르다면 다음과 같이 팩토리 패턴으로 권한에 따라 정보를 다루는 함수를 만들 수 있습니다.

예제 2.12 팩토리 패턴을 사용해 의존성 주입을 개선

```
/**
 * @param {'ADMIN' | 'CUSTOMER' | 'SELLER'} role
 */
const ProcessOrderDataFactory = (role) => {
  if (role === 'ADMIN') {
    return curryProcessOrderData({
      filterOrderData: filterOrderData,
      groupOrderData: groupOrderDataForAdmin,
      orderOrderData: orderOrderData,
    });
  }

  if (role === 'CUSTOMER' || role === 'SELLER') {
    return curryProcessOrderData({
      filterOrderData: filterOrderData,
      groupOrderData: groupOrderData,
      orderOrderData: orderOrderData,
    });
  }
```

```
  throw new Error('알 수 없는 역할입니다.');
};

const processOrderData = ProcessOrderDataFactory('CUSTOMER');
```

처음 만든 예제 2.2의 processOrderData 함수는 절차적이고 구현이 복잡해서 가독성이 떨어지고 변경에 대응하기가 쉽지 않았습니다. 반면 각 로직 입장에서 인터페이스를 정의하고 인터페이스를 사용해 필요한 함수를 주입받도록 수정하고 나니 가독성과 코드 유연성이 향상됐습니다.

2.3 단일 구현을 위한 인터페이스

인터페이스를 다루다 보면 번거롭게 느껴질 때가 많습니다. 인터페이스는 하나인데 이를 구현한 함수 역시 하나인 경우가 그렇습니다. 예제 2.13은 함수에 대해 인터페이스와 구현이 일대일 관계인 경우를 보여주고, 예제 2.14는 인터페이스 없이 구현만 있는 경우를 보여줍니다.

예제 2.13 인터페이스와 함수 구현이 있는 경우

```
// 함수 인터페이스와 함수 구현이 모두 존재
type Sum = (a: number, b: number) => number;

const sum: Sum = (a: number, b: number) => a + b;
```

예제 2.14 명시적인 인터페이스 없이 구현만 있는 경우

```
// 함수 구현만 존재
const sum = (a: number, b: number) => a + b;
```

예제 2.14에서 sum 함수는 함수 정의와 관련된 정보인 인터페이스를 암묵적으로 갖고 있습니다. 하지만 이러한 인터페이스는 구현을 통해 파악해야 합니다. 다른 말로 인터페이스와 구현이 분리돼 있지 않습니다. 반면 예제 2.13은 인터페이스와 구현이 분리돼 있습니다.

인터페이스와 이를 준수하는 하나 이상의 구현체를 다룰 때는 예제 2.13과 같이 인터페이스와 구현이 분리돼 있는 경우를 말합니다. 그리고 예제 2.13처럼 인터페이스와 인터페이스를 준수하는 구현이 하나씩 존재하는 경우 이 인터페이스를 **단일 구현을 위한 인터페이스**라고 합니다.

그렇다면 단일 구현을 위한 인터페이스는 만들지 않는 것이 좋을까요, 아니면 만드는 것이 좋을까요?

이런 경우에는 보통 인터페이스를 따로 만들지 않습니다. 이렇게 하는 이유 중 하나는 비용입니다. 인터페이스 하나를 만드는 것은 큰 비용이 아니지만 코드 전반에 있는 함수의 개수를 따져보면 함수마다 인터페이스를 만들고 관리하는 것은 무시할 수 없을 정도의 큰 비용이 됩니다. 또한 단일 구현을 위해 인터페이스를 정의하는 것은 예제 2.15에서 모든 string 타입에 별칭을 정의함으로써 코드 이해를 방해하는 것과 유사한 효과를 가질 수 있습니다.[13]

예제 2.15 모든 타입에 별칭을 정의

```
type Name = string;
type Address = string;
type Email = string;

type User = {
  name: Name;
  address: Address;
  email: Email;
};

type Count = number;
type ForLoopIndex = number;
```

또한 인터페이스를 구현체들이 공통적으로 준수하는 규칙으로 이해한다면 구현체가 하나일 때의 인터페이스는 다른 구현체가 추가될 때 변경될 가능성이 높습니다.[14]

13 『파이브 라인스 오브 코드』 (위키북스, 2023), 150쪽

14 『단위 테스트』 (에이콘, 2021), 288쪽

따라서 인터페이스와 구현체가 각각 하나인 경우 인터페이스를 구현체가 있는 곳에 위치시키는 게 좋습니다. 그래야 다른 구현체를 추가하며 인터페이스가 변경될 때 기존 구현체와 인터페이스를 함께 살펴볼 수 있어서 변경에 대응하기 쉽기 때문입니다. 인터페이스 없이 구현체가 하나만 있다면 인터페이스를 따로 정의하지 않습니다. 그리고 구현체가 추가될 가능성이 높다면 그때 이들을 위한 인터페이스를 정의합니다.

2.4 테스트와 인터페이스

프런트엔드에서는 인터페이스가 단일 구현을 위한 것일 때가 많아 자주 활용되지 않을 수 있습니다. 하지만 테스트 환경에서 인터페이스는 테스트하려는 대상을 제외한 나머지 구현을 교체할 수 있도록 도와줍니다. 이렇게 하면 테스트 대상이 의존하는 불필요한 주변 요소를 제거하고 효과적으로 테스트를 수행할 수 있습니다. 이번에는 인터페이스를 활용해 테스트를 수행하는 몇 가지 방법을 알아보겠습니다.

프런트엔드에서 함수나 컴포넌트 등을 테스트할 때 가장 다루기 번거로운 요소 중 하나는 API 호출입니다. 테스트 대상이 API 응답에 따라 어떻게 변하는지 검증할 때마다 매번 API 요청을 한다면 테스트 코드도 복잡해지고 테스트를 실행하는 데 많은 비용이 들 수 있습니다. 이때 인터페이스를 활용하면 API 요청을 실제로 수행하지 않고 흉내 내도록 함으로써 문제를 해결할 수 있습니다.

예제 2.16의 컴포넌트를 콘솔에 로그를 출력하거나 직접 클릭하는 등의 방법을 통해 테스트한다고 가정해 보겠습니다. 이 컴포넌트는 클릭했을 때 API를 요청하고 응답에 따라 UI를 갱신합니다.

예제 2.16 신청 여부에 따라 다른 UI를 렌더링하고 신청할 수 있는 버튼이 있는 컴포넌트

```
type MemberType = 'teacher' | 'student' | 'parent';

const PostDetail = ({
  postId,
  memberType,
  registered: initialRegistered,
}: {
```

```
  postId: number;
  memberType: MemberType;
  registered: boolean;
}) => {
  const [registered, setRegistered] = useState(initialRegistered);

  const handleRegister = async () => {
    const response = await fetch(
      `https://example.com/post/${postId}/register`,
      {
        method: 'POST',
        headers: {
          'Content-Type': 'application/json',
        },
        body: JSON.stringify({
          memberType,
        }),
      },
    )
      .then((res) => res.json())
      .catch((error) => console.error(error));

    if (response.ok) {
      setRegistered(true);
    } else {
      alert('신청에 실패했습니다.');
    }
  };

  return (
    <div>
      {/* ... */}

      {registered ? (
        <button type="button" disabled>
          이미 신청했습니다
```

```
        </button>
      ) : (
        <button type="button" onClick={handleRegister}>
          신청하기
        </button>
      )}
      {/*  */}
      {registered && memberType === 'teacher' ? (
        <p>선생님을 위한 안내문</p>
      ) : (
        <p>안내문</p>
      )}

      {/* ... */}
    </div>
  );
};
```

요소를 직접 클릭하거나 콘솔을 통해 디버깅하는 방법은 투박해 보이지만 개발 중이거나 운영 중인 애플리케이션에 문제가 발생했을 때 원인을 파악하는 데 많이 활용하는 방법입니다.

API 호출이 오래 걸리거나, 매개변수에 따라 응답값이 달라지거나, 다른 데이터를 조작한 후에 검증해야 한다면 작업이 번거로워집니다. 이럴 때는 인터페이스를 정의하고 구현체를 단순하게 바꿈으로써 검증 과정을 단축할 수 있습니다.

먼저 예제 2.17과 같이 API 요청 부분을 별도의 함수로 분리합니다. 여기서 주목할 점은 단일 구현에서는 함수를 분리하는 것, 즉 구현체를 만드는 것 자체가 인터페이스를 암묵적으로 정의하는 행위와 유사하다는 것입니다. 즉, **구체적인 코드를 별도의 함수로 분리하는 것은 그 자체로 코드를 추상화하는 과정**의 일부입니다. 따라서 예제 2.17처럼 API 요청을 구현한 코드를 함수로 분리하면 **자연스럽게 함수가 내포하고 있는 인터페이스를 활용**할 수 있습니다.

예제 2.17 함수로 분리한 API 요청 코드

```
const register = async (
  postId: number,
  memberType: MemberType,
```

```
): Promise<boolean> => {
  const response = await fetch(`https://example.com/post/${postId}/register`, {
    method: 'POST',
    headers: {
      'Content-Type': 'application/json',
    },
    body: JSON.stringify({
      memberType,
    }),
  })
    .then((res) => res.json())
    .catch((error) => console.error(error));

  if (response.ok) {
    return true;
  } else {
    return false;
  }
};

const PostDetail = ({
  postId,
  memberType,
  registered: initialRegistered,
}: {
  postId: number;
  memberType: MemberType;
  registered: boolean;
}) => {
  const [registered, setRegistered] = useState(initialRegistered);
  const handleRegister = async () => {
    const response = await register(postId, memberType);

    if (response) {
      setRegistered(true);
    } else {
```

```
      alert('신청에 실패했습니다.');
    }
  };

  return <div>{/* 기존과 동일 */}</div>;
};
```

예제 2.17의 `register` 함수의 인터페이스를 살펴보면 첫 번째 매개변수로 숫자를 전달받고 두 번째 매개변수로 멤버 타입을 전달받습니다. 또한 비동기로 실행되며 `Promise`를 통해 불리언을 반환합니다. 예제 2.18은 예제 2.17에서 구현한 함수와 시그니처, 즉 인터페이스가 동일한 또다른 함수를 구현하고 원본은 주석으로 처리한 결과입니다.

예제 2.18 register 함수의 인터페이스를 유지하고 구현을 바꿈

```
// 원본 코드는 주석 처리
// const register = async (
//   postId: number,
//   memberType: MemberType,
// ) => {
//   // ...
// };

const register = async (
  postId: number,
  memberType: MemberType,
): Promise<boolean> => {
  return Promise.resolve(true);
};
```

이렇게 하더라도 `PostDetail` 컴포넌트 입장에서 바뀐 것은 전혀 없습니다. 함수로 분리함으로써 컴포넌트는 구체적인 구현이 아닌 인터페이스에 의존하기 때문입니다. 새로 만든 함수는 실제 API를 호출하지 않고 검증하려는 상황에 맞춰 값을 반환합니다. 이 과정이 다소 번거롭게 느껴질 수 있지만 이전에 비해 컴포넌트 검증은 더욱 수월해졌습니다.

다음으로 알아볼 방법은 구현체를 주입하는 방법입니다. 예제 2.19의 `PostDetail` 컴포넌트는 API 요청을 분리한 후 직접 사용하는 것이 아니라 부모 컴포넌트인 `PostList`로부터 컴포넌트 속성을 통해 주입받아서 사용합니다.

예제 2.19 API 요청 함수를 외부에서 주입받음

```
const PostList = () => {
  // ...
  return (
    <div>
      {/* ... */}
      <PostDetail
        postId={id}
        memberType="student"
        registered={false}
        registerApi={register}
      />
      {/* ... */}
    </div>
  );
};

const PostDetail = ({
  postId,
  memberType,
  registered: initialRegistered,
  registerApi,
}: {
  postId: number;
  memberType: MemberType;
  registered: boolean;
  registerApi: (postId: number, memberType: MemberType) => Promise<boolean>;
}) => {
  const [registered, setRegistered] = useState(initialRegistered);
  const handleRegister = async () => {
    const response = await registerApi(postId, memberType);
```

```
    if (response) {
      setRegistered(true);
    } else {
      alert('신청에 실패했습니다.');
    }
  };

  return <div>{/* 기존과 동일 */}</div>;
};
```

이제 예제 2.18과 같이 함수의 구현을 바꾸면서 `PostDetail` 컴포넌트를 검증할 수 있습니다. 그럼 예제 2.17처럼 분리한 함수를 직접 사용하는 것과 예제 2.19처럼 주입받아 사용하는 방법 사이에는 어떤 차이가 있을까요?

먼저 인터페이스에서 차이가 있습니다. 예제 2.19처럼 의존성을 주입받으면 `PostDetail` 컴포넌트를 사용하는 `PostList` 컴포넌트 입장에서 `PostDetail`이 무엇에 의존하는지 속성, 즉 인터페이스를 통해 알 수 있습니다. 반면 예제 2.17의 `PostDetail` 컴포넌트는 인터페이스만으로는 API 요청을 하는지 알 수 없으므로 코드를 직접 들여다봐야 합니다.

다음으로 테스트 도구를 사용할 때 차이가 발생합니다. 다음은 테스트 도구 중 하나인 Jest를 사용해 예제 2.17의 `PostDetail` 컴포넌트를 테스트하는 방법을 보여줍니다.

예제 2.20 테스트 도구를 사용해 `register` 함수의 구현을 바꿔서 테스트

```
// 먼저 PostDetail 컴포넌트에서 register 함수를 임포트해서 사용하도록 수정
import { render } from '@testing-library/react';
import PostDetail from './PostDetail';
import register from './api';

jest.mock('./api', () => jest.fn());

test('PostDetail', async () => {
  (register as jest.Mock).mockResolvedValueOnce(true);

  render(<PostDetail postId={1} memberType="teacher" registered={false} />);
```

```
  // PostDetail 컴포넌트 테스트
});
```

그리고 다음은 똑같은 도구를 사용해 예제 2.19의 PostDetail 컴포넌트를 테스트하는 방법을 보여줍니다.

예제 2.21 테스트 환경에서 register 구현체를 주입해서 테스트

```
// 먼저 PostDetail 컴포넌트에서 register 함수를 임포트해서 사용하도록 수정
import { render } from '@testing-library/react';
import PostDetail from './PostDetail';

test('PostDetail', async () => {
  const register = async () => Promise.resolve(true);

  render(
    <PostDetail
      postId={1}
      memberType="teacher"
      registered={false}
      registerApi={register}
    />,
  );

  // PostDetail 컴포넌트 테스트
});
```

예제 2.20과 예제 2.21은 PostDetail 컴포넌트가 register 함수에 의존하는 방법에 따라 테스트 방식도 달라지는 것을 보여줍니다. 예제 2.20의 테스트 환경은 PostDetail 컴포넌트처럼 register 함수에 직접 의존합니다. 반면 예제 2.21의 테스트 환경은 register 함수에 의존하지 않고, PostDetail 컴포넌트의 속성에 있는 registerApi 인터페이스에 의존합니다.

API 요청과 같은 의존성을 컴포넌트 외부에서 주입하지 않는 경우가 많으므로, 예제 2.20처럼 테스트 도구의 모킹(mocking) 기능을 활용하는 것은 일반적인 방법입니다. 예제 2.21은 테스트 환경이 register에 직접 의존하지 않고 테스트할 수 있도록 합니다. 이렇게 직접 의존하

지 않으면 `register` 함수의 위치가 바뀌는 등 구현체가 바뀌어도 `PostDetail` 컴포넌트의 인터페이스가 바뀌지 않는 한 테스트 코드를 바꾸지 않아도 됩니다.

2.5 개발자와 인터페이스

인터페이스는 매개변수의 타입, 객체의 속성과 메서드 등을 정의해 코드의 여러 모듈, 함수, 객체가 유연하게 상호작용하도록 돕습니다. 이러한 인터페이스의 특징은 함수 시그니처처럼 딱딱하게 보일 수 있습니다. 그런데 이쯤에서 다시 생각해볼 점이 있습니다. 인터페이스는 코드를 구성하는 주체 사이의 소통을 돕지만 이를 만들고 배치하는 개발자가 인터페이스를 이해하지 못하면 안 된다는 점입니다. 따라서 인터페이스는 코드뿐만 아니라 개발자에게도 객체를 이해하는 데 도움이 되는 유용한 정보를 제공해야 합니다.

예제 2.22 인터페이스를 통해 개발자에게 정보를 제공

```
/**
 * 사용자 객체
 */
class User {
  /**
   * 참고: 지금은 사용자 이름만 받지만 서비스가 커지면 사용자 정보가 더 많아질 수 있습니다.
   * 그때 번거로움을 줄이기 위해 객체를 사용하도록 했습니다.
   * 전달받는 정보가 둘 이상이 된다면 이 주석을 지워주세요.
   * @param {Object} param
   * @param {string} param.name 사용자 이름
   */
  constructor({ name }) {
    this.name = name;
  }

  // ...
}
```

이 방법은 타입스크립트를 사용할 때 특히 중요합니다. 타입만으로 정보를 제공하는 데 부족하다면 주석이나 JSDoc 등을 사용해 추가 정보를 제공하는 것이 좋습니다. 다음은 장바구니에 담긴 개별 상품의 개수를 다루는 훅입니다.

예제 2.23 장바구니에 담긴 상품의 개수를 다루는 훅

```
const useProductCountInCart = (initialCount: number) => {
  const [count, setCount] = useState(Math.max(0, initialCount));

  const increase = () => setCount((prev) => prev + 1);
  const decrease = () => setCount((prev) => Math.max(0, prev - 1));
  const changeAmount = (amount: number) =>
    setCount(Math.max(0, count + amount));

  return { count, increase, decrease, changeAmount };
};
```

이 훅에서 사용하는 타입은 number로 단순하지만, 숨겨진 규칙은 그렇지 않습니다. 또한 설명이 충분하지 않아 코드를 구체적으로 살펴봐야만 의도를 파악할 수 있습니다. 예를 들어, changeAmount 함수에 음수를 전달할 수 있는지, decrease를 계속해서 사용해도 되는지, 상품 개수가 0보다 작아지지 않도록 외부에서 처리해야 하는지 알기 어렵습니다. 따라서 다음과 같이 타입 외에 참고해야 할 정보가 있다면 주석을 통해 제공하는 것이 좋습니다.

예제 2.24 주석을 통해 타입 이외의 정보를 개발자에게 제공

```
/**
 * 장바구니 내 한 상품의 개수를 다루는 훅입니다.
 */
const useProductCountInCart = (
  initialCount: number,
): {
  /** 현재 개수 */
  count: number;
  /** 개수를 1 늘립니다. */
  increase: () => void;
  /** 개수를 1 줄입니다. 0 미만으로 줄이려고 하면 0으로 설정합니다. */
  decrease: () => void;
  /** 개수를 amount만큼 변경합니다. 결과가 0 미만이면 0으로 설정합니다. */
  changeAmount: (amount: number) => void;
} => {
  const [count, setCount] = useState(Math.max(0, initialCount));
```

```
  const increase = () => setCount((prev) => prev + 1);
  const decrease = () => setCount((prev) => Math.max(0, prev - 1));
  const changeAmount = (amount: number) =>
    setCount(Math.max(0, count + amount));

  return { count, increase, decrease, changeAmount };
};
```

CHAPTER

03

캡슐화

캡슐화는 이름처럼 무언가를 캡슐로 감싸는 것을 의미합니다. 약을 예로 들면, 캡슐은 그 안에 담긴 약 성분을 외부로부터 보호하고, 복용하는 사람은 캡슐이 어떤 목적을 가졌는지, 어떻게 복용해야 하는지만 알면 됩니다. 캡슐 안의 성분이 어떻게 조합됐는지 상세히 알 필요는 없습니다.

코드의 캡슐화도 이와 유사합니다. 캡슐화는 서로 관련 있는 데이터와 함수를 하나로 묶고, 외부에는 정해진 방법(인터페이스)으로만 접근하도록 제한함으로써 내부를 보호하는 방법입니다. 즉, 외부와 내부를 명확히 구분함으로써 내부의 변경이 외부에 미치는 영향을 최소화합니다.

이번 장에서는 코드를 캡슐화하는 다양한 방법과 캡슐화 활용 예를 살펴보겠습니다. 특히 프런트엔드에서는 클래스 외에도 여러 방법으로 캡슐화를 구현할 수 있습니다. 각 사례를 통해 캡슐화를 언제, 어떻게 활용할 수 있을지 함께 고민해 본다면 코드의 안정성과 유지보수성을 높이는 데 많은 도움이 될 것입니다.

3.1 캡슐화와 스코프

프로그래밍 언어를 배울 때 가장 먼저 접하는 개념은 변수와 스코프입니다.

예제 3.1 hello 함수 내부와 외부 스코프

```
const outside = 10;

function hello() {
  const inside = 100;

  // ...
}
```

위 코드의 hello 함수를 기준으로 살펴보면 함수 내부에는 inside 변수가 있고 외부에는 outside 변수가 있습니다. 함수 외부에서는 inside 변수에 접근할 수 없지만, 함수 내부에서는 inside는 물론 outside에도 접근할 수 있습니다. 바로 이 지점이 캡슐화와 관련해 아주 중요한 사실을 알려줍니다. 즉, **스코프를 만들면 외부로부터 내부를 자연스럽게 숨길 수 있다**는 것입니다. 캡슐화 관점에서 보면 hello 함수는 inside 변수를 외부로부터 숨겨 캡슐화하고 있습니다.

변수나 함수를 특정 스코프 내부에 숨기면 외부에서 접근할 수 없게 되므로 이들은 해당 스코프 안에서 자유로워집니다.[1] 다시 말해, 내부에 숨겨진 대상을 수정하거나 삭제하더라도 외부에 영향을 주지 않을 수 있습니다. 반면, 모든 변수와 함수가 하나의 스코프에 있다면 이름이나 값을 바꾸는 등의 변경이 다른 코드에 의도치 않은 영향을 줄 가능성이 있습니다.

이처럼 숨김, 즉 캡슐화를 통해 변경의 영향을 특정 영역으로 제한할 수 있다는 사실은 코드를 작성할 때 떠올릴 수 있는 중요한 아이디어를 제공합니다. 그것은 바로 '변경이 예상되는 부분은 최대한 숨기는 것이 좋겠다' 또는 '외부에 노출할 필요가 없는 코드는 노출하지 말아야겠다'와 같은 생각입니다. 간단한 예제 코드를 통해 이 개념을 더 자세히 살펴보겠습니다. 다음은 users 변수에 여러 함수가 직접 접근하는 모습을 보여줍니다.

1 『오브젝트』(위키북스, 2019), 76쪽

예제 3.2 사용자 데이터와 이를 사용하는 여러 함수

```
const fetchUsers = () => {
  // 사용자 정보를 가져오는 코드

  /**
   * users의 데이터 구조
   * [
   *   { id: 1, name: 'foo', email: 'foo@bar.com' },
   *   // ...
   * ]
   */
  return users;
};

const users = fetchUsers();

// users를 사용하는 함수들(다른 함수는 생략)
const specialUsers = users.filter(/* ... */);
const filteredUsers = filterUser(users);
const usersWithChecked = users.map(/* ... */);
sendMessage(users);
```

현실에서 마주하는 코드에서도 위와 같이 하나의 데이터에 여러 함수가 직접 접근하는 구조를 흔히 볼 수 있습니다. 이제 요구사항이 바뀌어 **users**의 구조를 배열에서 다음과 같은 객체로 변경해야 한다고 가정해 보겠습니다.

예제 3.3 요구사항을 반영하기 위해 바꾼 users의 데이터 구조

```
const fetchUsers = () => {
  // 사용자 정보를 가져오는 코드

  /**
   * 새로운 users의 데이터 구조
   * {
   *   totalCount: 20,
   *   isSorted: false,
```

```
 *   list: [
 *     { id: 1, name: 'foo', email: 'foo@bar.com' },
 *     // ...
 *   ]
 * }
 */
  return users;
};
```

users의 구조가 바뀌면 여기에 의존하던 모든 함수를 수정해야 합니다. 특히 filter, map처럼 데이터 구조에 강하게 결합된 함수를 사용하는 곳은 더 많은 수정과 꼼꼼한 검증이 필요합니다.

그렇다면 이 코드를 어떻게 개선할 수 있을까요? 캡슐화를 통해 데이터에 직접 접근하는 대신 정해진 방법으로만 접근하도록 만들어 보겠습니다.

예제 3.4 즉시 실행 함수를 사용해 users 및 관련 로직을 캡슐화

```
/**
 * @typedef {Object} UsersManager
 * @property {() => User[]} getUsers 사용자 목록을 반환합니다.
 * @property {() => { totalCount: number, isSorted: boolean, list: User[] }}
getUsersWithMeta 사용자 목록을 반환하며, 추가적인 메타 정보를 포함합니다.
 * @property {() => User[]} getSpecialUsers 특별한 사용자 목록을 반환합니다.
 */

/** @type {UsersManager} */
const usersManager = (() => {
  const fetchUsers = () => {
    // 사용자 정보를 가져오는 코드
    // ...
    return users;
  };

  const privateUsers = fetchUsers();
```

```
  return {
    getUsers: () => [...privateUsers],
    getUsersWithMeta: () => {
      return {
        totalCount: privateUsers.length,
        isSorted: false,
        list: [...privateUsers],
      };
    },
    getSpecialUsers: () => privateUsers.filter(/* ... */),
    // ...
  };
})();

// users를 사용하는 함수들(다른 함수는 생략)
const specialUsers = usersManager.getSpecialUsers();
const filteredUsers = filterUser(usersManager.getUsers());
const usersWithChecked = usersManager.getUsers().map(/* ... */);
sendMessage(usersManager.getUsers());
```

위 코드에서는 즉시 실행 함수를 사용해 users 데이터와 이 데이터에 직접 접근하던 로직을 usersManager라는 하나의 객체 안으로 캡슐화했습니다. 이제 외부 코드는 더 이상 users 데이터에 직접 접근할 수 없고, 오직 usersManager가 제공하는 인터페이스(getUsers, getSpecialUsers 등)를 통해서만 접근할 수 있습니다.

이처럼 **캡슐화를 통해 데이터와 관련 로직을 한곳에 모으고 외부로부터 보호하면 내부 구현이 변경되더라도 인터페이스만 동일하게 유지된다면 외부에 미치는 영향을 제한**할 수 있습니다.

스코프와 캡슐화는 외부와 내부를 구분한다는 점에서 깊이 연관돼 있습니다. 따라서 변수의 스코프를 다룰 때 캡슐화의 관점을 함께 고려한다면 코드의 구조를 더욱 견고하게 만들 수 있습니다. 인터페이스가 두 대상 사이의 소통 규칙을 정의한다면 캡슐화는 소통에 불필요한 정보를 숨기고 필요한 정보만 인터페이스를 통해 공개하도록 하는 도구입니다.

3.2 함수를 사용한 캡슐화

자바스크립트에서 캡슐화를 구현하는 가장 간단한 방법 중 하나는 함수를 사용하는 것입니다. 다음은 포인트를 입력받는 구매 페이지 컴포넌트입니다.

예제 3.5 구매 페이지 컴포넌트

```
const PurchasePage = () => {
  const [point, setPoint] = useState('');
  const handleChangePrice = (event) => {
    const value = event.target.value.replace(/[^0-9]/g, '');

    if (value.trim() === '') {
      setPoint('');
      return;
    }

    const newPrice = Number(value).toLocaleString();

    setPoint(newPrice);
  };

  // ...

  return (
    <>
      {/* ... */}
      <label>
        포인트
        <input value={point} onChange={handleChangePrice} />
      </label>
      {/* ... */}
    </>
  );
};
```

PurchasePage 컴포넌트는 사용자가 입력한 포인트를 화폐 단위(예: 1,000)로 변환해서 보여줍니다. handleChangePrice 이벤트 리스너는 입력값에서 숫자만 남긴 뒤, toLocaleString 메서드를 사용해 화폐 단위로 맞춰줍니다.

그러던 어느 날, 사용자가 보유한 포인트는 1,000점인데 3,000점을 입력해서 사용할 수 있는 문제가 발견됐다고 가정해 보겠습니다. 이 경우 사용자가 보유 포인트를 초과해서 입력하면 최대치인 1,000점으로 조정돼야 합니다. 다음은 이 로직을 반영한 코드입니다.

예제 3.6 포인트 초과 입력 오류 수정

```
const PurchasePage = () => {
  const maxPoint = useRef(1000);

  const [point, setPoint] = useState('');

  /**
   * 숫자만 남기고 다른 문자는 제거
   * @param {string} value
   * @returns {string}
   */
  const parseNumber = (value) => {
    return value.replace(/[^0-9]/g, '');
  };

  /**
   * 입력한 포인트를 통화(currency) 포맷으로 변경
   * @param {string} unformattedPoint
   * @returns {string}
   */
  const formatPointAsCurrency = (unformattedPoint) => {
    return Number(unformattedPoint).toLocaleString();
  };

  const handleChangePoint = (event) => {
    const value = parseNumber(event.target.value);
```

```
    if (value.trim() === '') {
      setPoint('');
      return;
    }

    setPoint(formatPointAsCurrency(value));
  };

  const handleBlurPoint = (event) => {
    const value = parseNumber(event.target.value);

    if (value.trim() === '') {
      setPoint('');
      return;
    }

    const newPoint = Math.min(Number(value), maxPoint.current);

    setPoint(formatPointAsCurrency(`${newPoint}`));
  };

  return (
    <>
      {/* ... */}
      <label>
        포인트
        <input
          value={point}
          onBlur={handleBlurPoint}
          onChange={handleChangePoint}
        />
      </label>
      {/* ... */}
    </>
  );
};
```

위 코드에서 parseNumber 함수는 입력받은 값 중 문자를 제거한 후 숫자만 반환합니다. formatPointAsCurrency 함수는 point 상태를 통화(currency) 형태로 포맷을 적용해 반환합니다. 그런데 여기에는 몇 가지 아쉬운 점이 있습니다. 다른 함수나 리스너에서 formatPointAsCurrency를 사용하지 않고 곧바로 setPoint를 사용해서 통화 형태가 아닌 값을 저장하면 문제가 발생할 수 있습니다. 예를 들어, 100포인트 혹은 1,000포인트를 버튼을 통해 편하게 입력할 수 있는 기능을 추가해야 한다고 해보겠습니다. 다음은 그러한 요구사항을 반영한 코드입니다.

예제 3.7 100포인트 추가 버튼 추가

```
const PurchasePage = () => {
  const maxPoint = useRef(1000);

  const [point, setPoint] = useState('');

  /**
   * 숫자만 남기고 다른 문자는 제거합니다.
   * @param {string} value
   * @returns {string}
   */
  const parseNumber = (value) => {
    return value.replace(/[^0-9]/g, '');
  };

  // ...

  const handleClick100Point = () => {
    setPoint((prevPoint) => {
      const newPoint = Math.min(
        Number(parseNumber(prevPoint)) + 100,
        maxPoint.current,
      );
      return `${newPoint}`;
    });
  };
```

```
  // ...

  return (
    <>
      {/* ... */}
      <button type="button" onClick={handleClick100Point}>
        +100
      </button>
      {/* ... */}
    </>
  );
};
```

이 코드는 당장 문제를 발생시키지 않습니다. 그리고 급한 나머지 1,000포인트를 추가하는 버튼 역시 추가합니다. 하지만 이번에는 '100포인트 추가 버튼에 문제가 없었으니까 그 로직을 복사하고 숫자만 바꾼 1,000포인트 추가 버튼도 문제 없을 거야'라고 생각하고 서둘러 배포합니다. 하지만 문제가 발생합니다. 왜냐하면 **setPoint**를 사용해서 1,000포인트를 추가하면 통화 형태 1,000이 아닌 일반 숫자 형태 1000이 출력되기 때문입니다.

이 문제가 발생한 이유 중 하나는 값에 대해 암묵적으로 정의돼 있는 규칙을 지키지 않아도 문제가 없도록 코드가 작성됐기 때문입니다. 따라서 값을 사용하는 데 규칙이 있다면 반드시 규칙을 지켜서 사용할 수 있도록 해야 합니다. 이를 위해 동일한 목적을 가진 대상을 모으고 외부에서 정해진 방법 외에는 접근하지 못하도록 캡슐화합니다.

예제 3.8 usePoint 훅으로 포인트를 다루는 변수 및 함수를 캡슐화

```
/**
 * 포인트를 입력하는 컴포넌트에서 사용하는 훅
 * @param {number} userPoint 사용자 보유 포인트
 */
const usePoint = (userPoint) => {
  const userPointRef = useRef(userPoint);
  const [point, setPointOriginal] = useState('');
```

```
/**
 * 숫자만 남기고 다른 문자는 제거
 * @param {string} value
 * @returns {string}
 */
const parseNumber = (value) => {
  return value.replace(/[^0-9]/g, '');
};

/**
 * 입력한 포인트를 통화(currency) 포맷으로 변경
 * @param {string} unformattedPoint
 * @returns {string}
 */
const formatPointAsCurrency = (unformattedPoint) => {
  return Number(unformattedPoint).toLocaleString();
};

return {
  /**
   * 입력한 포인트. 통화(currency) 포맷으로 변경된 값
   * 예: '123,456'
   * @type {string}
   */
  point,
  /**
   * 현재 포인트에 amount만큼 더함
   * 사용자가 보유한 포인트보다 큰 포인트를 입력하면 사용자가 보유한 포인트로 변경
   * @param {number} amount 더할 포인트
   */
  increasePoint: (amount) => {
    const parsedPoint = parseNumber(point);
    const newPoint = Math.min(
      Number(parsedPoint) + amount,
      userPointRef.current,
    );
```

```
      setPointOriginal(formatPointAsCurrency(newPoint));
    },
    /**
     * 포인트를 설정
     * @param {string} unformattedPoint 포매팅되지 않은 포인트
     */
    setPoint: (unformattedPoint) => {
      const number = parseNumber(unformattedPoint);
      setPointOriginal(formatPointAsCurrency(number));
    },
    /**
     * 사용자가 보유한 포인트보다 큰 포인트를 입력하면 사용자가 보유한 포인트로 변경
     * @param {string} unformattedPoint 포매팅되지 않은 포인트
     */
    setPointUpToUserPoint: (unformattedPoint) => {
      const number = parseNumber(unformattedPoint);
      const newPoint = Math.min(Number(number), userPointRef.current);
      setPointOriginal(formatPointAsCurrency(newPoint));
    },
  };
};

export const PurchasePage = () => {
  const { point, increasePoint, setPoint, setPointUpToUserPoint } =
    usePoint(1000);

  const handleChangePoint = (event) => {
    const value = event.target.value;

    setPoint(value);
  };

  const handleBlurPoint = (event) => {
    const value = event.target.value;

    if (value.trim() === '') {
```

```
      setPoint('');
      return;
    }

    setPointUpToUserPoint(value);
  };

  const handleClick100Point = () => {
    increasePoint(100);
  };

  return (
    <>
      {/* ... */}
      <button type="button" onClick={handleClick100Point}>
        +100
      </button>
      <label>
        포인트
        <input
          value={point}
          onBlur={handleBlurPoint}
          onChange={handleChangePoint}
        />
      </label>
      {/* ... */}
    </>
  );
};
```

위 코드에서는 포인트와 포인트를 다루는 모든 방법을 usePoint 훅(함수) 내부로 캡슐화했습니다. 이렇게 함으로써 usePoint 외부에서 point를 잘못 사용하거나 설정할 **가능성**이 줄었습니다.[2] 그리고 포인트를 다루는 로직을 수정해야 할 경우 여기저기 찾아다니지 않고 가장 먼저

2 『좋은 코드 나쁜 코드』(제이펍, 2022), 17쪽

usePoint를 보면 됩니다. 또한 usePoint의 인터페이스를 변경하지 않는 한 구현을 변경할 때에도 usePoint 내부만 보면 됩니다.

3.3 클로저를 이용한 캡슐화

클로저(closure)란 어떤 함수와 그 함수를 감싸는 스코프의 조합을 말합니다.[3] 다음 예제를 봅시다.

예제 3.9 클로저

```
function outerFunction(value) {
  return function innerFunction() {
    console.log('value: ', value);
  };
}

const printValue = outerFunction('hello closure!');

printValue(); // value: hello closure!
```

위 코드의 innerFunction 함수는 자신을 감싸는 outerFunction 함수의 스코프를 참조하므로 클로저라고 할 수 있습니다. 클로저 덕분에 outerFunction의 실행이 끝난 후에도 innerFunction은 outerFunction의 value에 접근할 수 있습니다. 이처럼 클로저는 특정 스코프의 변수나 함수를 외부로부터 격리하면서도 정해진 방법을 통해 내부 정보에 접근할 수 있게 해주는 방법입니다.

다음은 함수를 포함한 객체를 반환하는 클로저를 보여줍니다.

예제 3.10 객체를 클로저로 반환하는 즉시 실행 함수

```
const ObjectUsingClosure = (function ObjectUsingClosureInitializer() {
  let _private = 'private';
```

3 https://developer.mozilla.org/en-US/docs/Web/JavaScript/Closures

```
  return {
    public: 'public',
    getPrivate() {
      return _private;
    },
    setPrivate(value) {
      _private = value;
    },
  };
})();

const privateValue = ObjectUsingClosure.getPrivate();
ObjectUsingClosure.setPrivate('private !!');
const privateValueAfterChange = ObjectUsingClosure.getPrivate();

console.log(privateValue); // private
console.log(privateValueAfterChange); // private !!
```

위 코드에서는 예제 3.9와 달리 즉시 실행 함수(Immediately Invoked Function Expression; IIFE)를 사용해 클로저를 반환했습니다.[4] 클로저를 한 번만 생성해서 사용하고 싶다면 이처럼 즉시 실행 함수를 활용하는 것이 좋습니다. 반면 클로저를 매번 새로 만들어야 한다면 예제 3.9와 같은 방법을 사용하면 됩니다.

참고 함수 이름과 디버깅

예제 3.10에서 한 가지 특이한 점이 있다면 즉시 실행 함수를 익명으로 정의하지 않고 `function ObjectUsingClosure...`와 같이 이름을 붙여서 정의했다는 것입니다. 즉시 실행 함수는 한 번만 실행하고 다시 사용하지 않는데 왜 이름을 지었을까요?

익명 함수는 이름이 없기 때문에 함수 내부에서 에러가 발생하면 'at anonymous:{number}:{number}'와 같이 로그가 기록되어 어디에서 문제가 발생했는지 파악하기 어려울 수 있습니다. 반면 이름이 있는 경우 'at ObjectUsingClosureInitializer ...'와 같이 함수 이름이 로그에 표시되어 문제가 발생한 위치를 상대적으로 빠르게 파악할 수 있습니다.

4 https://developer.mozilla.org/en-US/docs/Glossary/IIFE

이처럼 클로저는 별도의 스코프를 통해 변수와 함수를 캡슐화할 때 유용합니다. 다음은 input 요소에 이메일을 입력했을 때 기존에 등록된 이메일과 중복되는지 확인하는 이벤트 리스너를 보여줍니다. 중복 확인 API를 매번 호출하지 않기 위해 이미 중복임을 확인한 이메일을 duplicatedEmails에 담아두고 활용합니다.

예제 3.11 이메일을 입력받는 요소의 이벤트 리스너와 중복 확인 로직

```
const $inputEmail = document.querySelector('#inputEmail');
$inputEmail.addEventListener(
  'change',
  (() => {
    let isLoading = false;
    const duplicatedEmails = new Set();
    const showDuplicationAlert = () => {
      alert('이미 등록된 이메일입니다.');
    };

    return async (event) => {
      if (isLoading) {
        return;
      }

      const email = event.target.value;

      if (duplicatedEmails.has(email)) {
        showDuplicationAlert();

        return;
      }

      isLoading = true;
      const isDuplicated = await checkEmailIsDuplicated(email);

      if (isDuplicated) {
        duplicatedEmails.add(email);
        showDuplicationAlert();
```

```
    }

    isLoading = false;
  };
 })(),
);
```

위와 같이 캡슐화하지 않았다면 코드는 어떤 모습일지 다음 예제를 통해 살펴보겠습니다.

예제 3.12 캡슐화되지 않은 이벤트 리스너

```
let isDuplicationCheckLoading = false;
const duplicatedEmails = new Set();
const showDuplicationAlert = () => {
  alert('이미 등록된 이메일입니다.');
};

const $inputEmail = document.querySelector('#inputEmail');
$inputEmail.addEventListener('change', async (event) => {
  if (isDuplicationCheckLoading) {
    return;
  }

  const email = event.target.value;

  if (duplicatedEmails.has(email)) {
    showDuplicationAlert();

    return;
  }

  isDuplicationCheckLoading = true;
  const isDuplicated = await checkEmailIsDuplicated(email);

  if (isDuplicated) {
    duplicatedEmails.add(email);
    showDuplicationAlert();
```

```
  }

  isDuplicationCheckLoading = false;
});
```

표면적인 차이는 변수 이름이 바뀌고 코드가 캡슐화되지 않았다는 점 정도입니다. 이 작은 차이는 대부분의 경우 무시해도 좋은 수준으로 보일 수 있습니다. 하지만 자바스크립트 코드의 규모가 커지고 복잡해진다면 작은 차이가 쌓여 큰 문제를 만들기도 합니다.

캡슐화와 의존성 등을 논의할 때 중요한 것은 **가능성**입니다. `duplicatedEmails`나 `isDuplicationCheckLoading`을 다른 곳에서 쓰지 않는다고 해서 이런 상태를 무시해도 되는 것은 아닙니다. 왜냐하면 다른 함수나 모듈이 이들에게 의존할 **가능성**이 존재하기 때문입니다. 이는 마치 에러가 발생할 가능성을 가진 코드를 '지금 당장 문제가 발생하지 않으니까'라는 이유로 그대로 두는 것과 비슷합니다.

이 문제는 조금 미묘합니다. 문제가 발생할 모든 가능성을 차단하며 코드를 작성하는 것은 높은 비용을 요구하고 현실적으로 불가능해 보이기도 합니다. 그렇다고 방치하면 작은 가능성이 쌓여 문제가 발생할 확률은 점점 높아집니다. 그리고 문제가 쌓이기 전에 해결하는 것은 쉽지만 상당히 쌓이고 난 후에 해결하기란 어렵습니다.

간단한 코드라도 예제 3.11처럼 캡슐화를 미리 할지, 아니면 예제 3.12처럼 작성하고 문제가 발생했을 때 수정할지 결정하기가 어려울 수 있습니다. 그럴 때 이런 접근법은 어떨까요? 불필요한 의존성이 생길 가능성을 차단하는 작업이 어렵지 않고, 캡슐화하는 것이 대단한 일처럼 느껴지기보다 사소하고 귀찮은 일로 느껴질 때, 바로 이럴 때 캡슐화를 하나씩 해두는 것입니다. 그러면 나중에 복잡한 의존성 문제를 마주했을 때 조금 더 수월하게 해결할 수 있으리라 기대할 수 있습니다.

3.4 클래스를 이용한 캡슐화

캡슐화는 같은 목적을 가진 변수와 함수를 한데 모아 관리하는 데 활용할 수 있습니다. 예제 3.13은 수를 세는 간단한 카운터 객체입니다. `count` 속성은 현재 값을 나타내고, `increase`와 `decrease`는 값을 변경하는 함수입니다. 이들은 모두 '수를 센다'는 같은 목적을 공유합니다.

예제 3.13 객체를 사용한 카운터

```
const counter = {
  count: 0,

  increase() {
    this.count = this.count + 1;
  },

  decrease() {
    this.count = this.count - 1;
  },
};
```

하지만 예제 3.13의 counter 객체는 카운터의 기능을 온전히 수행한다고 보기 어렵습니다. count 속성이 외부에 그대로 노출돼 있어 다음과 같이 의도치 않게 값이 변경될 수 있기 때문입니다.

예제 3.14 increase를 한 번만 실행했음에도 count에 10이 담겨 있음

```
counter.increase();

console.log(counter.count); // 1

// 코드 어딘가에서 counter.count에 값을 직접 할당
counter.count = 10;

console.log(counter.count); // 10
```

increase나 decrease를 사용하지 않았음에도 count의 값이 달라지면 코드의 흐름을 파악하고 이해하기 어려워집니다.

이러한 경우 클래스를 사용하면 원하는 속성이나 메서드를 숨길 수 있습니다. 다음은 ES2022부터 적용된 비공개(private) 속성을 사용해 count 속성을 외부로부터 숨긴 예시입니다.

예제 3.15 클래스를 사용해 캡슐화

```
class Counter {
  #count = 0;

  increase() {
    this.#count = this.#count + 1;
  }

  decrease() {
    this.#count = this.#count - 1;
  }

  getCount() {
    return this.#count;
  }
}
```

다음은 타입스크립트의 `private` 접근 제한자를 사용해 캡슐화하는 방법을 보여줍니다.

예제 3.16 타입스크립트를 사용해 카운터를 캡슐화

```
class Counter {
  private count = 0;

  public increase() {
    this.count = this.count + 1;
  }

  public decrease() {
    this.count = this.count - 1;
  }

  public getCount() {
    return this.count;
  }
}
```

이처럼 클래스를 이용한 캡슐화는 직관적이고 활용도가 높습니다. 하지만 프런트엔드 개발을 하면서 클래스를 사용할 일이 많지 않은 것도 사실입니다. 그런 의미에서 프런트엔드에서 캡슐화를 위해 클래스를 활용하는 좀 더 현실적인 사례를 살펴보겠습니다.

상품 상세 페이지에서 장바구니에 상품을 담기 전 옵션을 선택할 수 있다고 가정해 보겠습니다. 상품에는 여러 종류의 옵션이 있고, 일부 옵션은 이전에 무엇을 선택했느냐에 따라 활성화 여부가 달라집니다. 다음은 이러한 기능을 반영한 옵션과 선택지 데이터 구조입니다.

예제 3.17 조건부 옵션 데이터 구조

```
/**
 * @typedef {Object} Selection
 * @property {number} id 선택지 아이디
 * @property {string} label 선택지 라벨
 * @property {number} additionalPrice 선택했을 때 가격에 추가되는 금액
 */

/**
 * @typedef {Object} Option
 * @property {number} id 옵션 아이디
 * @property {number | null} preconditionSelectionId 이 옵션을 활성화하는 선택지 아이디.
null이라면 조건 없이 활성화
 * @property {Selection[]} selections 선택지 목록
 */

{
  options: [
    {
      id: 1,
      preconditionSelectionId: null,
      selections: [
        { id: 11, label: '옵션1의 선택지 1', additionalPrice: 0 },
        { id: 12, label: '옵션1의 선택지 2', additionalPrice: 0 },
      ],
    },
    {
```

```
      id: 2,
      preconditionSelectionId: 11,
      selections: [
        { id: 13, label: '옵션2의 선택지 1', additionalPrice: 1000 },
        { id: 14, label: '옵션2의 선택지 2', additionalPrice: 20000 },
      ],
    },
    {
      id: 3,
      preconditionSelectionId: 12,
      selections: [
        { id: 15, label: '옵션3의 선택지 1', additionalPrice: 500 },
        { id: 16, label: '옵션4의 선택지 2', additionalPrice: 0 },
      ],
    },
  ];
}
```

예를 들어, id가 2인 옵션은 id가 11인 선택지를 골라야만 활성화되는 옵션입니다. 반면 id가 3인 옵션은 id가 12인 선택지를 골라야 활성화됩니다. 다음은 사용자가 선택지를 골랐을 때 preconditionSelectionId와 비교해 옵션을 활성화하는 기능을 수행합니다.

예제 3.18 선택지를 선택했을 때 옵션을 활성화하는 기능

```
const options = await getProductOptions(productId);

// 화면에 있는 모든 select 요소에 change 이벤트를 추가
document.querySelectorAll('select').forEach(($select) =>
  $select.addEventListener('change', (event) => {
    const $selects = document.querySelectorAll('select');
    // 선택한 선택지 아이디
    const selectedOptionIds = Array.from($selects).map(($select) =>
      Number($select.value),
    );

    options.forEach((option) => {
```

```
      // 선택한 선택지 아이디 중 옵션을 활성화하는 선택지가 있다면 보여주고, 아니라면
화면에서 숨김
    });
  }),
);
```

참고 이벤트 위임

예제 3.18에서는 여러 `select` 요소에 동일한 이벤트를 추가하기 위해 `querySelectorAll`로 모든 `select` 요소를 찾고, `forEach`로 순회하며 `addEventListener`를 실행합니다. 이 방법은 문제없이 동작하는 듯하지만 몇 가지 문제를 안고 있습니다.

먼저, 요소에 이벤트 리스너를 추가한 후 해당 요소가 동적으로 제거되면 그 요소에 연결된 이벤트 리스너는 더 이상 동작하지 않습니다. 또한 요소의 개수가 많을 때 모든 요소에 이벤트 리스너를 추가하는 것은 비효율적일 수 있습니다.

그렇기 때문에 요소가 동적으로 추가 또는 제거되거나 여러 요소에 동일한 이벤트 리스너를 추가해야 할 때는 예제 3.18처럼 개별 요소에 리스너를 추가하기보다 이벤트 위임(event delegation)을 사용하는 것이 좋습니다. 이벤트 위임은 부모 요소에 이벤트 리스너를 한 번만 추가하고, 이벤트 캡처링(event capturing) 또는 이벤트 버블링(event bubbling) 단계를 활용하는 방법입니다.[5] 리액트의 경우 이벤트를 다룰 때 ReactDOM/client의 `createRoot` 메서드에서 전달받은 루트 요소에 이벤트 리스너를 추가함으로써 이벤트를 위임합니다.[6]

'옵션 1의 선택지 1'을 선택하면 `preconditionSelectionId`가 11인 옵션, 즉 `id`가 2인 옵션이 활성화됩니다. 예제 3.17의 데이터 구조를 보면 선택지가 바뀔 때 상품의 가격도 함께 바뀌어야 한다는 것을 알 수 있습니다. 따라서 다음과 같은 기능도 필요합니다.

예제 3.19 옵션이 바뀌었을 때 상품의 가격을 변경

```
// 화면에 있는 모든 select 요소에 change 이벤트를 추가
document.querySelectorAll('select').forEach(($select) =>
  $select.addEventListener('change', (event) => {
```

5 https://davidwalsh.name/event-delegate

6 react-dom 19.1.0 버전을 기준으로 `listenToAllSupportedEvents(rootContainerElement)`과 같이 추가합니다. 참고: https://github.com/facebook/react/blob/main/packages/react-dom/src/client/ReactDOMRoot.js

```
    const $selects = document.querySelectorAll('select');
    // 선택한 선택지 아이디
    const selectedOptionIds = Array.from($selects).map(($select) =>
      Number($select.value),
    );

    let additionalPrice = 0;

    options.forEach((option) => {
      // 활성화 로직
      const showOption =
        option.preconditionSelectionId === null ||
        selectedOptionIds.includes(option.preconditionSelectionId);
      // 선택한 선택지 아이디 중 옵션을 활성화하는 선택지가 있다면 보여주고, 아니라면
화면에서 숨김

      // 옵션 선택에 따른 상품 가격 계산 로직
      // selectedSelection에 해당하는 선택지의 additionalPrice를 가져옴
      const selectedSelection = option.selections.find((selection) =>
        selectedOptionIds.includes(selection.id),
      );

      if (selectedSelection) {
        additionalPrice = additionalPrice + selectedSelection.additionalPrice;
      }
    });

    // 선택한 선택지에 맞춰 가격을 변경
  }),
);
```

selectionId가 13인 옵션을 선택했다면 option.selections.find를 통해 id가 13인 선택지를 찾아 selectedSelection 변수에 할당하고, additionalPrice 변수에 1000을 더합니다. 코드가 점점 복잡해지는 듯하니 함수로 분리해 보겠습니다.

예제 3.20 복잡한 코드를 함수로 추출

```
/**
 * ...
 * @returns {{ $option: HTMLElement, isActivate: boolean }[]} 옵션과 활성화 여부
 */
const getOptionsWithWhetherActivate = (options, selectedOptionIds) => {
  options.forEach((option) => {
    const showOption =
      option.preconditionSelectionId === null ||
      selectedOptionIds.includes(option.preconditionSelectionId);
    // 선택한 선택지 아이디 중 옵션을 활성화하는 선택지가 있다면 보여주고, 아니라면
화면에서 숨김
    // ...
  });
  // ...
};

/**
 * ...
 * @returns {number} 선택한 선택지에 따른 추가 금액
 */
const calculateAdditionalPrice = (options, selectedOptionIds) => {
  let additionalPrice = 0;

  // selectedSelection에 해당하는 선택지의 additionalPrice를 가져옴
  options.forEach((option) => {
    const selectedSelection = option.selections.find((selection) =>
      selectedOptionIds.includes(selection.id),
    );

    if (selectedSelection) {
      additionalPrice = additionalPrice + selectedSelection.additionalPrice;
    }
  });

  return additionalPrice;
```

```
};

// 화면에 있는 모든 select 요소에 change 이벤트를 추가
document.querySelectorAll('select').forEach(($select) =>
  $select.addEventListener('change', (event) => {
    const $selects = document.querySelectorAll('select');
    // 선택한 선택지 아이디
    const selectedOptionIds = Array.from($selects).map(($select) =>
      Number($select.value),
    );

    const $options = getOptionsWithWhetherActivate(options, selectedOptionIds);
    // 선택한 선택지에 따른 옵션 요소와 활성화 여부를 토대로 화면에 노출 또는 숨김

    const additionalPrice = calculateAdditionalPrice(
      options,
      selectedOptionIds,
    );
    // 선택한 선택지에 맞춰 상품 가격을 변경
  }),
);
```

예제의 `getOptionsWithWhetherActivate` 함수는 선택지에 따라 옵션 활성화 여부를 검사하고 화면 노출 여부를 결정합니다. `calculateAdditionalPrice` 함수는 선택지에 따른 추가 금액을 계산합니다. 두 함수 사이에 공통으로 사용하는 로직이 있으므로 이 부분을 `isSelectedOptionIdsHasId` 함수로 분리하겠습니다. 이 함수는 단순해 보이지만, 공통 로직을 추가로 분리하는 예시를 위해 분리했습니다. 물론 `isSelectedOptionIdsHasId`에서 값에 대한 검증 로직을 추가로 수행할 수도 있습니다.

예제 3.21 이벤트 리스너에서 분리한 함수들

```
const isSelectedOptionIdsHasId = (selectedOptionIds, id) => {
  if (!Array.isArray(selectedOptionIds) || selectedOptionIds.length === 0) {
    return false;
  }
```

```
  return selectedOptionIds.includes(id);
};

const getOptionsWithWhetherActivate = (options, selectedOptionIds) => {
  options.forEach((option) => {
    const showOption =
      option.preconditionSelectionId === null ||
      isSelectedOptionIdsHasId(
        selectedOptionIds,
        option.preconditionSelectionId,
      );
    // 선택한 선택지 아이디 중 옵션을 활성화하는 선택지가 있다면 보여주고, 아니라면
화면에서 숨김

    // ...
  });
  // ...
};

const calculateAdditionalPrice = (options, selectedOptionIds) => {
  let additionalPrice = 0;

  // selectedSelection에 해당하는 선택지의 additionalPrice를 가져옴
  options.forEach((option) => {
    const selectedSelection = option.selections.find((selection) =>
      isSelectedOptionIdsHasId(selectedOptionIds, selection.id),
    );

    if (selectedSelection) {
      additionalPrice = additionalPrice + selectedSelection.additionalPrice;
    }
  });

  return additionalPrice;
};
```

위 예제까지의 상황을 요약하면, 복잡한 로직을 함수로 분리하고, 분리된 함수 사이의 공통 로직을 다시 분리했습니다. 이 상황은 여러 함수에서 사용하는 공통 로직을 유틸리티 함수로 분리하는 과정과는 다릅니다. 예제 3.21에서 분리한 함수들은 현재 문맥에서만 사용되므로 이 함수들의 의존 관계는 지금까지 본 함수들 사이에 형성됩니다. options 변수는 예제 3.19까지 이벤트 리스너에서 직접 사용했지만 이제는 분리된 함수에서만 다룹니다.

그럼 옵션 선택과 관련된 데이터와 로직을 클래스를 활용해 캡슐화해 보겠습니다. 다음은 지금까지 분리한 함수와 사용하는 데이터를 클래스를 통해 캡슐화한 결과를 보여줍니다.

예제 3.22 클래스를 활용한 캡슐화

```
class Options {
  #options;

  constructor(options) {
    this.#options = [...options];
  }

  // isSelectedOptionIdsHasId는 외부에서 사용하지 않으므로 비공개로 숨김
  #isSelectedOptionIdsHasId(selectedOptionIds, id) {
    // ...
  }

  getOptionsWithWhetherActivate(selectedOptionIds) {
    // ...
  }

  calculateAdditionalPrice(selectedOptionIds) {
    // ...
  }
}

const productOptions = await getProductOptions(productId);
const options = new Options(productOptions);

// 화면에 있는 모든 select 요소에 change 이벤트를 추가
```

```
document.querySelectorAll('select').forEach(($select) =>
  $select.addEventListener('change', (event) => {
    const $selects = document.querySelectorAll('select');
    // 선택한 선택지 아이디
    const selectedOptionIds = Array.from($selects).map(($select) =>
      Number($select.value),
    );

    const $options = options.getOptionsWithWhetherActivate(selectedOptionIds);
    // 선택한 선택지에 따른 옵션 요소와 활성화 여부를 토대로 화면에 노출 또는 숨김

    const additionalPrice = options.calculateAdditionalPrice(selectedOptionIds);
    // 선택한 선택지에 맞춰 상품 가격을 변경
  }),
);
```

이렇게 하면 options 데이터를 어디에서 어떻게 사용하는지 한곳에서 파악할 수 있습니다. 또한 클래스 내부로 숨긴 isSelectedOptionIdsHasId 함수는 구현이 바뀌더라도 클래스 내부에만 영향을 주므로 유지보수에 용이합니다. 그리고 옵션을 다루는 로직이 추가되면 Options 클래스에 추가하고 변수 및 내부 함수를 공유해서 사용할 수 있습니다. options.getOptionsWithWhetherActivate처럼 클래스의 메서드로 호출하면 getOptionsWithWhetherActivate만 사용하는 것보다 함수가 영향을 주고받는 범위(문맥)를 더 명확히 파악할 수 있습니다.

참고 얕은 복사와 깊은 복사

예제 3.22의 constructor에서 options를 전달받아 비공개 속성인 #options에 할당할 때 배열 전개 구문을 사용했습니다. 하지만 이렇게 얕은 복사(shallow copy)를 하면 배열 안의 객체는 참조값만 복사되므로 클래스 외부에서 내부의 객체를 수정할 수 있는 가능성이 남습니다. 이런 상황이 우려된다면 얕은 복사가 아닌 깊은 복사(deep copy)를 하는 것이 좋습니다.

참고 객체와 이름

클래스 내부에서 변수와 함수는 다른 이름으로 불리기도 합니다. 클래스 내부에 정의된 변수는 속성(property) 또는 필드(field)라고 하며, 함수는 메서드(method)라고 합니다. 클래스가 표현하는 대상(예: 사용자)의 상태(예: 배고픈 정도)를 나타내는 경우 클래스 내 변수는 상태(state)라고도 부릅니다.

관련 용어를 추가로 살펴보면 `new` 키워드를 통해 클래스를 사용했을 때 생성되는 객체를 인스턴스(instance)라고 하고, 이렇게 인스턴스를 생성하는 과정을 인스턴스화(instantiation)라고 합니다. 외부에서의 접근 가능 여부를 설정하려면 접근 제한자(access modifier)를 사용합니다. 자바스크립트에서는 속성이나 메서드 이름 앞에 '`#`'을 붙여 비공개(private)로 설정하며, 타입스크립트에서는 `private`, `public` 등의 키워드를 사용해 접근 범위를 정의합니다. 자바스크립트에서 객체(object)는 보통 키-값 쌍의 데이터 구조를 떠올리지만, 객체지향 프로그래밍(Object-oriented programming)에서는 클래스 또는 클래스의 인스턴스를 모두 객체라고 부르기도 합니다.

다시 한번 정리하면, 캡슐화를 통해 같은 목적을 가진 변수와 함수를 모았습니다. 그리고 외부에서 접근할 필요가 없는 경우 클래스 내부로 숨겼습니다. 이렇게 함으로써 이벤트 리스너에는 복잡한 로직 대신 선언적인 코드를 남기고, 클래스에서 발생하는 변경사항이 어디에 어떻게 영향을 줄지 파악하기가 수월해졌습니다.

3.5 캡슐화를 해치는 경우

캡슐화를 적용한 후에는 그것을 깨뜨리지 않고 유지하는 것도 중요합니다. 특히 캡슐화된 변수나 속성은 외부에서 접근하지 못하도록 더욱 주의해야 합니다. 외부에서 직접 접근하고 수정할 수 있다면 해당 로직을 이해할 때 외부 코드까지 모두 살펴봐야 하므로 사실상 캡슐화를 깨뜨리는 것과 다름없습니다.

객체 외부에서 내부 속성에 접근하고 수정하면서 캡슐화를 해치는 경우가 많습니다. 예를 들어, `count` 속성에 직접 접근해서 값을 초기 상태로 되돌리는 함수를 객체 외부에 정의했다고 가정해 보겠습니다.

예제 3.23 count 속성을 초기화하는 로직이 객체 외부에 있는 경우

```
class Counter {
  public count = 0;

  public increase() {
    this.count = this.count + 1;
  }

  public decrease() {
    this.count = this.count - 1;
  }
}

const counter = new Counter();

// count를 초기화합니다.
const resetCount = () => {
  counter.count = 0;
};
```

위 예제처럼 객체 내부 속성에 직접 접근하는 로직이 외부에 존재하면 Counter라는 캡슐의 경계가 모호해집니다. 특히 Counter의 내부 로직을 수정할 때도 외부를 살펴야 한다는 것은 큰 어려움입니다. 이 예제는 너무 단순해서 실제로 발생하지 않을 것처럼 보이지만 우리가 작성한 코드를 자세히 들여다보면 이런 사례가 많다는 것을 알 수 있습니다.

이 같은 문제를 해결하거나 예방하려면 객체의 **속성은 숨기고, 외부에 공개한 행동(메서드)을 통해서만 접근하도록 제한**해야 합니다. 그리고 **서로 관련 있는 속성(상태)과 메서드(행동)는 같은 객체(스코프) 안에 모아야** 합니다.[7] 이 둘이 서로 관련 있음에도 흩어져 있다면 코드를 수정할 때 흩어진 조각을 찾느라 많은 시간과 비용을 지불할 가능성이 높아집니다. 이 내용이 프런트엔드 개발과 동떨어진 이야기처럼 들린다면 이번 장을 다시 한번 읽어볼 것을 권장합니다.

7 『오브젝트』(위키북스, 2019), 75쪽

캡슐화를 해치는 또 다른 사례는 정보 유출입니다. 캡슐화를 통해 외부에 노출하지 않았더라도 외부에서 내부 정보를 활용해 기능을 구현했다면 캡슐 내부의 수정이 외부에 영향을 주게 됩니다.[8]

다음은 캡슐화된 UserManager 객체의 내부 정보를 이용해 외부에서 별도 로직을 구현한 경우입니다.

예제 3.24 UserManager의 내부 정보를 이용해 별도 로직을 구현

```
type User = {
  // ...
  /** 쓰기 권한 보유 여부 */
  writeAuthorization: boolean;
};

class UserManager {
  private users: User[];

  /** 쓰기 권한이 있는 사용자를 필터링해서 가져옴 */
  public filterWriteAuthorizedUsers(): User[] {
    return this.users.filter((user) => user.writeAuthorization);
  }

  public getUsers(): User[] {
    return [...this.users];
  }

  // ...
}

const userManager = new UserManager(/* ... */);

// 읽기 권한만 찾는 메서드는 없네?
// filterWriteAuthorizedUsers를 살펴보니 User.writeAuthorization를 참고하는군?
```

8 『A Philosophy of Software Design』(Yaknyam Press, 2018), 41쪽

```
// User.writeAuthorization이 false인 사용자를 찾아야겠어.

const readAuthorizedUsers = userManager
  .getUsers()
  .filter((user) => !user.writeAuthorization);
```

현재 User의 권한은 writeAuthorization 필드가 true이면 읽기와 쓰기가 모두 가능하고, false이면 읽기만 가능한 상태입니다. UserManager를 사용하려니 읽기만 가능한 사용자를 필터링하는 기능이 없어서 외부에서 직접 구현했습니다. 이 경우 users 속성을 숨겨 직접 접근할 수 없도록 하고, 메서드 또한 불필요하게 공개하지 않았으므로 문제가 없어 보입니다.

하지만 진짜 문제는 외부에서 내부의 정보를 참고하고 응용해서 로직을 구현했다는 것입니다. 지금은 다소 억지스럽고 단순한 예시로 보일 수 있지만 숨기려던 정보를 외부에서 활용하여 접근한다면 모두 이 경우에 해당합니다. 이렇게 되면 나중에 읽기 전용 속성을 writeAuthorization이 아닌 readAuthorization으로 따로 관리하기 시작했을 때 변경의 영향이 외부로 퍼져 캡슐화가 일부 무력화됩니다.

다소 장황하게 설명했지만, 이는 디미터 법칙(Law of Demeter)을 지키지 않은 사례 중 하나입니다. 이 법칙은 숨긴 정보가 외부로 노출되지 않는지 점검하는 방법을 제시합니다.[9] 따라서 디미터 법칙을 지킨다는 것은 내부 정보를 외부에 노출하지 않는다는 것을 의미하며, 외부에서 해당 정보를 가정해서 기능을 구현하지 않아야 한다는 뜻입니다.[10]

예제 3.24에서는 읽기 권한만 보유한 사용자는 writeAuthorization이 false라는 가정하에 코드를 구현했습니다. 캡슐화를 해치지 않기 위해서는 정보를 직접 사용하는 것이 아니라 책임을 가진 객체에 물어봐야 합니다.

예제 3.25 내부 속성에 직접 접근하기보다 책임 있는 객체에 물어보기

```
class UserManager {
  /** 읽기 권한만 있는 사용자를 필터링해서 가져옴 */
  public filterReadAuthorizedUsers(): User[] {
```

9 『클린 코드』(인사이트, 2013), 123, 395쪽

10 『좋은 코드 나쁜 코드』(제이펍, 2022), 267쪽

```
    return this.users.filter((user) => !user.writeAuthorization);
  }

  // ...
}

const userManager = new UserManager(/* ... */);

const readAuthorizedUsers = userManager.filterReadAuthorizedUsers();
```

이러한 내용을 확장해서 생각하면 이름을 잘못 짓는 경우에도 캡슐화를 해칠 수 있습니다.[11] 따라서 캡슐화를 적용할 때는 기계적으로 원칙을 따르는 것도 중요하지만 정보가 새는 틈은 없는지 확인해 캡슐화를 잘 유지하는 것도 중요합니다.

11 『클린 코드』(인사이트, 2013), 401쪽

CHAPTER

04

결합도와 응집도

좋은 소프트웨어 설계를 이야기할 때 빠지지 않고 등장하는 표현이 있습니다. 바로 '결합도는 낮게, 응집도는 높게'입니다. 이 표현은 좋은 설계의 핵심 원칙 중 하나를 나타냅니다.[1]

그렇다면 결합도와 응집도란 무엇일까요? **결합도(coupling)**는 모듈과 모듈이 서로 얼마나 얽혀 있는지, 즉 서로 의존하는 정도를 나타냅니다. 반면 **응집도(cohesion)**는 한 모듈 내부에 있는 요소들이 얼마나 긴밀하게 연관되어 한 가지 목적을 위해 협력하는지를 나타냅니다.[2]

결합도와 응집도는 모두 **코드의 변경이 다른 코드에 얼마나 영향을 미치는지, 그리고 그 원인이 무엇인지 파악하는 데 도움을 주는 중요한 개념**입니다. 이들은 앞에서 다룬 의존성, 캡슐화와도 깊이 관련된 개념이므로 함께 이해하면 좋습니다.

이번 장에서는 결합도와 응집도의 각 종류를 살펴보고, 이 두 가지를 통해 어떻게 더 유연하고 유지보수하기 좋은 코드를 만들 수 있는지 알아보겠습니다. 그에 앞서 이 모든 내용을 이해하기 위해 필요한 다른 개념인 '모듈'을 프런트엔드에서 어떻게 이해하면 좋을지 알아보겠습니다.

1 『도메인 주도 설계』(위키북스, 2016), 113쪽

2 『오브젝트』(위키북스, 2019), 110쪽

4.1 모듈이란?

모듈(module)이란 무엇일까요? 간단히 말하자면, 모듈은 프로그램을 구성하는 독립적인 요소입니다. 자동차를 예로 들어보겠습니다. 자동차는 엔진, 변속기, 제동 장치 등 여러 모듈이 서로 협력해서 자동차라는 하나의 시스템을 이룹니다.

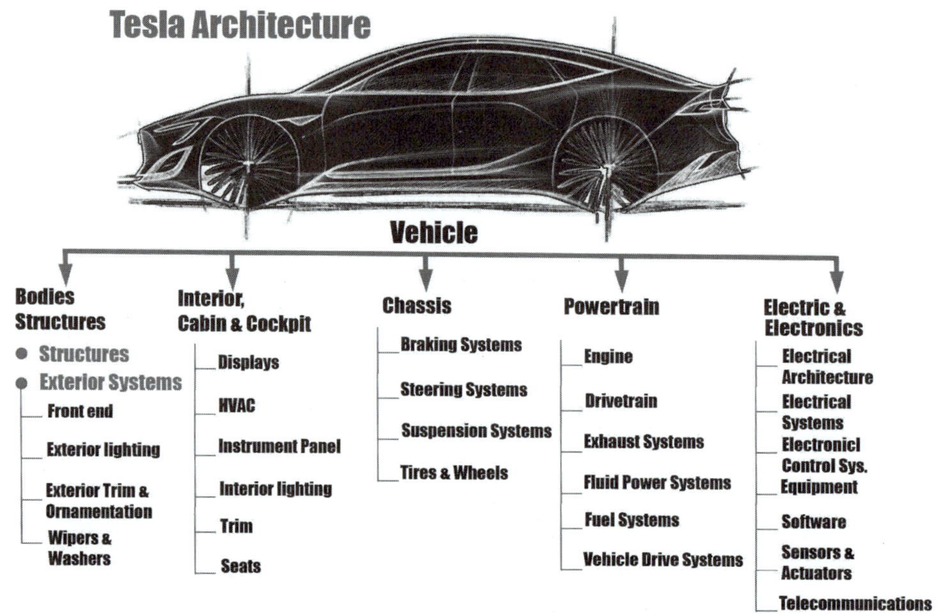

그림 4.1 자동차 아키텍처[3]

위 그림의 자동차처럼, 하나의 프로그램이 제공하는 큰 기능은 여러 하위 모듈이 각자의 역할을 수행하고 협력함으로써 완성됩니다. 이는 복잡한 문제를 여러 개의 작은 문제로 나누어 해결한 뒤, 이를 다시 합쳐 원래의 복잡한 문제를 해결하는 방식과 같습니다.

복잡한 문제를 나눌 때는 먼저 문제를 추상화하는 과정을 거칩니다. 예를 들어, 엔진이라는 문제를 다룰 때 처음부터 엔진의 종류, 내부 소재, 실린더의 개수 등을 고민하지 않습니다. 그 전에 '자동차가 움직일 수 있도록 동력을 제공하는 장치'처럼 문제를 단순하게 추상화합니다. 추

3 출처: https://www.newkidscar.com/electric-car/tesla-innovation/

상화를 통해 복잡해 보이는 문제를 단순화하면 해결해야 할 문제의 핵심이 무엇인지 명확히 드러납니다. 이렇게 추상화된 문제는 더 작은 단위로 나누어 해결하는데, 이때 각 단위를 해결하는 주체를 모듈이라고 할 수 있습니다.

문제를 나누는 작업은 한 번으로 부족할 수 있습니다. 작게 나뉜 문제 역시 여전히 복잡하고 해결하기 어려울 수 있기 때문입니다. 그러면 같은 과정을 반복합니다. 이때 상대적으로 크고 복잡한 문제를 해결하는 모듈을 상위 모듈, 상위 모듈의 문제를 더 작게 나누어 해결하는 모듈을 하위 모듈이라고 부릅니다. 모든 모듈은 각자의 상위 문제를 해결하고, 마지막으로 최종 문제를 해결하기 위해 서로 협력합니다.

각 모듈이 문제 해결을 위해 협력하려면 잘 정의된 인터페이스가 필요합니다. 모듈은 서로의 인터페이스에만 관심을 가질 뿐, 다른 모듈의 구체적인 구현은 몰라도 됩니다. 이는 마치 자동차 엔진을 만드는 사람이 자동차 내부 인테리어를 어떤 색상과 재질로 만드는지 몰라도 되는 것과 같습니다. 인터페이스만 잘 지킨다면, 언제든 해당 인터페이스를 충족하는 다른 모듈로 교체할 수도 있습니다.

정리하면, 모듈은 추상화된 문제를 해결하고, 잘 정의된 인터페이스를 가지며, 세부 구현을 캡슐화한 소프트웨어의 구성 단위라고 할 수 있습니다.

4.2 모듈의 범위

그렇다면 프런트엔드 코드의 어떤 구성 요소를 모듈로 볼 수 있을까요? 우리가 흔히 사용하는 함수나 컴포넌트도 모듈이라고 할 수 있을까요? 소프트웨어 공학의 많은 지혜가 모듈을 중심으로 논의된다는 점을 생각하면 프런트엔드 개발에서 모듈의 범위를 따져보는 것은 큰 의미가 있습니다.

먼저 가장 많이 사용하는 요소의 하나인 함수가 모듈로서 역할을 할 수 있는지 알아보겠습니다.

예제 4.1 결제 금액을 계산하는 함수

```
/**
 * 결제 금액을 계산
 * @param {Product[]} products 구매하려는 상품 목록
```

```
 * @returns {number} 결제 금액
 */
function makePayPrice(products) {
  const payPrice = products.reduce((result, product) => {
    return result + product.price;
  }, 0);

  return payPrice;
}

const payPrice = makePayPrice(products);
```

위 예제의 makePayPrice 함수는 절차적으로 해결한 복잡한 문제를 '결제 금액 계산'이라는 하나의 문제로 추상화했습니다. 또한 인터페이스를 활용해 상품 목록을 받아 숫자를 반환하는 다른 함수로 교체할 수도 있습니다.

다음은 인터페이스는 동일하지만 구현 방법이 다른 함수로 기존 함수를 대체하는 코드입니다.

예제 4.2 makePayPrice를 인터페이스가 동일한 다른 함수로 바꾸기

```
/**
 * 결제 금액을 계산
 * @param {Product[]} products 구매하려는 상품 목록
 * @returns {number} 결제 금액
 */
function makePayPriceVersion2(products) {
  let payPrice = 0;

  for (const product of products) {
    payPrice = payPrice + product.price;
  }

  return payPrice;
}

const payPrice = makePayPriceVersion2(products);
```

지금까지의 사례만 보면 함수를 모듈이라고 부를 수 있을 것 같습니다. 하지만 아직 단정하기는 이릅니다. `makePayPrice` 함수가 다음과 같이 바뀌었다고 가정해 봅시다.

예제 4.3 할인 정보를 사용해 결제 금액을 계산하는 함수

```
/**
 * 사용자의 동작에 의해 발생한 상품의 할인 정보를 담는 객체
 * @typedef {Object} Discount
 * @property {number} productId 할인을 적용할 상품 ID
 * @property {string} discountName 할인 이름
 * @property {string} discountCategory 할인 카테고리(쿠폰, 이벤트, ...)
 * @property {number} discountRate 할인율
 */

/**
 * 사용자의 동작에 의해 적용된 할인 정보
 * @type {Discount[]}
 */
const discounts = [
  // ...
];

// ... discounts를 사용하는 다른 함수 또는 이벤트 코드들

/**
 * 결제 금액을 계산합니다.
 * @param {Product[]} products 구매하려는 상품 목록
 * @returns {number} 결제 금액
 */
function makePayPrice(products) {
  const payPrice = products.reduce((result, product) => {
    const discountAmount = discounts
      .filter((discount) => discount.productId === product.id)
      .reduce((discountResult, discount) => {
        return discountResult + product.price * discount.discountRate;
      }, 0);
```

```
    return result + Math.max(product.price - discountAmount, 0);
  }, 0);

  return payPrice;
}
```

위 예제의 makePayPrice는 모듈로 볼 수 있을까요? 이 함수를 예제 4.2의 makePayPrice Version2로 대체할 수 있을까요? 아마 어려울 것입니다. 그 이유는 makePayPrice 함수가 자신의 스코프 외부의 discounts 변수에 직접 의존하기 때문입니다. 이 의존성은 함수의 인터페이스인 매개변수와 반환값에 드러나지 않는 '숨겨진 입력'이 되어 함수를 독립적인 모듈로 보기 어렵게 만듭니다. 따라서 discounts를 다루는 방식이 인터페이스로 명확히 드러나지 않는 한, 이 함수는 모듈의 중요한 특징인 '교체 가능성'을 갖추지 못합니다.

물론 모듈도 자체적으로 상태를 가질 수 있고, 인터페이스를 통해 공개된 메서드가 해당 상태를 변경하는 부수 효과를 일으킬 수 있습니다. 하지만 이 상태는 오직 모듈 내부에서만 관리되므로 동일한 인터페이스를 준수하는 다른 모듈로 교체하더라도 문제가 발생하지 않습니다. 반면 예제 4.3의 discounts는 외부 상태이므로 makePayPrice와 동일한 인터페이스를 가졌다는 사실만으로는 다른 함수로 교체할 수 없습니다. 따라서 우리가 만든 함수를 모듈로 활용하려면 함수와 관련된 변수나 상태를 함수와 함께 캡슐화해야 합니다.[4]

컴포넌트는 어떨까요? 컴포넌트가 모듈의 범위에 들어가는지 판단하려면 마찬가지로 인터페이스를 활용해 다른 컴포넌트로 교체할 수 있는지 파악하는 것이 중요합니다. 이는 곧 두 컴포넌트가 렌더링하는 UI가 서로 동일하다고 판단할 기준과 방법이 필요하다는 의미입니다.

두 컴포넌트가 렌더링하는 UI가 서로 동일한지 판단하는 것은 함수의 반환 타입을 비교하는 것보다 어렵습니다. 하지만 두 컴포넌트가 렌더링하는 결과가 정확히 일치하는지 따지는 대신, 구성원들과 함께 '동일하다고 판단할 수 있는 기준'을 마련한다면 컴포넌트 역시 모듈로 기능할 가능성이 생깁니다.

4 『쏙쏙 들어오는 함수형 코딩』(제이펍, 2022), 91쪽

예를 들어, `input` 요소만 반환하는 컴포넌트를 `input`과 `button`을 함께 반환하는 컴포넌트로 대체할 수 있고, 그 반대의 경우도 가능하다고 팀에서 합의했다고 가정해 보겠습니다. 그렇다면 두 컴포넌트가 렌더링하는 결과가 정확히 같은지 파악하지 않고, 합의된 기준을 만족하는지만 판단해서 대체 가능한 컴포넌트로 간주할 수 있습니다. 이 두 컴포넌트가 전달받는 속성(props)까지 동일하다면 이들을 모듈로 간주하고 활용할 수 있습니다.

물론 이전에 살펴본 함수와 마찬가지로 컴포넌트가 외부 상태에 직접 의존하거나 외부 상태에 영향을 주는 부수 효과를 가진다면 인터페이스를 통한 교체가 어려워지므로 모듈로 활용하는 데 한계가 있습니다.

결론적으로 **함수, 컴포넌트, 그리고 다른 어떤 형태의 코드 묶음이라도 모듈의 성질을 갖추고 있다면 모듈로 활용**할 수 있습니다.[5]

4.3 결합도

결합도는 모듈이 다른 모듈과 얼마나 많은 의존관계를 가지고 있는지, 즉 두 대상이 서로 얼마나 의존하고 의존 대상에 대해 얼마나 많은 정보를 아는지 나타냅니다.

결합도를 의존하는 정도라고 표현했지만 사실 수치화하기는 어렵습니다. 의존하는 함수의 개수, 매개변수의 개수, 인터페이스를 통해 공개된 메서드나 속성의 개수뿐만 아니라 의존하는 대상의 내부 정보를 얼마나 알고 있는지도 중요하기 때문입니다.

예를 들어, 어떤 모듈이 공개한 메서드를 사용하기 위해 그 모듈의 내부 상태나 다른 내부 메서드에 대한 정보가 필요하다면 두 모듈은 높은 결합도를 가진다고 할 수 있습니다. 모듈을 사용하는 코드가 모듈의 내부 정보까지 활용하고 있다면 인터페이스가 동일한 다른 모듈로 교체해야 할 때 높은 결합도로 인해 관련 코드도 함께 수정해야 할 수 있습니다.

다음은 함수가 모듈 A의 내부 정보에 의존해 결합도가 높아진 경우를 보여줍니다.

5 『A Philosophy of Software Design』(Yaknyam Press, 2018), 32쪽

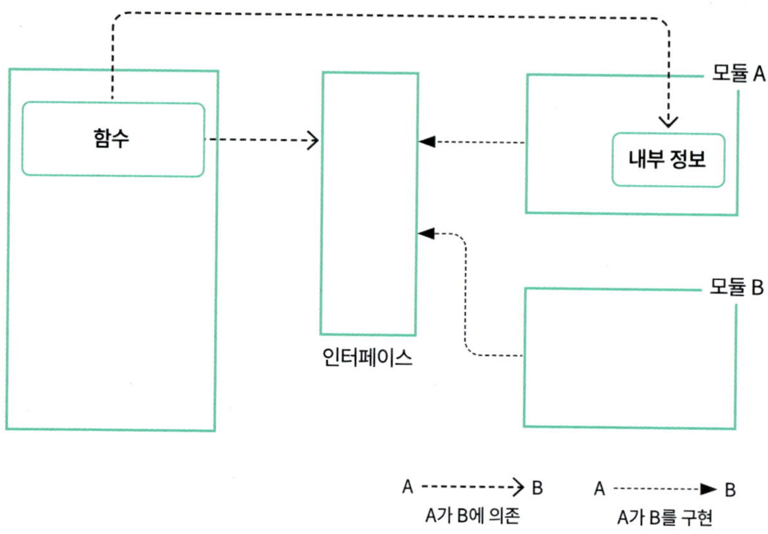

그림 4.2 코드가 모듈의 내부 정보에 의존하는 경우 동일한 인터페이스를 구현하는 다른 모듈로 교체하기가 어렵다.

이 함수는 동일한 인터페이스를 구현하는 모듈 B로 교체할 수 없습니다. 왜냐하면 함수가 모듈 A의 내부 정보에 의존하고 있기 때문입니다. 뿐만 아니라 모듈 A를 수정할 때 인터페이스를 변경하지 않고 내부 구현만 변경하려 해도 외부의 함수가 그 구현에 의존하고 있으므로 오류가 발생할 수 있습니다. **인터페이스가 아닌 내부 구현을 변경했는데 모듈에 의존하는 외부 코드를 수정해야 한다면 이는 높은 결합도를 나타내는 증거**입니다.[6]

내부 정보에 의존하는 구체적인 예시를 살펴보겠습니다. `DrugStore`는 약국의 역할을 추상화한 객체입니다. 이 객체는 처방전에 따라 약을 준비하는 `prepareMedicine` 메서드를 가지고 있습니다. 다음은 이 메서드를 사용하는 코드입니다.

예제 4.4 감기약을 처방하는 코드

```
const drugStore = new DrugStore(/* ... */);

// 처방전(prescription)에 따라 약을 처방합니다.
const drugForCold = drugStore.prepareMedicine(prescriptionForCold);
```

6 『A Philosophy of Software Design』(Yaknyam Press, 2018), 35쪽

그런데 코드를 실행해 보니 다음과 같이 동일한 처방전으로 동일한 메서드를 실행했는데 반환값이 매번 다른 현상을 발견했습니다.

예제 4.5 감기약을 처방받을 때마다 다른 약을 처방

```
// Tylenol과 Penzal은 모두 아세트아미노펜을 주성분으로 하는 진통해열제입니다.

const drugForCold1 = drugStore.prepareMedicine(prescriptionForCold);

/**
 * drugForCold1:
 * {
 *   name: 'Tylenol',
 *   price: 1000,
 *   count: 10,
 *   expiredAt: '2029-07-31',
 * }
 */

const drugForCold2 = drugStore.prepareMedicine(prescriptionForCold);

/**
 * drugForCold2:
 * {
 *   name: 'Penzal',
 *   price: 1500,
 *   count: 10,
 *   expiredAt: '2029-05-26',
 * }
 */
```

원인을 파악하기 위해 DrugStore 클래스 내부를 살펴봅니다.

예제 4.6 DrugStore의 내부 구현

```
class DrugStore {
  #location; // 약국 위치
```

```
  #name; // 약국 이름
  #inventory; // 약의 재고

  constructor(location, name, inventory) {
    this.#location = location;
    this.#name = name;
    this.#inventory = inventory;
  }

  /** 처방에 따라 약을 준비합니다. */
  #getMedicineFromInventory(prescription) {
    // 지역이 A인 경우 동일한 성분이라면 약을 무작위로 가져옴
    if (this.#location === 'A') {
      // ... 구현

      return /** inventory에서 약을 무작위로 가져옴  */;
    }

    // ... 구현
    return /** inventory에서 한 종류의 약을 가져옴. 다 떨어지면 남아있는 다른 약을 가져옴
*/;
  }

  /** 약을 포장합니다. */
  #packageMedicine(medicine) {
    // ... 구현
  }

  prepareMedicine(prescription) {
    const medicine = this.#getMedicineFromInventory(prescription);
    const result = this.#packageMedicine(medicine);

    return result;
  }
}
```

DrugStore 객체는 약국의 위치에 따라 약을 가져오는 방법이 달랐습니다. 이 내부 정보를 알게 된 개발자는 DrugStore의 인스턴스를 사용하는 곳에 다음과 같은 코드를 추가합니다.

예제 4.7 처방받은 약을 다루는 코드

```
const drugStore = new DrugStore(/* ... */);

// 처방전(prescription)에 따라 약을 처방합니다.
const drugForCold = drugStore.prepareMedicine(prescriptionForCold);

if (location === 'A') {
  // 처방받은 약이 무작위로 정해진다는 가정하에 코드를 작성
} else {
  // 처방받은 약이 무작위로 정해지지 않는다는 가정하에 코드를 작성
}
```

위 예제는 외부 코드가 prepareMedicine 메서드의 인터페이스와 무관해 보이는 내부 정보(약국 위치에 따른 동작 변화)에 의존함으로써 결합도를 높이는 모습을 보여줍니다. 이로 인해 다른 구현체로 교체하는 것뿐만 아니라 코드를 수정할 때도 내부 정보와 같은 세부 구현을 고려해야 하므로 유지보수가 어려워집니다.

이럴 때는 내부 구현과 관련된 지식이나 정보를 외부에 노출하고 있지는 않은지, 또는 전달해야 한다면 관련 정보를 명세하고 있는지 따져봐야 합니다. 다음은 처방과 관련된 정보를 JSDoc 주석으로 구체적으로 제공함으로써 내부나 외부에서 코드를 수정할 때 참고할 수 있도록 개선한 코드입니다.

예제 4.8 메서드를 사용할 때 참고해야 하는 메서드의 세부 동작 방식을 설명

```
class DrugStore {
  // ... 이전과 동일

  /**
   * 처방전에 따라 약을 준비합니다.
   * - 아래 조건에 따라 동일한 Prescription 인스턴스 객체에 대해 서로 다른 Medicine
인스턴스 객체를 반환할 수 있습니다.
   *   - 약국의 위치
```

```
   *   - 재고
   * @param {Prescription} prescription 처방전 인스턴스 객체
   * @returns {Medicine} 약 인스턴스 객체
   */
  prepareMedicine(prescription) {
    const medicine = this.#getMedicineFromInventory(prescription);
    const result = this.#packageMedicine(medicine);

    return result;
  }
}
```

보통 함수나 컴포넌트 등을 사용할 때 매번 내부가 어떻게 구현돼 있는지 따져보지 않을 때가 많습니다. 대부분 공개된 정보와 어느 정도의 예측을 활용합니다. 따라서 사용하는 함수나 컴포넌트의 **내부 구현을 살펴봤다는 것은 그 자체로 구현과 관련된 정보가 외부에 노출됐을 가능성을 의미**하며, 이는 곧 높은 결합도의 신호일 수 있습니다.

함수, 컴포넌트, 객체의 메서드 등의 인터페이스가 그것을 사용하는 데 필요한 정보를 충분히 제공하지 않는다면 코드 검토 과정에서 이를 보완해야 합니다. 테스트 코드를 작성할 때도 테스트 메시지가 테스트 대상을 잘 설명하는지, 테스트 대상의 인터페이스만으로 동작을 검증하기에 적절한지, 혹은 세부 구현을 참고해서 테스트하고 있지는 않은지 점검할 필요가 있습니다.

지금까지 결합도를 파악하는 방법으로 내부 정보에 대한 의존을 살펴봤습니다. 이제 결합도를 파악하는 좀 더 명시적인 방법을 알아보겠습니다.

결합도를 파악하는 또 다른 방법은 인터페이스의 면적입니다. 여기서 면적은 **의존 대상이 공개한 정보의 양**을 의미합니다. 예를 들어, 인터페이스 A가 인터페이스 B보다 더 많은 메서드와 속성을 공개한다면 인터페이스 A는 인터페이스 B보다 공개한 정보의 양, 즉 면적이 넓고 따라서 결합도가 높을 가능성이 큽니다. 함수로 예를 들면, 매개변수의 개수가 다른 함수보다 많다면 이 함수는 결합도를 더 높일 수 있습니다.

모듈의 인터페이스 면적이 넓다는 것은 모듈에 의존할 때 알아야 할 정보가 많다는 것이고, 이는 곧 수정하거나 구현체를 바꿀 때 신경 써야 할 부분이 많다는 의미입니다. 이 개념은 깊은 모듈(deep module)과 얕은 모듈(shallow module)을 구분할 때도 사용할 수 있습니다.[7]

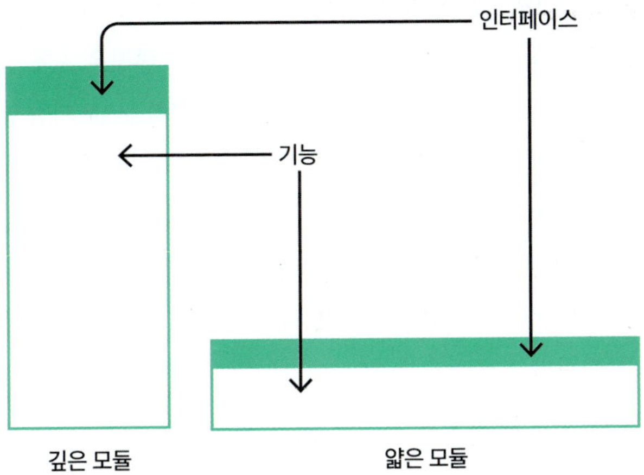

그림 4.3 깊은 모듈과 얕은 모듈

깊은 모듈은 내부 구현의 복잡도에 비해 인터페이스를 단순하게 유지하므로 제공하는 기능의 양에 비해 복잡한 인터페이스를 노출하는 얕은 모듈보다 결합도를 효과적으로 관리할 수 있습니다. 따라서 결합도가 낮은 모듈을 만들려면 지나치게 많은 정보를 인터페이스를 통해 노출하지 않도록 주의해야 합니다.

참고 깊은 모듈과 얕은 모듈의 활용

깊은 모듈과 얕은 모듈 중 어느 하나가 절대적으로 더 낫다는 의미는 아닙니다. 기능은 많지 않지만 구현 복잡도가 높은 경우 해당 모듈은 깊은 모듈의 형태를 띨 수 있습니다. 반면, 여러 모듈을 조합해서 편하게 사용하도록 돕는 모듈의 경우 구현의 복잡도는 낮지만 제공하는 기능이 많아 얕은 모듈의 형태를 보일 수 있습니다. 즉, 단일 모듈만 봤을 때는 깊은 모듈이 되도록 주의해야 하지만 서로 다른 모듈을 비교할 때는 정답이 있는 것이 아니라 상황에 따라 서로 다른 모습을 보일 수 있습니다.

7 『A Philosophy of Software Design』(Yaknyam Press, 2018), 35쪽

사용자 정의 버튼을 렌더링하는 컴포넌트가 있다고 해봅시다. 이 컴포넌트를 사용하는 쪽의 자유도를 높이기 위해 지나치게 많은 속성을 가지고 있다면 이 컴포넌트는 얕은 모듈처럼 인터페이스의 면적이 넓어서 사용하는 곳과 강하게 결합하고 변경에 대응하기가 쉽지 않을 것입니다. 이러한 경우 인터페이스의 면적(속성의 개수)을 줄이기 위한 방법을 고민해봐야 합니다.

이쯤에서 정리해 보겠습니다. A가 B에 의존하고 있다면 B의 변경은 A에 영향을 줄 수 있습니다. B의 인터페이스가 아닌 내부 구현을 수정한다면 A에 영향을 줄 가능성은 낮습니다. 예를 들어, B가 인터페이스로 노출한 매개변수의 이름을 수정하면 A도 함께 수정해야 합니다. 반면 B의 내부에서 사용하는 지역 변수의 이름을 바꾸는 것은 A에 영향을 주지 않습니다. 인터페이스로 노출한 각 속성이나 메서드의 수정 가능성이 동일하다고 가정할 때 B가 인터페이스로 노출한 정보의 양이 많을수록(면적이 넓을수록) B의 변경에 A가 영향을 받을 확률도 올라갑니다. 즉, 결합도가 높아집니다.

인터페이스가 노출하는 정보의 양뿐만 아니라 **대체 불가능성** 또한 결합도를 높일 수 있습니다. 애플리케이션이 특정 라이브러리에 의존할 수밖에 없고, 이 라이브러리를 다른 라이브러리로 대체할 수 없다면 이 둘은 높은 결합도를 갖습니다.

인터페이스의 면적과 대체 가능성은 결합도와 관련해 별개의 문제처럼 보이지만 강한 연관성을 갖습니다. 인터페이스의 면적이 넓을수록 다른 모듈로 대체하기 어려워집니다. 왜냐하면 인터페이스의 면적이 넓다는 것은 그만큼 그 모듈이 담당하는 역할이 많다는 것, 즉 강한 의존성을 의미하기 때문입니다.

참고 교체 가능성과 결합도

지금까지 설명한 내용을 보면서 '함수든 컴포넌트든, 모듈을 사용할 때 다른 것으로 교체하는 일은 많지 않다'라는 생각이 들 수 있습니다. 실제로 작업을 해보면 컴포넌트나 모듈에 문제가 있어 다른 것으로 교체하는 일은 좀처럼 발생하지 않습니다. 그렇다면 결합도를 이야기할 때 교체 가능성은 왜 중요할까요?

경험에 비추어 볼 때 결합도를 측정하는 가장 직관적인 방법의 하나가 바로 교체 가능 여부를 확인하는 것이기 때문입니다. '다른 모듈로 바꿀 수 있는가?', '바꿀 수 있다면 비용과 위험은 어느 정도인가?', '바꿀 수 없다면 어떻게 개선해야 하는가?'와 같은 질문은 '강하게 결합되어 수정하기 어렵다'와 같은 추상적인 문장보다 결합의 정도를 훨씬 더 직관적으로 설명해 줍니다.

인터페이스가 동일한 다른 모듈로 교체하기 수월하다면 그렇지 않은 경우보다 결합도가 낮다고 볼 수 있습니다.

결합도를 파악하는 또 다른 방법은 **의존하는 모듈의 개수**입니다. 다음은 결합도가 높은 모듈을 보여줍니다.

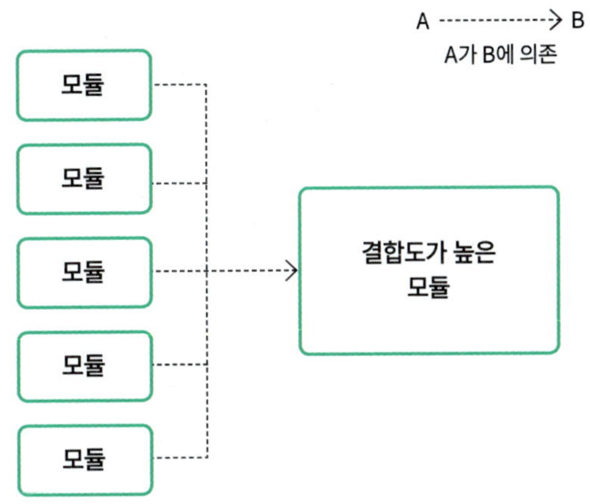

그림 4.4 다수의 외부 모듈이 의존하는, 결합도가 높은 모듈

이처럼 높은 결합도를 가진 모듈은 변경이 발생했을 때 영향을 받는 모듈이 많기 때문에 **안정적으로 관리할 수 있도록** 특히 신경 써야 합니다. 즉, 인터페이스를 작고 단순하게 유지함으로써 인터페이스를 변경할 가능성을 낮추고, 캡슐화를 통해 내부 구현의 변경이 외부에 영향을 주지 않게 해야 합니다.

하지만 코드 전반에서 의존하는 모듈의 결합도가 높아도 걱정하지 않아도 되는 경우가 있습니다. 자바스크립트에서 기본으로 제공하는 표준 라이브러리나 널리 알려진 오픈소스 등은 안정적으로 관리되기 때문에 이러한 대상과의 결합은 코드에 나쁜 영향을 끼치지 않는 경우가 많습니다.[8]

4.4 응집도

응집도는 모듈 내의 속성과 메서드 등이 같은 목적을 위해 얼마나 잘 모여 있는지를 나타냅니다. 응집도가 높으려면 같은 목적을 가진 속성과 메서드가 모듈 내에 모여 있어야 합니다. 같은

8 『오브젝트』(위키북스, 2019), 112쪽

목적을 가진 속성이나 메서드가 모듈 외부에 흩어져 있거나 다른 목적을 가진 속성이나 메서드가 모듈 내에 함께 있다면 응집도는 낮다고 할 수 있습니다.

다음은 회원가입 함수를 보여줍니다. 이 함수는 아이디와 비밀번호를 가져와 유효성을 검증하고, 문제가 없으면 회원가입 API를 요청합니다. 이 함수는 응집도가 높을까요, 아니면 낮을까요?

예제 4.9 회원가입 함수

```
async function signUp() {
    const id = document.getElementById('id').value;
    const password = document.getElementById('password').value;

    if (id === '' || id.length < 4) {
        alert('아이디를 입력해주세요.');
        return;
    }

    if (
        password.length < 8 ||
        /[a-z]/.test(password) === false ||
        /[A-Z]/.test(password) === false ||
        /[0-9]/.test(password) === false
    ) {
        alert(
            '비밀번호는 8자 이상이며 영문 대문자, 소문자, 숫자가 모두 포함되어야 합니다.',
        );
        return;
    }

    const { success } = await fetch('/auth/signUp', {
        /** ... */
    }).then((response) => response.json());

    return success;
}
```

응집도가 높은지 낮은지 판단하려면 먼저 응집도를 파악하는 기준을 정해야 합니다. 회원가입 기능을 기준으로 본다면 이 함수는 응집도가 높습니다. 회원가입에 필요한 변수와 로직이 `signUp` 함수 안에 모두 모여 있기 때문입니다. 하지만 아이디와 비밀번호 검증을 기준으로 본다면 응집도는 낮을 수 있습니다. 로그인 기능 등 다른 곳에서도 비슷한 검증 로직을 별도로 구현했다면 같은 목적을 가진 코드가 여러 곳에 흩어지기 때문입니다.

모듈의 구성 요소가 같은 목적을 가지고 있다면 응집도가 높다고 말합니다. 그러면 코드를 수정할 때 관련 코드가 한곳에 모여 있어 유지보수하기 수월합니다. 반면 응집도가 낮다면 같은 목적을 가진 코드를 수정하기 위해 여러 곳을 살펴봐야 하므로 유지보수가 어렵고 실수가 발생할 가능성도 커집니다. 즉, 결합도와 마찬가지로 응집도 역시 변경의 영향이 퍼지는 범위를 측정하는 데 도움을 주는 개념입니다. **응집도가 높다면 변경의 영향이 모듈 내부로 제한되지만, 응집도가 낮다면 변경의 영향이 여러 곳에서 동시다발적으로 발생**할 수 있습니다.

예를 들어, 값 검증 방식과 회원가입 요청 방식을 함께 변경하는 요구사항이 있다면 변경의 영향이 `signUp` 함수로 제한되므로 이 함수의 응집도는 높다고 할 수 있습니다. 하지만 값 검증 로직만 변경하는 요구사항이 있고 이 로직이 다른 곳에서도 사용된다면 코드 곳곳을 수정해야 하므로 값 검증 로직의 응집도는 낮다고 할 수 있습니다. 이러한 경우 응집도를 높이려면 회원가입 로직과 값 검증 로직을 서로 분리해야 합니다.

더 나아가 아이디 검증과 비밀번호 검증에 대한 요구사항이 각각 별도로 발생한다면 이 둘을 다시 한번 분리하는 것도 응집도를 높이는 방법이 될 수 있습니다. 따라서 응집도를 개선하는 것은 처음 설계할 때뿐만 아니라 코드를 관리하는 동안 계속해서 관찰하고 조정해야 하는 과정입니다.

응집도를 높이는 데 참고하면 좋은 지침 중 하나는 **진실의 원천을 하나만 두는 것(single source of truth)**입니다. '진실의 원천'이란 넓은 의미에서 데이터를 생성하고 관리하는 주체를 의미합니다. 진실의 원천이 하나여야 한다는 것은 특정 데이터를 관리하는 곳이 오직 한 곳이어야 한다는 뜻입니다. 얼핏 당연해 보이는 이 지침은 신경 쓰지 않으면 간과하기 쉽고, 이로 인해 응집도가 낮은 코드를 작성하게 될 수 있습니다.

다음은 데이터를 객체에 담아두고 활용하는 간단한 코드입니다. 각 함수는 매개변수로 전달받은 객체의 `id`를 사용해 `data`에 값을 담거나 가져옵니다.

예제 4.10 data 객체에 값을 담고 가져오는 함수

```
const data = {};

function functionA(object) {
  // ...
  data[object.id] = 'value';
}

function functionB(object) {
  // ...
  return data[object.id];
}
```

id만 키로 사용하던 방식에 문제가 생겨 id와 name을 조합해서 키를 만들기로 했다고 가정해 보겠습니다. 이때 발생할 수 있는 문제는 값을 저장하는 로직과 가져오는 로직 중 일부만 수정하는 것입니다.

다음은 바뀐 키 생성 로직을 값을 저장하는 functionA에는 반영했지만, 값을 가져오는 functionB에는 반영하지 못한 상황을 보여줍니다.

예제 4.11 변경된 키 생성 규칙이 값을 담는 곳에만 반영됨

```
const data = {};

function functionA(object) {
  // ...
  data[`${object.id}-${object.name}`] = 'value';
}

function functionB(object) {
  // ...
  return data[object.id];
}
```

이렇게 되면 코드는 문법적 오류 없이 동작하지만 서비스는 의도치 않은 문제를 발생시킵니다. 이는 키를 생성하는 로직의 응집도가 낮아 발생한 문제입니다. API URL을 여러 곳에 하드코

딩해서 관리하다가 URL이 바뀌었을 때 일부만 수정해서 문제가 생기는 것도 비슷한 사례입니다.

이 문제를 해결하는 방법은 다음과 같이 진실의 원천을 하나로 관리해 응집도를 높이는 것입니다.

예제 4.12 데이터를 다루는 로직을 캡슐화해 응집도를 높임

```
const DataManager = (function DataManagerInitializer() {
  const data = {};
  const key = (id, name) => `${id}-${name}`;

  return {
    set({ id, name }, value) {
      data[key(id, name)] = value;
    },
    get({ id, name }) {
      return data[key(id, name)];
    },
  };
})();

function functionA(object) {
  // ...
  DataManager.set(object, 'value');
}

function functionB(object) {
  // ...
  return DataManager.get(object);
}
```

따라서 캡슐화를 할 때는 흩어져 있는 동일 목적의 로직은 없는지 살피고, 만약 있다면 캡슐화된 모듈을 사용하도록 코드를 개선해야 합니다. 이런 사례는 흔히 접할 수 있는데, 예를 들어 동일한 데이터에 대해 `JSON.stringify`와 `JSON.parse`, 또는 `encodeURIComponent`와 `decodeURIComponent`를 각기 다른 곳에서 사용한다면 이 두 로직을 한데 모아 관리하는 것만으로도 응집도 있는 코드를 작성할 수 있습니다.

예제 4.13 동일한 데이터(게시글)를 다루는 로직을 한 곳에서 관리

```
const PostSerializer = {
  serialize(post) {
    try {
      return JSON.stringify(post);
    } catch (error) {
      console.error('Serialization error:', error);
      return null;
    }
  },
  deserialize(post) {
    try {
      return JSON.parse(post);
    } catch (error) {
      console.error('Deserialization error:', error);
      return null;
    }
  },
};
```

논의를 조금 더 확장해서 관련 유틸리티 함수 등을 특정 디렉터리나 파일에서 모아 관리하는 것도 응집도를 높이는 데 도움이 됩니다.

4.5 결합도와 응집도

결합도와 응집도는 모두 **변경과 그 영향에 대한 개념**입니다. 우리는 코드를 수정할 때 **수정해야 하는 코드의 범위**와 **수정했을 때 미치는 영향의 범위**를 예측하고자 합니다. 그것이 어려울 때 결합도와 응집도는 원인을 파악하고 해결할 수 있도록 도와줍니다.

반면 이 둘은 변경과 영향의 문제를 서로 다른 관점에서 바라봅니다. 이번에는 결합도와 응집도가 코드의 변경을 어떻게 바라보는지 자세히 살펴보겠습니다.

다음 그림은 여러 모듈의 의존성 그래프와 특정 기능(F1, F2)의 코드가 각 모듈에 어떻게 분포돼 있는지를 보여줍니다. 예를 들어, 모듈 M1은 M2에 의존합니다. 그리고 M1은 여러 의존을

거쳐 모듈 M12에 간접적으로 의존합니다. 이 그림은 로직의 분포도 보여주는데, F1-a, F1-b, F1-c, F1-d는 기능 F1과 관련된 코드가 모듈 M1, M2, M12, M17에 퍼져 있는 모습을 보여줍니다.

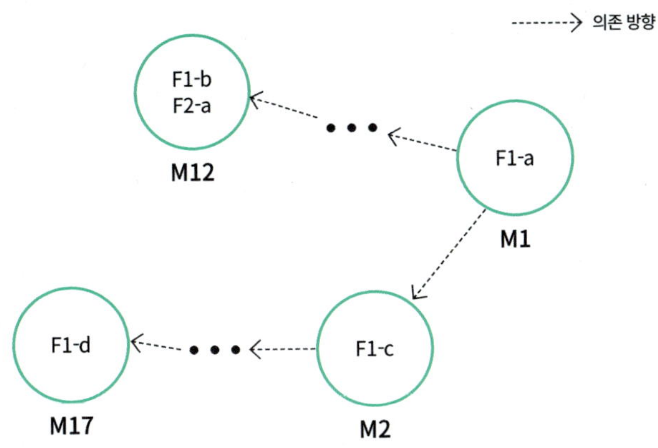

그림 4.5 모듈 의존성 및 로직 분포

예를 들어, 기능 F1이 이메일 검증 기능이라고 할 때 위 그림은 다음과 같은 코드로 표현할 수 있습니다.

예제 4.14 그림 4.5의 의존성 그래프를 코드로 표현

```
function M1() {
  // 이메일 검증 구현체(F1-a)
  // ...
}

class M12 {
  validateEmail(email) {
    // 이메일 검증 구현체(F1-b)
    // ...
  }

  aMethod() {
    // 기능(F2) 구현체(F2-a)
    // ...
  }
```

```
  // ... 다른 구현
}

function useM2(email) {
  const result = /* 이메일 검증 구현체 F1-c */;
  return result;
}

const M17 = {
  isValidEmail(email) {
    // 이메일 검증 구현체(F1-d)
    // ...
  },
  // ...
};
```

이 경우 기능 F1은 응집도가 낮습니다. 왜냐하면 기능 F1의 요구사항이 바뀌었을 때 그 영향이 여러 모듈에 걸쳐 발생하기 때문입니다. 여기서 주목할 점은 응집도가 낮으면 모듈 사이에 직접적인 의존 관계가 없더라도 변경의 영향이 전파될 수 있다는 것입니다. 그래서 코드를 수정한 후에 의존관계에 따라 영향을 받을 수 있는 코드를 꼼꼼하게 살펴보더라도, 운이 나쁘다면 함께 수정해야 하는 코드를 놓칠 수 있습니다.

다음은 응집도가 낮은 또 다른 예시를 보여줍니다.

예제 4.15 page1에서 게시글을 저장하고 page2에서 게시글을 불러오는 코드

```
// page1
const makePost = ({ title, content, author }) => {
  const response = fetch('/posts', {
    method: 'POST',
    body: JSON.stringify({
      title,
      content,
      author,
      etcData: JSON.stringify({
```

```
      foo: '데이터를 조합해 만든 데이터',
      // ...
    }),
  }),
});
// ...
};

// page2
const getPost = (id) => {
  const response = fetch(`/posts/${id}`);

  response.etcData.foo; // 문제 발생
};
```

위 예제의 문제는 함수 makePost와 getPost가 서로 관련이 있음에도 의존관계를 통해 파악할 수 없다는 것입니다. 그래서 코드가 아닌 다른 정보를 활용해 영향 범위를 파악해야 할 수도 있습니다.

그래서 같은 목적을 가진 코드가 흩어지면서 응집도가 낮아진 경우 다음 그림과 같이 외부 정보에 의존해서(이메일 검증을 수행하는 페이지나 기능에 무엇이 있는지 물어보기, 관련 문서 찾기, 직접 애플리케이션을 사용하며 찾아다니기 등) 코드 내부로 찾아들어가는 듯한 경험을 할 수 있습니다.

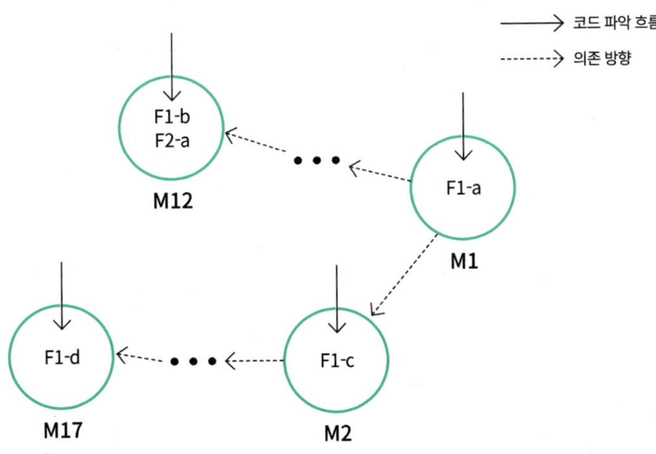

그림 4.6 응집도가 낮을 때 관련 로직이 퍼져 있는 코드를 파악하는 방법

반면 기능 F2는 기능 F1과 달리 모듈 M12 안에 코드가 모여 있으므로 수정이 필요할 때 모듈 M12만 살펴보면 됩니다. 하지만 모듈 M12는 기능 F1과 기능 F2를 모두 구현하고 있으므로 모듈 M12 자체의 응집도는 낮다고 할 수 있습니다.

다음 그림은 이 같은 상황에서 기능 F2를 수정할 때 발생할 수 있는 문제를 보여줍니다.

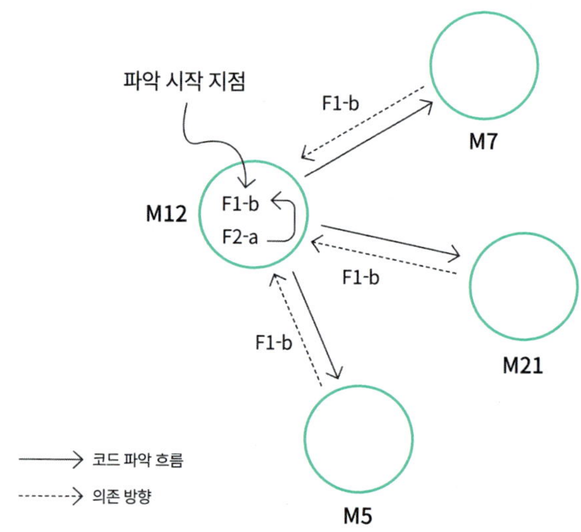

그림 4.7 서로 무관한 로직이 한 모듈에 모여 있어 응집도가 낮은 경우

기능 F2를 구현하는 모듈 M12를 수정할 때 F1-b와 F2-a가 함께 사용하는 내부 메서드를 수정했다면 그 영향은 F1-b에도 미칩니다. 그리고 그 영향은 의존 관계를 따라 F1-b에 의존하는 M7, M21, M5 모듈까지 퍼져 나갈 수 있습니다.

정리하면, 응집도가 낮은 경우는 두 가지로 나누어 볼 수 있습니다. 첫째, 같은 목적을 가진 코드가 여러 모듈에 흩어져 있는 경우입니다. 이때는 관련 기능을 수정하기 위해 넓은 범위의 코드를 찾아 변경해야 합니다. 둘째, 하나의 모듈이 서로 관련 없는 여러 목적을 가지고 있는 경우입니다. 이때는 한 목적을 위해 모듈을 수정하는 것이 함께 있던 다른 목적의 코드에 의도치 않은 영향을 줄 수 있습니다. 그리고 그 영향은 의존 관계를 따라 전혀 무관해 보이는 다른 모듈로까지 퍼져 나갈 수 있습니다.

결합도는 응집도와 달리 변경의 영향이 의존 관계를 따라 퍼져 나갑니다. 따라서 변경에 대한 영향 범위를 파악하는 것이 낮은 응집도에 비해 상대적으로 수월합니다. 예를 들어, 다음 그림에서 모듈 M1을 수정할 때 의존하는 모듈 M2에게 요구하는 내용(인터페이스)이 달라지지 않는다면 모듈 M1에 대한 변경은 다른 곳으로 퍼지지 않습니다.

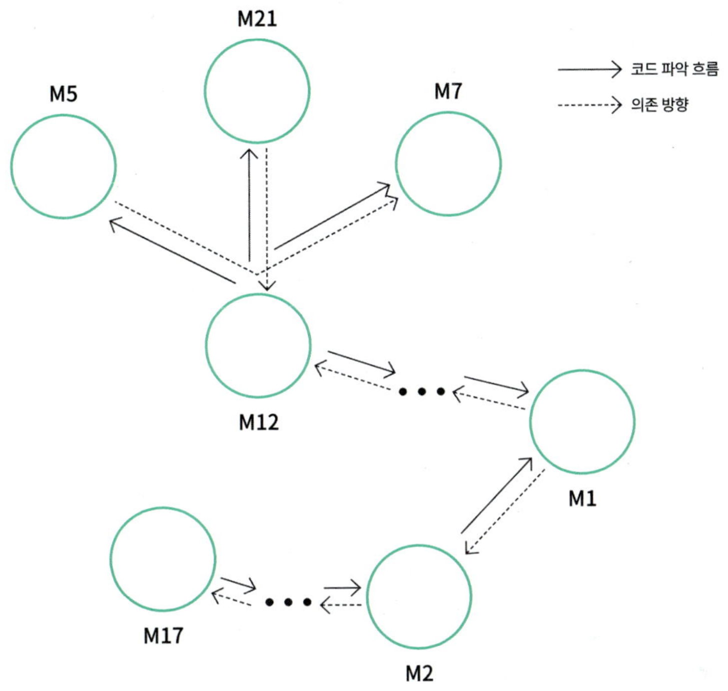

그림 4.8 의존 관계 방향과 코드 파악 흐름을 통해 보는 모듈 관계

결합도를 파악할 때 중요한 것은 인터페이스가 아닌 구현의 변경이 외부에 영향을 주는지 여부입니다. 어떤 모듈이든 **인터페이스의 변경은 높은 가능성으로 외부에 영향**을 줍니다. 하지만 **인터페이스를 변경하지 않았음에도 외부에 영향을 준다면 결합도가 높을 가능성**이 큽니다. 이러한 관점에서 그림 4.8의 모듈 M12는 여러 모듈이 의존하고 있으므로 사소한 수정이라도 외부에 영향을 줄 가능성이 커 결합도가 높은 모듈이라고 할 수 있습니다.

결론적으로, 응집도는 같은 목적을 가진 코드가 잘 모여 있는지를 기준으로, 결합도는 인터페이스를 통해 모듈 간의 의존성이 얼마나 잘 관리되는지를 기준으로 변경의 영향을 파악합니다.

4.6 캡슐화, 결합도, 응집도의 관계

그렇다면 결합도를 낮추고 응집도를 높이려면 어떻게 해야 할까요? 여러 방법이 있겠지만 그 핵심에는 앞에서 살펴본 **캡슐화**가 있습니다.

캡슐화는 같은 목적을 가진 상태와 행동을 하나의 단위로 묶고(응집도 높이기), 외부에는 필요한 인터페이스만 공개해 불필요한 정보는 숨기는(결합도 낮추기) 과정입니다. 즉, 캡슐화를 잘 지키는 것이 높은 응집도와 낮은 결합도를 달성하는 가장 효과적인 방법 중 하나입니다. 이 세 가지 개념은 서로 긴밀하게 연결돼 있으므로 함께 이해하고 코드에 적용하려는 노력이 중요합니다.

CHAPTER

05

추상화

추상화는 **정보를 선별하거나 일반화하는 과정**으로 이해할 수 있습니다. 예를 들어, 사람을 그려보라고 한다면 필자는 다음과 같이 그릴 것 같습니다.

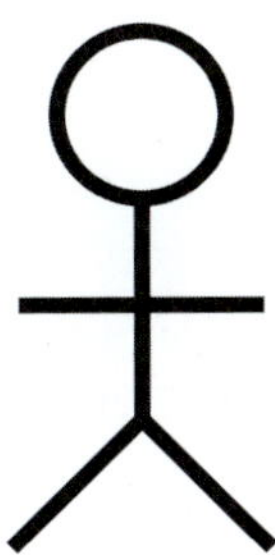

그림 5.1 사람 그림

왜냐하면 '사람은 이성이 있고 판단할 수 있으며, 다른 동물과 달리 발달된 언어와 종교가 있고…' 등의 세부적이고 광범위한 정보보다 위 그림처럼 머리, 팔, 다리, 몸으로 추상화했을 때 더 잘 표현할 수 있다고 판단했기 때문입니다.

반면 사람이 식사하는 모습을 추상화한다면 머리, 팔, 다리, 몸과 같은 정보로는 정보를 전달하기에 충분하지 않습니다. 여기에는 사용하는 도구, 사용 방법 등 추가 정보가 필요합니다. 즉, 추상화는 상황 또는 문맥에 따라 어떤 정보가 유용한지 먼저 파악한 후에 정보를 선별하는 과정을 거칩니다. 가령 농구 하는 사람을 추상화한다면 식사하는 사람과 관련된 정보 중 많은 부분은 필요 없을 가능성이 높습니다.

코드에서 추상화 역시 같은 방식으로 이해할 수 있습니다. 예를 들어, 상품 리스트 페이지에 필터 기능이 있다고 해보겠습니다. 무료 필터를 선택하면 가격순 정렬 필터와 포인트 제공 여부에 대한 필터를 비활성화합니다.

예제 5.1 무료 필터의 값에 따라 요소 비활성화 여부를 결정

```
$filter.addEventListener('change', ({ target }) => {
  // 무료 필터를 선택했을 때
  if (target.value === 'free') {
    // 가격 정렬 필터와 포인트 필터를 비활성화
    $orderByPrice.disabled = true;
    $filterByPoint.disabled = true;

    return;
  }

  $orderByPrice.disabled = false;
  $filterByPoint.disabled = false;
});
```

이때 '필터의 값이 free라면 가격 정렬 선택, 포인트 제공 여부를 비활성화합니다. 필터의 값이 free가 아니라면 이 둘을 활성화합니다.'와 같은 정보를 '전달하는 값에 따른 정렬 및 필터 활성화 조정'으로 추상화할 수 있습니다.

예제 5.2 요소를 다루는 것과 관련된 정보를 함수로 추상화

```
$filter.addEventListener('change', ({ target }) => {
  // 전달하는 값에 따라 정렬과 필터를 조정합니다.
  adjustOrdersAndFiltersBy(target.value);
});
```

물론 필터가 점점 많아지고 adjustOrdersAndFiltersBy 함수에서 다루는 요소가 많아지면서 예제 5.2의 코드를 예제 5.3과 같이 더욱 일반화(추상화)해야 할 수도 있습니다.

예제 5.3 추상화를 통해 정보를 더욱 일반화

```
$filter.addEventListener('change', ({ target }) => {
  // 전달하는 값에 따라 UI를 조정합니다.
  adjustUIBy(target.value);
});
```

여기서 주목할 점은 적절한 추상화 수준입니다. adjustOrdersAndFiltersBy 함수가 다루는 요소가 많아지고, 그에 따라 예제 5.3과 같이 함수 이름을 수정한 것은, 예제 5.2의 adjustOrdersAndFiltersBy가 새로운 요구사항을 기준으로 많은 정보를 노출하고 있기 때문입니다. 즉, 추상화가 덜 이뤄진 것입니다. 처음부터 예제 5.3과 같이 함수명을 adjustUIBy로 지었다면 요구사항이 발생했을 때 함수 내부만 수정하면 됩니다(내부 정보의 유출이 캡슐화를 해칠 수 있다는 사실을 다시 한번 짚어보면 좋습니다).

그렇다면 adjustUIBy가 더 좋은 이름일까요? 그렇지 않습니다. adjustUIBy와 같이 많은 정보를 생략한 추상화는 코드를 이해하기 어렵게 만들고, 결국 코드 내부를 들여다보게 만듭니다.

이처럼 '적절한 추상화 수준'을 찾는 데는 정답이 없고 경험이 중요하기에 다루기 어려운 문제입니다. 하지만 어려운 주제일수록 오히려 가벼운 마음으로 접근해 볼 가치가 있습니다. 그럼 추상화에 대해 조금 더 자세히 살펴보겠습니다.

5.1 추상화란?

추상화라는 단어를 계속 듣다 보면 그 의미가 점점 더 추상적으로 느껴져 길을 잃기 쉽습니다. 따라서 본격적으로 살펴보기에 앞서 추상화의 개념을 다시 한번 정리해 보겠습니다.

추상화란 복잡한 정보에서 필요한 부분만 남기고 단순화하는 과정입니다. 앞선 예제 5.2나 예제 5.3을 보면 추상화는 코드를 함수로 분리하는 과정으로 볼 수 있습니다. 함수로 분리하는 과정에서 if 문을 사용하고 요소의 disabled 속성에 불리언 값을 할당하는 구체적인 방법 등은 숨겨집니다. 대신 함수 이름과 매개변수처럼 꼭 필요한 정보만 남게 되는데, 이것이 바로 추상화입니다.

여기서 한걸음 더 나아가 보겠습니다. 외부 코드를 기준으로 보면 이전에는 구체적인 코드에 의존했다면 추상화 이후에는 함수에 의존합니다. 즉, 추상화 이후에는 외부 코드는 구체적인 코드가 아닌 인터페이스에 의존하게 됩니다. 추상화 이전에는 예제 5.1의 로직을 수정하려면 코드 자체를 변경해야 했습니다. 반면 예제 5.2나 예제 5.3에서는 함수 인터페이스를 수정하지 않는 한, 수정의 영향이 함수 내부로 한정됩니다.

결론적으로 추상화는 정보를 선별하고 일반화하는 과정입니다. 그 결과, 정보를 사용하는 주체가 **구체적인 코드가 아닌 추상화된 인터페이스에 의존**하도록 만듭니다. 그리고 이렇게 함으로써 코드는 이전보다 더 유연해집니다.[1]

5.2 추상화 수준

추상화를 이야기할 때 빠지지 않고 등장하는 용어가 바로 '추상화 수준'입니다. 추상화 수준이 높거나 낮다는 것은 정보의 선별 또는 일반화 수준을 의미합니다. 즉, 추상화 수준이 높다는 것은 일반화를 많이 했다는 것으로 이해할 수 있습니다.

군대를 예로 들어보겠습니다. 한 명의 병사는 전쟁터에서 싸워야 할 때 숨기, 무기 다루기, 뛰기 등 다양한 행동을 할 수 있습니다. 또한 이름과 군번이 있으며, 부상 시 치료를 위한 정보도 가지고 있습니다. 이러한 구체적인 정보들은 일반화가 거의 되지 않았으므로 추상화 수준이 낮다고 할 수 있습니다.

반면 여러 병사를 지휘하는 지휘관에게는 병사 개개인의 정보보다 집단 단위의 정보가 더욱 중요합니다. 따라서 각 병사가 언제 숨고 언제 총을 쏴야 하는지 구체적으로 지시하기보다 '대기' 또는 '공격'과 같이 일반화된 명령을 전달합니다. 이러한 명령은 각 병사의 개별 행동보다 추상화돼 있으므로 추상화 수준이 높습니다.

지휘 체계가 올라갈수록 명령은 더욱 일반화되고 추상화됩니다. 최종적으로 군대를 이끄는 최고 지휘관은 몇몇의 극도로 추상화된 목표를 제시하는 것으로 전쟁을 지휘합니다.

1 『오브젝트』(위키북스, 2019), 65쪽

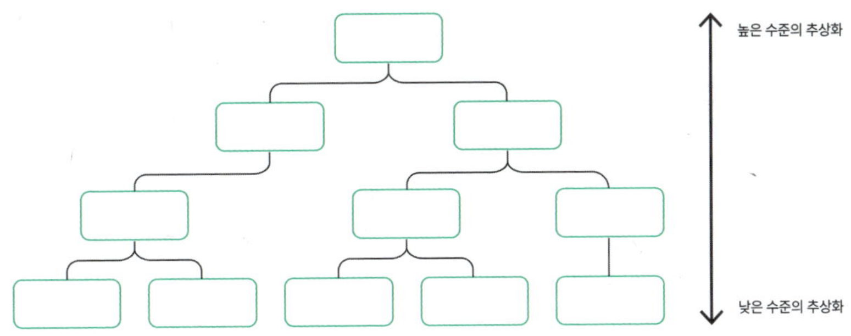

그림 5.2 추상화 수준

코드의 추상화 수준도 같은 맥락에서 이해할 수 있습니다. 예를 들어, SQL 문법을 직접 사용해 데이터를 가져오는 코드는 비교적 구체적이므로 추상화 수준이 낮습니다. 이 SQL을 감싼 함수, 그리고 이 함수를 포함하는 더 큰 기능의 함수나 객체로 갈수록 추상화 수준은 순서대로 높아집니다. 최종적으로 가장 높은 수준의 함수를 호출하면 그 내부는 더 낮은 추상화 수준의 로직들을 순차적으로 거쳐 구체적인 데이터를 가져오게 됩니다.

데이터 역시 비슷한 방법으로 추상화할 수 있습니다. 한 개인은 수많은 정보를 가지고 있지만, 외과 의사에게는 개인의 신체 정보가, 정신과 의사에게는 심리 정보가 더 중요합니다. 이 두 정보는 개인이 가진 모든 정보보다 높은 추상화 수준을 갖습니다. 더 나아가 통계청에서 인구 조사를 할 때 개인은 몇 가지 숫자(나이, 소득 등)만으로 추상화될 수 있습니다.

참고 추상화 수준의 다른 관점

본문에서는 정보의 '일반화 정도'를 기준으로 추상화 수준을 설명했지만 '추상화를 얼마나 잘했는지'를 두고 추상화 수준을 이야기하기도 합니다. 이 관점에서 추상화 수준이 높다는 것은 추상화를 잘했다는 의미와 같습니다. 이때 잘된 추상화란 함수나 컴포넌트의 세부 구현을 효과적으로 숨기고 무엇을 하는지 명확하게 드러내는 것을 말합니다.

정리하면 **추상화는 가지고 있는 정보 중 상황에 따라 필요한 정보만 선별 또는 일반화하는 과정**입니다.[2] 또한 **정보를 선별하고 일반화할수록 추상화 수준은 높아지고 반대의 경우 추상화 수준은 낮아집니다.** 명령(또는 행동)은 특정 상황에서 필요한 정보를 바탕으로 결정되므

2 『오브젝트』(위키북스, 2019), 284쪽

로 데이터와 같이 정보로서 이해할 수 있습니다. 따라서 정보를 다루는 방법으로서의 추상화는 데이터뿐만 아니라 명령에도 적용할 수 있습니다.

5.3 추상화 계층

추상화는 복잡한 코드에서 현재 문맥에 필요한 정보만 남기고 나머지는 숨기는 과정으로 이해할 수 있습니다. 예를 들어, 함수 내부에 두 수를 더하는 코드가 있다고 가정해 보겠습니다.

예제 5.4 두 수를 더하는 코드

```
function doSomething() {
  // ...
  const result = value1 + value2;
  // ...
}
```

doSomething 함수는 두 수를 더한다는 사실뿐만 아니라 덧셈 연산자(+)를 사용한다는 구체적인 방법까지 알고 있습니다. 이 부분을 예제 5.5처럼 함수로 추상화하면 어떨까요?

예제 5.5 더하는 연산을 함수 sum으로 추상화

```
function doSomething() {
  // ...
  const result = sum(value1, value2);
  // ...
}
```

이제 doSomething 함수는 sum 함수가 인자로 전달된 값들을 더해준다는 사실만 알 뿐, 그 내부에서 어떤 일이 일어나는지는 알 필요가 없습니다. sum이 너무 단순해서 추상화의 의미가 없다고 느껴진다면 sum이 될 수 있는 여러 후보를 나열한 다음 예제를 보면 생각이 달라질 수 있습니다.

예제 5.6 sum 함수의 후보

```
function sum(...values) {
  return values.reduce((acc, val) => acc + val, 0);
```

```
}

function sum(value1, value2) {
  return value1 + value2;
}

function sum(value1, value2) {
  if (typeof value1 !== 'number' || typeof value2 !== 'number') {
    throw new Error('인수는 모두 숫자 값이어야 합니다.');
  }

  if (Number.isNaN(value1) || Number.isNaN(value2)) {
    throw new Error('인수로 NaN을 전달할 수 없습니다.');
  }

  return value1 + value2;
}

// ...
```

위 예제는 **추상화가 필요한 정보(인터페이스)만 남기고 불필요한 정보(내부 구현)를 제거함으로써 복잡한 문제를 단순하게 만든다**는 사실을 잘 보여줍니다. 이처럼 추상화, 인터페이스, 캡슐화는 모두 긴밀하게 연관된 개념입니다.[3] [4]

이처럼 추상화를 통해 알아야 할 정보와 몰라도 되는 정보를 나눌 때 생기는 경계를 **추상화 계층(abstraction layer)**이라고 합니다.[5] 각 계층은 상위 계층에서 알아야 할 정보만 노출하고, 하위 계층의 세부 사항은 상위 계층이 알지 못하도록 숨깁니다.

3 추상화와 캡슐화를 혼동하지 않도록 주의해야 합니다. 추상화가 필요한 정보만 남기고 나머지는 제거하는 방법이라면, 캡슐화는 외부 및 내부를 구분하고 외부에서 내부에 접근하지 못하도록 하는 방법입니다.

4 『클린 코드』(인사이트, 2013), 118쪽

5 『좋은 코드 나쁜 코드』(제이펍, 2022), 31쪽

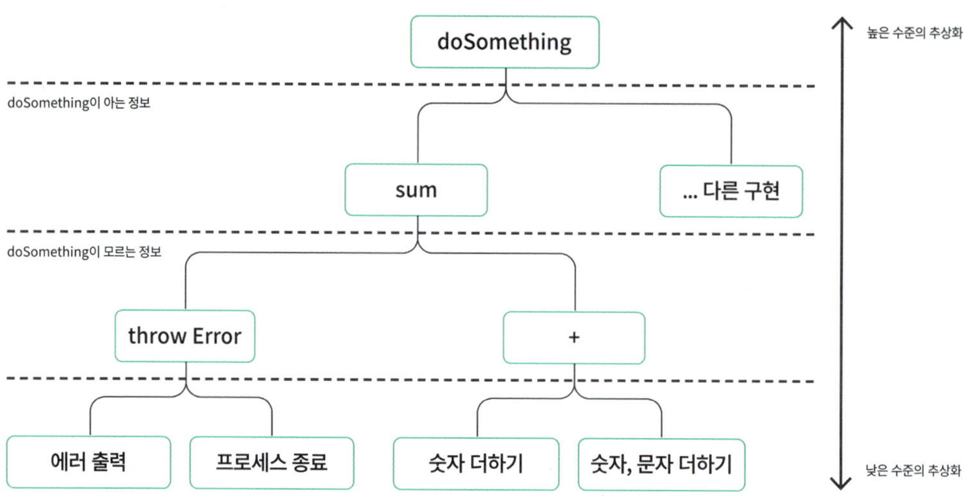

그림 5.3 doSomething 함수의 추상화 계층

여기서 주목해야 할 것은 두 가지입니다. 먼저 상위 수준이 필요로 하는 정보와 하위 수준에서 공개한 정보는 서로 불일치할 수 있습니다. 예를 들어, 상위 수준에서는 A라는 정보만 필요한데 하위 수준에서 A, B를 공개하는 경우입니다. 두 번째로 같은 추상화 계층에 있더라도, 한 계층 내에서 공개하는 정보의 수준이 서로 다를 수 있습니다.

리액트 컴포넌트를 예로 들어 추상화 수준이 다른 코드가 한 계층에 섞여 있을 때 어떤 모습인지 살펴보겠습니다. 다음은 상품 목록을 보여주는 페이지 컴포넌트입니다.

예제 5.7 상품 페이지 컴포넌트

```
function ProductListPage() {
  const [products, setProducts] = useState();
  const [recommendProducts, setRecommendProducts] = useState();
  const [recommendByMDProducts, setRecommendByMDProducts] = useState();

  // ...

  return (
    <div>
      <h1>상품 페이지</h1>
      <h2>이벤트 상품 목록</h2>
```

```
      {products.map((product) => (
        <div>{/* ... */}</div>
      ))}
      <h2>추천 상품 목록</h2>
      <h3>오늘 추천 상품 목록</h3>
      {recommendProducts.map((product) => (
        <div>{/* ... */}</div>
      ))}
      <h3>MD가 추천하는 상품 목록</h3>
      {recommendByMDProducts.map((product) => (
        <div>{/* ... */}</div>
      ))}
    </div>
  );
}
```

위와 같이 구현하고 나니 코드가 복잡해서 페이지의 일부를 별도의 컴포넌트로 분리하겠습니다.

예제 5.8 이벤트 상품 목록을 EventProductList 컴포넌트로 분리

```
function ProductListPage() {
  const [products, setProducts] = useState();
  const [recommendProducts, setRecommendProducts] = useState();
  const [recommendByMDProducts, setRecommendByMDProducts] = useState();

  // ...

  return (
    <div>
      <h1>상품 페이지</h1>
      <EventProductList title="이벤트 상품 목록" products={products} />
      <h2>추천 상품 목록</h2>
      <h3>오늘 추천 상품 목록</h3>
      {recommendProducts.map((product) => (
        <div>{/* ... */}</div>
      ))}
      <h3>MD가 추천하는 상품 목록</h3>
```

```
    {recommendByMDProducts.map((product) => (
      <div>{/* ... */}</div>
    ))}
  </div>
);
}
```

위 예제의 ProductListPage 컴포넌트는 이제 EventProductList라는 더 높은 추상화 수준의 컴포넌트와, map을 사용해 직접 목록을 그리는 낮은 추상화 수준의 코드를 모두 포함합니다.

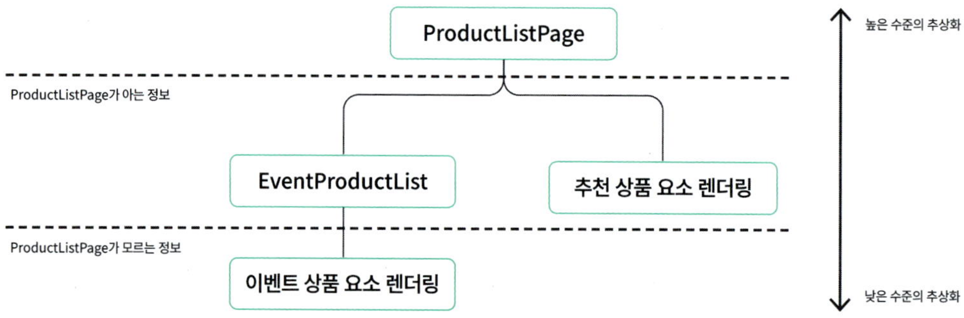

그림 5.4 ProductListPage 컴포넌트의 추상화 수준

이처럼 한 계층에 서로 다른 추상화 수준이 섞여 있다면 코드를 이해하는 데 어려움이 생깁니다. EventProductList를 볼 때는 '이벤트 상품 목록을 렌더링하네'라고 상위 수준에서 이해할 수 있지만 바로 다음의 map 코드를 볼 때는 'recommendProducts 배열을 순회하며 div를 그리고 있네'처럼 구체적인 구현 방법을 파악해야 하기 때문입니다.

따라서 가능하다면 동일한 계층 안에서는 동일한 추상화 수준을 유지하는 것이 좋습니다.[6] 이를 위해 예제 5.8의 map을 포함한 코드를 별도의 컴포넌트로 분리해 보겠습니다.

예제 5.9 한 계층을 같은 추상화 수준으로 유지

```
function ProductListPage() {
  const [products, setProducts] = useState();
  const [recommendProducts, setRecommendProducts] = useState();
```

6 『클린 코드』(인사이트, 2013), 45쪽

```
  const [recommendByMDProducts, setRecommendByMDProducts] = useState();

  // ...

  return (
    <div>
      <Title title="상품 페이지" />
      <EventProductList title="이벤트 상품 목록" products={products} />
      <RecommendProductList
        title="추천 상품 목록"
        products={recommendProducts}
        productsByMD={recommendByMDProducts}
      />
    </div>
  );
}
```

위 예제의 `ProductListPage`는 이제 `Title`, `EventProductList`, `RecommendProductList`라는 비슷한 추상화 수준의 컴포넌트들로만 구성됩니다. HTML 요소를 직접 렌더링하는 구체적인 과정은 각 하위 컴포넌트 안으로 숨겨졌습니다.

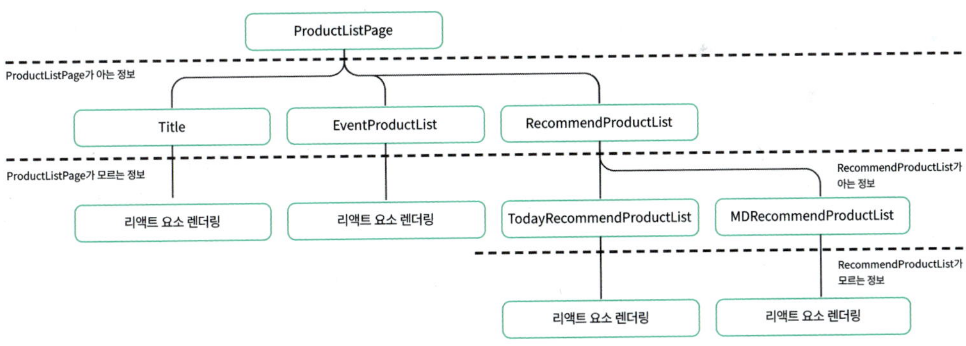

그림 5.5 `ProductListPage`와 `RecommendProductList`의 추상화 계층

보다시피 `RecommendProductList` 컴포넌트 역시 내부에 `TodayRecommendProductList`와 `MDRecommendProductList`라는 더 낮은 계층을 가질 수 있습니다. 그리고 `ProductListPage`는 이들의 존재를 알 필요가 없습니다.

참고 동일한 추상화 수준이란?

동일한 추상화 수준인지 구체적으로 판단하기란 쉬운 일이 아닙니다. 다만, 서로 다른 추상화 수준의 차이가 크다면 구분하기가 한결 수월합니다. 예를 들어, HTML 요소를 직접 다루는 코드와 그렇지 않은 코드가 한 계층에 섞여 있다면 추상화 수준이 다르다는 것을 쉽게 알 수 있습니다. 비슷한 방법으로 API 요청, 데이터 가공 등을 다루는 함수와 데이터를 활용해 상태를 관리하고 자식에게 전달하는 함수가 한 계층에 섞여 있다면 이 역시 추상화 수준이 다르다고 판단할 수 있습니다. 코드가 복잡해서 개선이 필요한 경우라면 추상화 수준을 맞춰보는 것도 좋은 방법입니다.[7]

지금까지 살펴본 함수나 컴포넌트의 추상화 계층과 달리 코드 전체에 대해 추상화 계층을 정의할 수도 있습니다. 즉, 추상화 계층의 척도를 개별 함수나 데이터 구조에서 코드 전체로 바꾸면 추상화 계층은 소프트웨어 아키텍처와 같은 모습을 갖습니다. 이렇게 나눈 각 계층은 다루는 정보와 상위 계층에 공개하는 정보를 미리 정의하고 개별 객체, 함수, 데이터 구조 등을 정보에 따라 각 계층에 분류합니다.

이렇게 추상화 계층을 정의하면 복잡한 코드를 거시적인 관점에서 이해하는 데 도움이 되며, 개별 코드를 파악할 때도 해당 코드가 속한 계층의 추상화 수준에만 집중하면 되므로 인지적 부담이 줄어듭니다. 네트워크 통신 과정을 설명하는 OSI 7계층 모델이나 계층형 아키텍처(layered architecture), 리액트의 프레젠테이션 및 컨테이너 컴포넌트(Presentational and Container Components) 패턴이 이러한 계층형 구조의 좋은 예입니다.[8]

정리하면, 추상화 계층이란 알아야 할 정보와 몰라도 될 정보를 추상화를 통해 나눈 경계입니다. 같은 추상화 계층이라고 하더라도 추상화 수준이 다를 수 있기 때문에 같은 계층에 동일한 추상화 수준을 유지함으로써 인지 부담을 줄일 수 있습니다.

5.4 적절한 추상화 수준

소프트웨어를 개발하면서 함수를 어디까지 나눠야 하는지, 컴포넌트는 얼마나 쪼개야 하는지, 매개변수나 속성을 추가해야 할지 등을 고민하는 것은 용어만 다를 뿐 추상화의 수준을 어떻게

7 『쏙쏙 들어오는 함수형 코딩』(제이펍, 2022), 186쪽

8 https://medium.com/@dan_abramov/smart-and-dumb-components-7ca2f9a7c7d0

유지해야 하는지 고민하는 것과 같습니다. 따라서 적절한 추상화 수준을 고민하는 것은 개발자에게 가장 현실적이고 익숙한 고민입니다. 이번에는 이러한 고민을 해결하는 데 도움이 되는 몇 가지 조언을 소개하려고 합니다.

첫 번째는 '적절한 추상화를 위해서는 지식과 경험이 필요하다'입니다. 좋은 코드를 작성하려면 코드가 속한 상황에 맞는 도구를 갖추고 있어야 합니다. 여기서 도구는 지식과 경험으로 구성되며, 좋은 코드를 작성하기 위한 지식을 꾸준히 접하고 이 지식을 현실에서 적용하며 경험해야 합니다. 그러다 보면 지식과 경험이 어우러져 더 나은 추상화 수준을 선택할 수 있는 아이디어와 직관이 생깁니다.[9]

참고 추상화와 가독성, 그리고 모듈화

적절한 수준의 추상화는 가독성 및 모듈화와 밀접한 관련이 있습니다.

가독성이란 코드를 읽는 사람이 코드를 쉽게 이해할 수 있다는 의미입니다. 이는 코드가 필요한 정보를 적절한 수준으로 전달하는지 평가하는 중요한 기준입니다. 비록 가독성을 다소 모호하고 이상적인 상태라고 여기기도 하지만, 좋은 코드는 쉽게 이해하고 수정할 수 있도록 작성돼야 한다는 점에서 가독성은 중요한 목표입니다.

모듈화는 추상화를 구현하는 구체적인 방법으로서, 모듈화를 통해 외부에서는 모듈의 인터페이스에만 의존하게 되고 내부 구현은 감춰집니다. 이렇게 하면 재사용성이 높아지고, 유연한 설계와 테스트 용이성도 확보할 수 있습니다. 따라서 모듈화의 이점들은 적절한 추상화의 중요한 지표로도 활용됩니다.

두 번째는 '지나치게 예측하지 않는다'입니다. 추상화는 정보를 선별해서 일반화하는 과정입니다. 추상화를 하다 보면 일반화에 집중하는 경우가 있고, 그 과정에서 미래를 예측하며 코드를 작성하는 데 많은 시간을 보냅니다. 하지만 미래를 예측하는 데는 반드시 실패할 가능성이 있습니다. 그렇기 때문에 지나친 예측보다 현재 문맥에 맞는 추상화 수준을 선택하는 것이 더 나은 방법입니다. 추상화 및 예측과 관련된 조언을 소개하자면 '추측에 기반한 설계는 지양해야 한다'[10], '유연한 설계는 유연성이 필요할 때만 옳다'[11], '추상화는 발명이 아닌 발견이다'[12] 등과 같은 것이 있습니다. 결국 예측에 있어서 가장 중요한 것은 먼저 시작하고 경험하는 것입니다.[13]

---

9 『How To Solve It』(Princeton University Press, 2014), 9쪽

10 『오브젝트』(위키북스, 2019), 114쪽

11 『오브젝트』(위키북스, 2019), 305쪽

12 『단위 테스트』(에이콘, 2021), 288쪽

13 『오늘 또 일을 미루고 말았다』(북클라우드, 2016), 126쪽

마지막은 '정보가 쌓이도록 두는 것보다 추상화하는 것이 낫다'입니다. 적절한 추상화 수준을 결정하기 어려운 상황이라면 추상화를 선택하는 편이 더 바람직할 가능성이 큽니다.[14] 정보를 그대로 쌓아두면 시간이 지날수록 추상화하기가 어려울 정도로 복잡해집니다. 반면, 추상화를 너무 많이 해서 얇은 계층을 여러 개 만들어두더라도 정보를 추상화하기 전으로 되돌리는 것이 상대적으로 수월합니다. 즉, 필요할 때마다 추상화하는 것이 그렇지 않은 것보다 부작용이 더 적습니다. 다만, 추상화 계층이 지나치게 많아지면 코드 전반을 이해하는 데 드는 비용이 증가할 수 있으므로 주의해야 합니다.

결국 추상화에는 절대적으로 올바른 정답이 없으며, 최선의 답을 단번에 찾아내는 경우도 드뭅니다. 최초의 추상화는 시간이 지나고 상황이 변하면서 더 나은 방향으로 함께 변해야 합니다. 그렇기 때문에 문제를 풀었다고 덮어두고 잊는 것이 아니라 계속해서 개선하는 과정이 반드시 필요합니다.

14 『좋은 코드 나쁜 코드』(제이펍, 2022), 54쪽

CHAPTER

06

엔티티와 값 객체

프런트엔드를 다루면서 자주 마주하는 고민 중 하나는 유틸리티 함수입니다. 이 함수는 사실 프런트엔드에서 다루는 거의 모든 함수를 가리키기도 합니다. 그래서 코드 관리를 위해 만든 유틸리티 함수가 점점 많아지다 보면 유틸리티 함수를 관리하기 어려운 지경에 이르기도 합니다.

예를 들어, `Date` 객체가 유효한지 검증하는 코드가 길어서 함수로 만들기 위해 `isValidDate`라는 함수를 만들려고 합니다. `utils`(또는 `common`) 디렉터리가 보이고, `isValidDate.js` 파일을 생성하는데, 이미 존재하는 파일이라는 경고가 발생합니다. 그리고 기존의 `isValidDate.js`를 봤더니 내가 의도한 것과 다르게 구현돼 있어서 코드를 수정해야 합니다.

예제 6.1 의도한 것과 다르게 구현돼 있는 기존 isValidDate 함수

```
function isValidDate(date, today) {
  if (date instanceof Date && today instanceof Date) {
    return date <= today;
  }

  return false;
}
```

하지만 기존 코드를 수정하자니 어디에서 사용하는지, 왜 이렇게 구현됐는지, 수정했을 때 영향은 없을지 등 벌써 번거롭게 느껴집니다. 그래서 함수 이름을 isValidDateObject로 바꾸고 정의해서 사용하기로 합니다. 나중에 isDateValid라는 함수도 만들어지고, 그렇게 커지고 지저분해진 utils(또는 common)를 개선하기는 늦었으니 common(또는 utils)이라는 디렉터리를 새로 만들고 앞으로 이곳에서 관리하기로 합니다.

이런 상황이 발생한 이유는 몇 가지가 있습니다. 먼저 추상화가 적절하게 되지 않아서 함수 이름인 isValidDate와 date 및 today 매개변수만으로 함수에 대한 정보를 파악하는 데 한계가 있습니다. 구현 의도대로라면 이름은 isDateBefore가, 그리고 매개변수 이름은 today보다 referenceDate가 더 적절해 보입니다.

다음으로, 응집도가 낮습니다. 유틸리티 함수의 인터페이스를 특별한 값을 위해 설계했고 함수만 별도의 디렉터리에 둔다면 상태와 행동이 분리되어 응집도가 낮아집니다.

엔티티와 값 객체는 이런 상황에서 범용적이지 않은 값을 관리하는 방법을 제공합니다. 이를 통해 함수의 의미를 명확하게 파악할 수 있도록 하고, 값과 함수가 함께 모여 있어서 응집도가 높아집니다. 그러면 엔티티와 값 객체가 무엇이고 어떻게 활용할 수 있는지 살펴보겠습니다.

6.1 엔티티

객체가 관련 속성 외에 자신을 식별할 수 있는 속성을 포함한 경우 이를 엔티티라고 합니다. 예를 들어, 다음과 같이 Product 객체에 객체를 식별할 수 있는 id 속성이 있기 때문에 Product 객체는 엔티티입니다.

예제 6.2 Product 엔티티

```
class Product {
  /** Product 객체를 식별할 수 있는 속성 */
  #id;
  #name;

  // ...
}
```

엔티티는 애플리케이션의 생명주기 동안 속성값이 변화하더라도 식별값을 통해 연속성을 유지한다는 특징이 있습니다.[1] 즉, `name` 등 객체의 다른 속성값이 바뀌더라도 `id`가 바뀌지 않는다면 동일한 객체로 간주합니다. 엔티티의 이러한 특징은 관계형 데이터베이스 테이블의 데이터 행과 비슷한 면이 있습니다. 테이블에 담긴 데이터 역시 식별할 수 있는 값이 있어야 하고, 식별값을 제외하고 다른 값은 별도 제약이 없다면 수정이 가능하기 때문입니다.

엔티티에 있는 속성을 다루는 함수가 필요하다면 엔티티 외부가 아닌 내부에 정의합니다. 예를 들어, `Product` 인스턴스가 서로 같은지 비교하는 기능은 다음과 같이 `Product` 내부에 메서드로 정의합니다.

예제 6.3 동등 비교를 위한 `isSame` 메서드를 `Product` 객체 내부에 정의

```
class Product {
  /** Product 객체를 식별할 수 있는 속성 */
  #id;
  #name;

  constructor(id, name) {
    this.#id = id;
    this.#name = name;
  }

  getId() {
    return this.#id;
  }

  equals(product) {
    return product instanceof Product && this.#id === product.getId();
  }
}

const product1 = new Product(1, 'Shoes');
const product2 = new Product(2, 'Hat');
```

1 『도메인 주도 설계』(위키북스, 2016), 93쪽

```
console.log(product1.equals(product2)); // false
```

이처럼 값, 그리고 값과 관련 있는 함수를 한 객체에 모아두면 그렇지 않은 경우에 비해 응집도가 높습니다. 그리고 높은 응집도로 인해 속성의 이름 또는 타입을 수정하거나 속성을 다루는 메서드를 수정해야 할 때 속한 객체를 중심으로 영향 범위를 파악하고 대응할 수 있습니다.

따라서 Product 객체에 price라는 새로운 속성과 관련된 기능을 추가해야 한다면 이번에도 다음과 같이 객체 내부에 정의합니다.

예제 6.4 price 속성 및 관련 메서드를 추가

```
class Product {
  /** Product 객체를 식별할 수 있는 속성 */
  #id;
  #name;
  #price;

  constructor(id, name, price) {
    this.#id = id;
    this.#name = name;
    this.#price = price;
  }

  equals(product) {
    return product instanceof Product && this.#id === product.#id;
  }

  isCheaperThan(product) {
    return product instanceof Product && this.#price < product.#price;
  }

  isMoreExpensiveThan(product) {
    return product instanceof Product && this.#price > product.#price;
  }
}
```

Product 객체가 없었다면 가격 비교 함수와 동등 비교 함수 또는 로직이 분산되어 관리하기 어려울 수 있습니다. 반면, 한 객체에 관련 속성과 메서드를 모아두는 경우 변경의 영향을 파악하기 쉬울뿐더러 메서드의 문맥을 파악하기가 좋다는 장점도 있습니다.

예를 들어, 외부 함수를 통해 두 상품의 가격을 비교한다면 함수 이름만으로 어떤 상품을 기준으로 가격을 비교하는지 파악하기가 어렵습니다.

예제 6.5 함수 이름만으로 어떤 매개변수가 비교 기준인지 알기 어려움

```
// product1, product2는 Product 클래스의 인스턴스입니다.
const result = isMoreExpensive(product1, product2);
```

반면 다음과 같이 속성과 관련된 메서드를 객체 내부에 정의하면 어떤 객체인지, 무엇을 기준으로 메서드를 실행했는지 등 문맥을 파악하기가 수월합니다. 즉, 코드의 가독성 또한 개선할 수 있습니다.

예제 6.6 객체 내부에 관련 메서드를 정의함으로써 가독성을 개선

```
const result = product1.isMoreExpensiveThan(product2);
```

사실 앞에서 설명한 내용 중 엔티티가 식별값을 통해 다른 인스턴스와 동등 비교를 한다는 특징을 제외하면 나머지는 관련 있는 속성과 메서드를 하나로 모아두는 캡슐화의 장점입니다. 따라서 엔티티는 식별값을 갖고 있다는 단순한 사실이 갖는 의미와 캡슐화의 필요성에 대해 고민해볼 수 있는 좋은 계기가 됩니다.

6.2 값 객체

값 객체는 값 및 그와 관련된 로직의 집합입니다. 다만 값 객체는 엔티티와 달리 식별을 위한 속성을 갖지 않습니다. 그럼 값 객체를 예시와 함께 알아보겠습니다.

애플리케이션은 상품 카드, 이미지, 영상 등에 적용하는 몇몇 비율을 갖고 있습니다. 예를 들어, 메인 페이지의 광고 배너는 16:9 비율에 맞춰야 하고, 상품 카드의 이미지는 1:1 비율에 맞춰야 합니다. 각 비율은 다음과 같이 상수로 관리합니다.

예제 6.7 애플리케이션에서 사용하는 비율을 관리하는 상수

```
export const ASPECT_RATIO_16_9 = 16 / 9;
export const ASPECT_RATIO_4_3 = 4 / 3;
export const ASPECT_RATIO_1_1 = 1 / 1;
```

그리고 애플리케이션에서는 상품 판매자가 상품 이미지를 업로드했을 때 이미지가 비율에 맞는지 확인하는 기능을 제공합니다. 이 기능은 다음과 같이 구현돼 있습니다.

예제 6.8 업로드한 이미지의 비율이 맞는지 확인하는 리액트 컴포넌트

```
function ImageAspectRatioChecker({
  src,
  aspectRatio,
}: {
  src: string;
  aspectRatio: number;
}) {
  const [isMatching, setIsMatching] = useState<boolean | null>(null);

  useEffect(() => {
    const img = new Image();
    img.src = src;

    img.onload = () => {
      setIsMatching(img.width / img.height - aspectRatio < 0.01);
    };

    img.onerror = () => {
      setIsMatching(null);
    };
  }, [src, aspectRatio]);

  return (
    <div>
      <img src={src} style={{ maxWidth: '100%' }} />
      {isMatching === null ? (
        <p>이미지 로딩 중...</p>
```

```
    ) : isMatching ? (
      <p>비율 일치</p>
    ) : (
      <p>비율 불일치</p>
    )}
  </div>
 );
}

// 사용예
<ImageAspectRatioChecker
  src="https://foo.com/bar.jpg"
  aspectRatio={ASPECT_RATIO_16_9}
/>;
```

비율과 관련된 로직은 이 밖에도 다양합니다. 높이가 정해져 있을 때 비율에 맞는 너비를 구하거나 CSS의 `object-fit`을 자바스크립트로 구현해서 적용해야 하기도 합니다. 이러한 기능들이 코드 전반에 흩어져 있고 예제 6.7에서 정의한 상수만 공통으로 관리하고 있다면 응집도는 낮아지고, 코드 관리는 애플리케이션의 규모가 커지면서 점점 어려워집니다.

이럴 때 값 객체는 값과 관련 함수를 모음으로써 응집도를 높이고 코드를 관리 가능한 수준으로 만들어줍니다. 예제 6.8의 `ASPECT_RATIO_16_9` 및 이와 관련된 로직을 모아둔 값 객체는 다음과 같습니다.

예제 6.9 비율 값 객체

```
class AspectRatio {
  private widthRatio: number;
  private heightRatio: number;

  constructor(widthRatio: number, heightRatio: number) {
    if (
      typeof widthRatio !== 'number' ||
      widthRatio <= 0 ||
      typeof heightRatio !== 'number' ||
      heightRatio <= 0
```

```
    ) {
      throw new Error('너비 및 높이 비율은 양수여야 합니다.');
    }
    this.widthRatio = widthRatio;
    this.heightRatio = heightRatio;
  }

  /** 너비와 높이가 해당 비율을 만족하는지 확인합니다. */
  matches(width: number, height: number) {
    return (
      Math.abs(width / height - this.widthRatio / this.heightRatio) < 0.01
    );
  }
}
```

이처럼 비율과 관련된 값과 로직을 모아 **추상화하다 보면** 개별 상황에서 챙기지 못했던 로직이 보입니다. 여기서는 `widthRatio`와 `heightRatio`가 적절한지 검증하는 로직과 현재 너비 및 높이가 비율에 맞는지 확인할 때 절댓값을 사용하는 로직을 추가했습니다. 그리고 예제 6.8은 다음과 같이 바뀝니다.

예제 6.10 AspectRatio를 사용하도록 수정한 ImageAspectRatioChecker 컴포넌트

```
function ImageAspectRatioChecker({
  src,
  aspectRatio,
}: {
  src: string;
  aspectRatio: AspectRatio;
}) {
  const [isMatching, setIsMatching] = useState<boolean | null>(null);

  useEffect(() => {
    const img = new Image();
    // ...
    img.onload = () => {
      setIsMatching(aspectRatio.matches(img.width, img.height));
```

```
    };
    // ...
  }, [src, aspectRatio]);

  return <div>{/* ... */}</div>;
}

// 사용예
<ImageAspectRatioChecker
  src="https://foo.com/bar.jpg"
  aspectRatio={new AspectRatio(16, 9)}
/>
```

이 예제에서는 ImageAspectRatioChecker 컴포넌트의 속성 중 aspectRatio의 타입이 number에서 AspectRatio로 바뀌고, img.onload 이벤트 리스너에서 비율에 맞는지 확인하는 코드가 AspectRatio의 matches 메서드를 사용하도록 바뀌었습니다.

AspectRatio 객체는 기존에 사용하던 ASPECT_RATIO_16_9 값과 관련 함수를 대체합니다. 따라서 기존 ASPECT_RATIO_16_9 값은 삭제합니다. 또한 비율과 관련된 추가 기능이 필요하면 AspectRatio에 추가합니다.

예제 6.11 비율과 관련된 기능을 추가한 AspectRatio 값 객체

```
class AspectRatio {
  // ... 기존과 동일

  /** 주어진 너비에서 비율에 맞는 높이를 계산 */
  getHeightForWidth(width: number) {
    return (width * this.heightRatio) / this.widthRatio;
  }

  /** 주어진 높이에서 비율에 맞는 너비를 계산 */
  getWidthForHeight(height: number) {
    return (height * this.widthRatio) / this.heightRatio;
  }
```

```
  /** object-fit: contain - 비율을 유지하면서 컨테이너 안에 들어가도록 크기를 조정 */
  fitContain(
    containerWidth: number,
    containerHeight: number,
  ): { width: number; height: number } {
    const scale = Math.min(
      containerWidth / this.widthRatio,
      containerHeight / this.heightRatio,
    );
    return { width: this.widthRatio * scale, height: this.heightRatio * scale };
  }
}
```

값 객체는 애플리케이션 내에서 특별한 의미를 가진 값을 다룹니다.[2] 이때 의미는 불변 속성일 수도 있고, 개발자 사이에서 지켜야만 하는 규칙일 수도, 의미를 부여한 값일 수도, 디자인 또는 기획 부문에서 정한 약속일 수도 있습니다. 그리고 어떤 의미를 갖든 **값 객체는 값으로서 다뤄야** 합니다.

값의 가장 중요한 성질의 하나는 **불변성**입니다. 예를 들어, 예제 6.7에서 정의한 ASPECT_RATIO_16_9의 값이 예상하지 못한 때에 예상하지 못한 값을 가지고 있다면 코드는 정상적으로 동작할 수 없습니다. 따라서 새로운 비율이 필요하다면 예제 6.12처럼 값을 대표하는 내부 속성을 바꾸는 것이 아니라 예제 6.13과 같이 새로운 인스턴스를 만들어야 합니다.

예제 6.12 새로운 비율이 필요할 때 내부 속성을 변경

```
class AspectRatio {
  private widthRatio: number;
  private heightRatio: number;

  constructor(widthRatio: number, heightRatio: number) {
    if (!this.isValidRatio(widthRatio, heightRatio)) {
      throw new Error('너비 및 높이 비율은 양수여야 합니다.');
    }
```

2 『도메인 주도 설계』(위키북스, 2016), 100쪽

```
    this.widthRatio = widthRatio;
    this.heightRatio = heightRatio;
  }

  /** 너비 및 높이 비율을 변경 */
  changeRatio(widthRatio: number, heightRatio: number) {
    if (!this.isValidRatio(widthRatio, heightRatio)) {
      throw new Error('너비 및 높이 비율은 양수여야 합니다.');
    }
    this.widthRatio = widthRatio;
    this.heightRatio = heightRatio;
  }

  /** 비율이 유효한 값인지 검증 */
  private isValidRatio(widthRatio: number, heightRatio: number) {
    if (
      typeof widthRatio !== 'number' ||
      widthRatio <= 0 ||
      typeof heightRatio !== 'number' ||
      heightRatio <= 0
    ) {
      return false;
    }

    return true;
  }

  // ... 기존과 동일
}

// 비율 16:9로 사용
const aspectRatio = new AspectRatio(16, 9);

// 비율을 1:1로 변경
aspectRatio.changeRatio(1, 1);
```

예제 6.13 새로운 비율이 필요할 때 새로운 인스턴스를 생성

```
class AspectRatio {
  private readonly widthRatio: number;
  private readonly heightRatio: number;

  // ... 기존과 동일
}

const ASPECT_RATIO_16_9 = new AspectRatio(16, 9);
const ASPECT_RATIO_1_1 = new AspectRatio(1, 1);
```

값 객체가 대표하는 속성이 불변하도록 보장하기 위해 위와 같이 readonly를 사용할 수 있고 Object.freeze를 사용할 수도 있습니다. 그리고 내부 속성을 바꿀 수 있거나 바꿀 수 있는 것처럼 보이는 메서드를 만들지 않습니다.

참고 **값 객체 활용**

예제 6.13과 같이 상수처럼 사용하는 값 객체는 AspectRatio의 정적 속성으로 정의해 두면 파일을 여러 개 만들지 않고도 값을 응집도 있게 관리할 수 있습니다.

```
class AspectRatio {
  static readonly ASPECT_RATIO_16_9 = new AspectRatio(16, 9);
  static readonly ASPECT_RATIO_1_1 = new AspectRatio(1, 1);
  // ... 기존과 동일
}

// 사용법
AspectRatio.ASPECT_RATIO_16_9.matches(...);
```

또한 값 객체(클래스뿐만 아니라 객체에서도)에 toString 메서드를 정의해두면 문자열로 형변환할 때 미리 정의한 형태로 변환할 수 있습니다.

```
class AspectRatio {
  // ... 기존과 동일

  toString() {
```

```
    return `${this.widthRatio}:${this.heightRatio}`;
  }
}

console.log(`${AspectRatio.ASPECT_RATIO_16_9}`); // '16:9'
```

값 객체는 예제 6.7과 같은 상수뿐만 아니라 계속 바뀌는 값에 대해서도 활용할 수 있습니다. Date 객체는 값 객체로 많이 활용하는 값 중 하나입니다. 예를 들어, 다음과 같이 기간을 다루는 값 객체를 봅시다.

예제 6.14 기간을 다루는 값 객체

```
class DateRange {
  private readonly start: Date;
  private readonly end: Date;

  private readonly DAY = 1000 * 60 * 60 * 24;

  constructor(start: Date, end: Date) {
    if (end < start) {
      throw new Error('종료일은 시작일보다 이전일 수 없습니다.');
    }
    this.start = start;
    this.end = end;
  }

  /** 특정 날짜가 이 범위에 포함되는지 확인 */
  contains(date: Date) {
    return date >= this.start && date <= this.end;
  }

  /** 시작일과 종료일 간의 날짜 차이를 계산 */
  daysBetween() {
    const diffTime = this.end.getTime() - this.start.getTime();
    return Math.ceil(diffTime / this.DAY);
```

```
  }

  toString() {
    return `${this.start} ~ ${this.end}`;
  }
}
```

다음은 시험 기간을 정하는 데 DateRange 값 객체를 사용하는 예시입니다. 이때 값 객체는 예제 6.10과 달리 필요할 때마다 인스턴스화합니다.

예제 6.15 DateRange 값 객체를 사용해 기간을 설정하는 컴포넌트

```
function DateRangeSelector() {
  const [startDate, setStartDate] = useState<string>('2025-03-01');
  const [endDate, setEndDate] = useState<string>('2025-03-10');
  const [daysBetween, setDaysBetween] = useState<number | null>(null);
  const [error, setError] = useState<string | null>(null);

  const handleCalculate = () => {
    try {
      // 새로운 기간을 입력하면 새로운 DateRange 인스턴스를 생성
      const range = new DateRange(new Date(startDate), new Date(endDate));
      setDaysBetween(range.daysBetween());
      setError(null);
    } catch (err) {
      setDaysBetween(null);
      setError((err as Error).message);
    }
  };

  return (
    <div>
      <h2>시험 일정</h2>
      <label>
        시작일:
        <input
          type="date"
```

```
        value={startDate}
        onChange={(e) => setStartDate(e.target.value)}
      />
    </label>
    <label>
      종료일:
      <input
        type="date"
        value={endDate}
        onChange={(e) => setEndDate(e.target.value)}
      />
    </label>
    <button type="button" onClick={handleCalculate}>
      계산하기
    </button>
    {error && <p>{error}</p>}
    {daysBetween !== null && <p>총 {daysBetween}일</p>}
  </div>
 );
}
```

값 객체의 불변성을 유지하기 위해 예제 6.10과 예제 6.15처럼 매번 인스턴스화하다 보면 성능 측면에서 우려가 발생하기도 합니다. 하지만 너무 걱정하지 않아도 됩니다. 값 객체 인스턴스를 만드는 속도와 객체 리터럴을 생성하는 속도, 그리고 비용 사이에는 일반적으로 큰 차이가 없기 때문입니다.

하지만 값 객체 인스턴스든 객체 리터럴이든, 코드를 작성할 때 비효율적인 측면이 있고 쉽게 개선할 수 있다면 그때그때 개선하는 것이 좋습니다. 예를 들어, 값 객체가 상수로서 사용된다면 예제 6.10처럼 렌더링이 발생할 때마다 인스턴스화하지 않고 예제 6.13처럼 한 번만 정의하는 것이 좋습니다. DateRange 값 객체와 같이 상대적으로 빈번하게 생성하는 경우 이벤트가 적게 발생하고 인스턴스화를 더 적게 할 수 있는 방법이 있다면 그 방향으로 개선하는 것이 좋습니다.

CHAPTER

07

관심사의 분리

관심사의 분리(separation of concerns)는 하나의 구성 요소가 하나의 역할 또는 목적만 가져야 한다는 소프트웨어 설계 원칙입니다. 함수, 객체, 모듈, 컴포넌트 등 어떤 단위든 여러 관심사를 동시에 다룬다면 코드를 이해하거나 변경의 영향을 예측하기 어렵습니다.

예를 들어, 다음과 같은 배열이 있다고 해봅시다.

예제 7.1 서로 다른 성격의 값을 담고 있는 배열

```
const array = ['홍길동', 190, '프로그래머', { foo: 'bar' }, true];
```

배열은 다양한 값을 자유롭게 담을 수 있는 자료 구조입니다. 하지만 위와 같이 이름, 나이, 직업, 객체, 불리언 등 서로 다른 종류와 의미를 가진 값을 요소로 가지고 있으면 이 배열이 무엇을 표현하는지 불명확합니다. 마치 수학의 집합이 특정 조건(관심사)을 만족하는 대상만 모아 둔 것처럼, 배열도 하나의 명확한 관심사를 중심으로 구성해야 합니다. 그래야만 배열이 무엇을 표현하는지 분명해집니다.

참고 관심(concern)의 의미

관심사의 분리에서 '관심'은 부연 설명이 없다면 조금 가벼운 느낌을 주곤 합니다. 반면 관심사의 분리를 영어로 표현하면 'separation of concerns'입니다. 여기서 'concern'의 뜻을 찾아보면 'worry', 'involve' 등의 단어가 등장합니다. 즉, concern의 '관심'은 '우려', '관여'와 같이 가볍기보다 오히려 무거운 느낌을 전달합니다.

따라서 관심사의 분리는 단순히 흥미 있는 대상이 많아 고민하는 상황보다 해결해야 할 중요한 문제나 책임져야 할 역할이 너무 많아 부담스러울 때 이를 분리하고 나누어 처리하라고 조언하는 것에 가깝습니다.

이 원칙은 객체에도 동일하게 적용됩니다. 다음 예제에서는 사람과 자동차에 관련된 정보를 하나의 객체에 담고 있습니다.

예제 7.2 사람과 자동차의 정보를 함께 담고 있는 객체

```
const userAndCar = {
  userName: '홍길동',
  userJobName: '프로그래머',
  carName: 'HYUNDAI Avante',
  carMaker: 'HYUNDAI',

  work() {
    console.log(`${this.userName}은 ${this.userJobName}으로 일하고 있습니다.`);
  },

  drive() {
    console.log(`${this.userName}은 ${this.carName}을 운전하고 있습니다.`);
  },

  // ...
};
```

이 객체는 한 사람의 이름, 직업뿐 아니라 자동차 정보와 관련된 데이터도 함께 담고 있습니다. 처음에는 좋은 의도를 가지고 정보를 담았지만 사람과 자동차라는 서로 다른 두 관심사를 동시에 갖게 되면서 이 객체가 정확히 어떤 대상을 표현하려고 하는지 모호해집니다. 따라서 객체 또한 하나의 대상을 추상화하는 데 집중해야 하고, 그렇지 않다면 관심사를 나눠야 합니다.

데이터 구조뿐만 아니라 함수 역시 관심사가 단순하고 적을수록 좋습니다. 예를 들어, 다음 예제에서는 하나의 함수에서 덧셈과 뺄셈이라는 두 연산을 함께 처리합니다.

예제 7.3 덧셈과 뺄셈을 함께 처리하는 함수

```
function sumAndSubtract(a, b) {
  return [a + b, a - b];
}
```

이 함수는 겉보기에는 단순해 보이지만, 실제로는 두 가지 목적을 동시에 수행합니다. 덧셈과 관련된 변경이 필요할 경우 뺄셈 로직이 영향을 받을 수 있고, 그 반대의 경우도 마찬가지입니다. 다음과 같이 코드가 확장될 경우 문제는 더 심각해집니다.

예제 7.4 한쪽의 수정이 다른 쪽에 영향을 주는 경우

```
// 더하는 방법을 바꾸려고 할 때 빼기도 함께 바꿔야 하는 경우
function sumAndSubtract(...numbers) {
  return [
    numbers.reduce((acc, cur) => acc + cur, 0),
    numbers.reduce((acc, cur) => acc - cur, 0),
  ];
}
```

이처럼 관심사가 많아질수록 함수를 이해하거나 변경에 대응하기가 어려워집니다. 따라서 배열이나 객체와 같은 자료구조뿐만 아니라 함수 역시 하나의 관심사를 갖는 것이 코드를 이해하고 유지보수하기에 좋습니다.

관심사가 둘 이상 섞여 있는 구조는 복잡하고 관리하기가 어렵습니다. 이러한 이유로 소프트웨어 설계 분야에서는 MVC, 계층형 아키텍처, 모듈화, 컴포넌트 설계 등 관심사를 나누는 다양한 기법들이 발전해왔습니다. 프런트엔드 개발에서는 UI 컴포넌트를 설계할 때나 상태 관리 로직을 분리할 때, 또는 API 통신 모듈을 작성할 때 관심사의 분리 원칙을 적용함으로써 코드의 유지보수성을 확보할 수 있습니다.

요약하면, 관심사를 분리했을 때 코드는 이해하고 관리하기 좋아집니다. 이는 **집중력**과 관련이 깊습니다.[1] 하나의 명확한 관심사를 가진 요소는 개발자가 해당 요소에만 집중해 코드를 파악할 수 있도록 돕기 때문입니다.

1 『모던 소프트웨어 엔지니어링』(책만, 2025), 218쪽

CHAPTER

08

DRY

DRY(Don't Repeat Yourself)는 중복 코드를 작성하지 않도록 하는 원칙입니다. 여기서 중복이란 코드의 모습만으로 결정되지 않습니다. 중복 코드는 코드가 동일한 로직을 수행할 뿐만 아니라 코드가 변경될 때도 같은 이유로 변경돼야 합니다.[1] 코드가 동일한 로직을 수행하더라도 변경의 이유가 서로 다르다면 그 코드는 중복이 아니라 우발적으로 같을 가능성이 높습니다.[2] 그리고 우발적으로 동일해 보이는 코드는 시간이 지날수록 서로 다른 모습으로 변합니다.

이 원칙은 매우 중요한데, **코드 중복은 발생하기 쉬운 반면 코드 복잡도를 높이는 주요 원인**이 되기 때문입니다. 그럼 중복이 발생하는 과정과 중복 제거의 의미를 살펴보고, 프런트엔드에서 발생하는 우발적 중복의 사례와 중복을 다루는 전략을 알아보겠습니다.

8.1 중복 제거

코드 중복은 코드를 작성할 때 다른 곳에 동일한 코드가 있다는 사실을 모르거나, 알고 있어도 중복을 제거할 필요성을 느끼지 못할 때 발생합니다. 또한 코드 리뷰가 잘 동작하지 않거나 코드의 규모가 크고 오래되어 동일한 코드의 존재 자체를 인지하지 못해 발생할 수도 있습니다.

1 『오브젝트』(위키북스, 2019), 309쪽

2 『클린 아키텍처』(위키북스, 2019), 163쪽

중복 코드의 존재를 알더라도 시간적 여유가 없거나 개인의 코딩 스타일로 인해 중복이 발생할 수도 있습니다.

이렇게 발생한 중복을 제거하는 과정은 퍼져 있는 중복 코드를 하나의 모듈로 모아서 관리하는 것을 의미합니다. 이는 관련 로직의 응집도를 높이는 과정과 같습니다. 이렇게 함으로써 코드를 수정할 때 누락이 발생할 가능성을 없애고 변경의 영향 범위를 예측 가능하도록 만듭니다.

거대한 코드에서 중복을 제거하다 보면 처음에는 새로운 의존성이 생기는 것처럼 보이고 코드 간의 관계가 더 복잡해지는 것처럼 느낄 수도 있습니다. 그러나 이 과정은 코드 간의 의존성을 명확하게 정의하고 관리하기 쉽게 만드는 과정입니다. 실제로는 존재하지만 모호하게 흩어진 의존성을 분명하게 하고 인터페이스를 명확하게 정의함으로써 의존성 간의 상호작용을 보다 파악하기 쉽게 만들어 줍니다. 예를 들어, 여러 컴포넌트에서 동일한 API 호출 로직을 공유하는 경우에 호출 로직을 하나의 모듈로 합치면 각 컴포넌트가 일관된 방식으로 API를 호출할 수 있게 되어 코드의 일관성과 유지보수성이 개선됩니다.

여기서 다시 한번 강조하고 싶은 것은 중복이 진짜 중복인지 파악하는 것이 매우 중요하다는 것입니다. 진짜 중복이 아닌 우발적 중복을 제거하면 코드를 수정하는 다양한 이유가 생기고 겉으로 보기에는 서로 무관해 보이는 의존성이 생기고 내부에는 이해하기 어려운 조건문과 매개변수가 늘어날 수 있습니다.

8.2 프런트엔드에서의 중복 사례

코드 중복을 시각적으로 발견하는 것은 쉽습니다. 반면 중복으로 보이지만 제거하면 안 되는 우발적 중복을 알아보기는 쉽지 않습니다. 그래서 여기서는 프런트엔드를 다루며 경험할 수 있는 우발적 중복 사례를 몇 가지 소개하려고 합니다.

8.2.1 스타일 중복

프런트엔드에서 마주하는 중복 중 하나는 스타일입니다. 평소에 신경을 많이 쓰지는 않지만, 우발적 중복으로 인한 문제가 스타일로 인해 종종 발생하곤 합니다. 특히 스타일에는 복잡한 로직이 없고 동일한 스타일을 하나의 선택자로 묶는 것이 쉽기 때문에 문제가 발생하기 쉽습니다.

예를 들어, 페이지에 여러 종류의 콘텐츠가 있다고 가정해 보겠습니다. 다음은 그러한 콘텐츠 요소에 적용한 스타일을 보여줍니다.

예제 8.1 동일한 간격이 다수 존재하는 스타일

```
.banner { padding-top: 16px;padding-bottom: 16px; ... }
.product-category { padding-top: 16px;padding-bottom: 16px; ... }
.recommended-products { padding-top: 16px;padding-bottom: 16px; ... }
.product-detail { padding-top: 16px;padding-bottom: 16px; ... }
...
```

잘 살펴보면 배너, 카테고리, 추천 리스트, 제품 설명 등 다양한 콘텐츠에 동일한 내부 간격이 잡혀 있습니다. 그래서 이를 다음과 같이 중복된 스타일을 제거하고 `.padding-contents` 선택자를 통해 관리합니다.

예제 8.2 중복이 제거된 스타일

```
.padding-contents { padding-top: 16px;padding-bottom: 16px; }
```

예제 8.3 간격을 관리하는 단일 선택자를 요소에 적용

```
<section class="banner padding-contents">...</section>
```

그런데 얼마 후 배너의 간격이 너무 넓으니 조금 좁혀야 한다는 요청을 받아서 `.padding-contents` 선택자에 적용한 `padding` 값을 조정합니다. 하지만 이로 인해 요청한 배너의 간격만 줄어드는 것이 아니라 다른 요소의 간격도 줄어듭니다. 원인을 찾기 위해 `.padding-contents` 선택자를 사용하는 HTML 요소를 찾기 시작합니다. 이때부터 우발적 중복을 제거해서 생긴 문제가 드러나고 개발자의 머리는 지끈거리기 시작합니다.

페이지에 있는 요소의 스타일은 디자이너가 의도하지 않는 이상, 대부분 서로 다른 이유로 수정될 수 있습니다. 따라서 스타일 중복을 파악할 때는 디자이너와 대화하거나 디자인 도구를 통해 의도를 파악하는 등의 과정이 필요합니다.

8.2.2 HTML 요소 중복

HTML 요소 또한 우발적 중복이 빈번하게 발생합니다. 예를 들어, 동일한 형태의 상품 카드를 여러 페이지에서 사용하고 있다고 가정해 보겠습니다. 그래서 중복된 상품 카드를 다음과 같이 하나의 HTML 요소로 분리합니다.

예제 8.4 카드 요소

```
<section class="product-card">...</section>
```

시간이 지나면서 상품 카드는 서로 다른 모습으로 변합니다. 어떤 페이지에서는 상품 카드에 라벨이 붙고, 같은 페이지라도 상품 종류에 따라 버튼이 필요하기도 하고 상품 이미지의 배치가 달라지기도 합니다.

예제 8.5 서로 다른 모습으로 변한 카드 요소

```
// 라벨이 있는 카드 요소
<section class="product-card">
  <!-- 할인 중 라벨 추가 -->
  <span>할인 중</span>
  ...
</section>

// '리스트에서 제거' 버튼이 있는 카드 요소
<section class="product-card">
  <!-- 상품 리스트에서 제거 버튼 -->
  <button>리스트에서 제거</button>
  ...
</section>
```

즉, 상품 카드의 기능이 단순할 때는 어디에서든 동일한 형태로 사용되지만 서비스가 복잡해지고 속한 환경이 달라지면서 상품 카드도 그에 맞춰 진화해야만 합니다. 따라서 중복을 제거할 때는 두 수의 최대공약수를 구하듯 주변 상황에 영향을 받지 않을 최대 범위를 중복으로 정의하고 제거해야 합니다.

HTML과 CSS의 중복과 관련해 오랫동안 많은 고민 끝에 얻은 결과 중 하나는 BEM입니다.[3] Block, Element, Modifier의 약자인 BEM은 컴포넌트 기반의 웹 개발을 하도록 하는 방법론으로, CSS 선택자의 중복을 제거하기 위해 많이 사용합니다. 왜냐하면 CSS는 여러 파일을 통해 관리하더라도 선택자 중복 문제가 발생하기 쉽고, 따라서 중복 문제에 아주 민감하기 때문입니다.

BEM은 HTML에서 사용하는 `class` 속성값의 중복을 제거하기 위해 HTML 요소가 독립적인지, 즉 서비스 전반에 중복이 없는지, 독립적이지 않다면 어떤 요소에 의존하는지 등을 고려합니다. 그리고 CSS 선택자를 정할 때 HTML뿐만 아니라 스타일 자체로 중복이 있는지도 고려합니다. 따라서 BEM을 사용하다 보면 HTML과 스타일의 독립 또는 종속을 지속적으로 고민하게 되고, UI 요소의 성질과 중복에 대해 적절한 판단을 내릴 수 있는 경험을 제공합니다. HTML과 스타일의 독립성에 대해 고민된다면 HTML 명세와 BEM을 참고하는 것도 좋은 방법입니다.[4]

8.2.3 데이터 모델 중복

데이터 모델 또한 중복이 쉽게 발생하는 부분입니다. 예를 들어, 예제 8.6과 같이 여러 타입의 상품 카드 중 타입 `A`에서 사용하는 데이터 모델이 있다고 가정해 봅시다.

참고 데이터 모델이라는 용어

여기서는 컴포넌트 속성(properties), 데이터 구조(structure), 데이터 타입(type) 또는 인터페이스(interface) 대신 데이터 모델(model)이라는 용어를 사용했습니다. 모델은 데이터를 지칭하는 데 있어서 다른 용어보다 보편적인 의미를 갖고 좀 더 유연하게 사용될 수 있기 때문입니다.

컴포넌트 속성은 컴포넌트에서 사용되는 데이터 형태를, 데이터 구조는 배열 또는 트리와 같은 자료 구조를 연상시킵니다. 또한 타입 또는 인터페이스는 타입스크립트에서 데이터의 형태를 나타내는 구체적인 구현 방법에 집중된 용어로 이해할 수 있고, 포괄적인 의미를 전달하기에는 제한적입니다.

반면, 모델은 프런트엔드에서 사용하는 데이터의 형태로서 컴포넌트에서 사용하는 속성만을 의미하지 않고, 유틸리티 함수나 훅(hook)의 입력 및 반환 타입, API 요청의 요청 및 응답 타입, 그리고 컴포넌트와 상호작용하는 데이터의 구조를 포괄적으로 지칭하는 데 더 적절합니다.

3 https://en.bem.info/methodology/history/

4 https://html.spec.whatwg.org/multipage/

예제 8.6 타입 A 상품 카드의 데이터 모델

```
type ProductForCardTypeA = {
  id: number;
  name: string;
  price: number;
  discountRate: number;
  discountAmount: number;
  reviewStars: number;
  categoryId: number;
  categoryName: string;
  isInEvent: boolean;
  eventDescription: string;
  isRecommended: boolean;
  isNew: boolean;
};
```

그리고 다른 타입의 상품 카드는 타입 A와 중복된 속성을 몇 가지 가지고 있습니다. 그래서 다양한 상품 카드의 데이터 모델 중 중복된 속성을 다음과 같이 제거하고, ProductForCard라는 이름의 모델로 관리합니다.

예제 8.7 다양한 상품 카드 모델에 중복으로 존재하는 속성을 모아서 관리하는 ProductForCard

```
type ProductForCard = {
  id: number;
  name: string;
  price: number;
  discountRate: number;
  discountAmount: number;
  reviewStars: number;
  categoryId: number;
  categoryName: string;
};
```

하지만 이처럼 큰 단위로 중복을 제거하면 ProductForCard를 변경해야 하는 이유가 다양해집니다. 예를 들어, 새로 만드는 상품 카드에서는 카테고리 정보를 노출하지 않는다고 가정해 보겠습니다. 그럼 ProductForCard에서 categoryId와 categoryName 필드를 제거해야 합니다. 그렇게 되면 ProductForCard 모델을 사용하는 모든 상품 카드에 영향을 주게 됩니다. 필드가 추가돼도 비슷한 현상이 나타납니다.

따라서 중복을 제거할 때는 변경의 이유가 같을 확률이 높은 대상끼리 세분화해서 모아야 합니다. 다음은 예제 8.7의 ProductForCard와 달리 함께 변경될 가능성이 높은 속성을 모아 중복을 제거한 결과입니다.

예제 8.8 데이터 모델을 세분화해서 정의

```
type DiscountForCard = {
  rate: number;
  amount: number;
};

type CategoryForCard = {
  id: number;
  name: string;
};

type ReviewForCard = {
  stars: number;
};

type EventForCard = {
  isInEvent: boolean;
  description: string;
};

type ProductForCardTypeA = {
  id: number;
  name: string;
  price: number;
  discount: DiscountForCard;
  category: CategoryForCard;
  review: ReviewForCard;
```

```
  event: EventForCard;
  isRecommended: boolean;
  isNew: boolean;
};

// 새로운 상품 카드 타입을 만들 때 기존 타입들을 변경하지 않아도 됩니다.
type ProductForCardTypeNew = {
  id: number;
  name: string;
  price: number;
  discount: DiscountForCard;
  review: ReviewForCard;
  // ...
};
```

처음 데이터 모델을 정의할 때부터 이렇게 세분화하지 않아도 됩니다. 왜냐하면 미래는 예측할 수 없기 때문입니다. 따라서 필요에 따라 정의하고 중복을 제거할 때 활용해도 충분합니다.

8.3 중복 제거 전략

코드 중복을 제거하는 것은 중요하지만 섣부르게 중복을 제거하면 오히려 코드의 복잡성을 높일 수 있습니다. 그렇기 때문에 중복 제거는 충분한 관찰과 이해를 바탕으로 이뤄져야 합니다.[5] 이를 통해 진짜 중복인지 우발적인 중복인지를 판단하고 적절한 수준에서 중복을 관리할 수 있습니다.

그럼 우발적인 중복을 제거했을 때 어떤 현상이 나타나는지, 어떻게 대응하면 좋을지 살펴보겠습니다. 다음 예제의 두 컴포넌트인 ComponentA와 ComponentB는 동일한 형태의 버튼을 사용합니다.

5 https://testing.googleblog.com/2024/05/dont-dry-your-code-prematurely.html

예제 8.9 동일한 파란색 버튼을 사용하는 두 컴포넌트

```
function ComponentA() {
  return (
    <>
      <Button color="blue" />
      ...
    </>
  );
}

function ComponentB() {
  return (
    <>
      <Button color="blue" />
      ...
    </>
  );
}
```

이를 중복이라고 판단해서 다음과 같이 SharedButton 컴포넌트로 분리합니다.

예제 8.10 ComponentA와 ComponentB에서 중복 컴포넌트를 제거

```
function SharedButton() {
  return <Button color="blue" />;
}

function ComponentA() {
  return (
    <>
      <SharedButton />
      ...
    </>
  );
}

function ComponentB() {
```

```
  return (
    <>
      <SharedButton />
      ...
    </>
  );
}
```

그리고 시간이 지나면서 버튼에 대한 요구사항이 컴포넌트별로 달라집니다. 즉, 제거한 중복은 우발적 중복이었던 것입니다. 이렇게 달라진 요구사항은 중복 제거를 위해 분리된 컴포넌트 SharedButton에 속성과 조건문으로 표현됩니다.

예제 8.11 서로 다른 요구사항을 반영하는 컴포넌트

```
function SharedButton({ type, disabled }) {
  if (type === 'A') {
    return <Button color="blue" variant="outline" disabled={disabled} />;
  } else if (type === 'B') {
    return <Button color="blue" variant="solid" />;
  }

  return <Button color="blue" />;
}
```

그리고 시간이 더 흘러 SharedButton은 제거하지도, 계속 변화에 대응하지도 못하는 고질적인 레거시가 됩니다.

지금까지의 이야기를 돌아보면 우발적인 중복을 제거하는 것 자체가 잘못된 것처럼 보입니다. 그래서 중복을 제거하기 전에 항상 조심해야 할 것 같습니다. 하지만 더 중요한 것은 미래는 예측할 수 없다는 것을 전제하고, 우발적 중복을 제거했다고 판단한 후에 코드를 다시 분리하는 등 조치를 취하는 것입니다. 그리고 함수, 컴포넌트, 객체 등을 분리하는 것만 좋은 코드로 바꾸는 과정이 아니라, 필요에 따라 함수를 합치고 객체를 합치는 것도 필요한 과정이라는 것을 이해해야 합니다. 이처럼 잘못된 조치를 파악하고 되돌리는 것 역시 코드의 변화를 적극적으로 관찰하는 과정 중 하나입니다.

반면, 중복을 파악하는 방법이 시간이 지나면서 경험적으로 얻어지는 귀납적 방법만 있는 것은 아닙니다. 예를 들어, 사용자가 애플리케이션에서 어떤 정보를 사용할 수 있는지, 상품의 가격은 어떻게 결정되는지 등과 같은 비즈니스 로직의 경우 애초에 중복이 발생하지 않도록 단일 객체나 모듈 등으로 응집도 있게 관리하는 것이 좋습니다.

왜냐하면 비즈니스 로직은 애플리케이션에서 자체적으로 발생한 것이 아니라 애플리케이션 외부에서 발생한 서비스의 특성과 규칙을 애플리케이션에서 표현한 것이기 때문입니다. 또한 이러한 규칙은 프런트엔드 애플리케이션뿐만 아니라 디자인, 백엔드 서버, 데이터 분석, 고객 응대, 영업 등 다양한 영역에서 활용되지만 각 영역에서 정의하지 않고 특정한 의사결정 과정을 통해 결정됩니다. 즉, 이미 중복이 제거되고 단일한 책임으로 관리되고 있기 때문에 애플리케이션에서도 중복 없이 단일 책임으로 관리하는 것이 좋습니다.

비즈니스 로직만 이러한 성질을 갖는 것은 아닙니다. 프런트엔드 개발은 디자인, 백엔드, 기획 등 여러 영역과 협업하는 만큼, 각 분야에서 중복을 제거하고 사용하는 공통 요소의 경우 프런트엔드에서도 중복 없이 응집도 있게 관리함으로써 중복을 사전에 제거할 수 있습니다.

먼저, 디자이너가 색상을 토큰화해서 관리한다면 프런트엔드에서도 동일한 색상 토큰을 사용해 스타일을 정의할 수 있습니다. 이를 통해 하드코딩된 색상 값의 중복을 제거하고, 디자인을 변경할 때도 일관성 있게 업데이트할 수 있게 됩니다.

참고 디자인 토큰

디자인에서 색상을 사용할 때 #ffffff와 같이 16진수로 된 RGB 코드를 사용하는 대신 'white'로 지칭한다면 #ffffff는 white로 토큰화됐다고 표현합니다. 또 다른 예로 #fafafa를 gray50으로 정의하는 등 색상 팔레트를 사용하거나 primary, secondary 등의 토큰에 서비스의 브랜드 색상을 사용하는 경우가 있습니다.

그러고 나면 예를 들어, 디자이너가 gray50의 색상을 조금 더 밝게 바꾸고 싶을 경우 gray50 토큰에 지정된 색상을 #fafafa에서 #fcfcfc로 바꾸기만 하면 됩니다.

예제 8.12 토큰화된 색상을 프런트엔드에 적용

```
/* 디자인 시스템에서 정의된 색상 토큰 */
:root {
  --primary-color: #3498db;
```

```
  --secondary-color: #2ecc71;
}

/* 프런트엔드에서 색상 토큰을 사용 */
.button {
  background-color: var(--primary-color);
}
```

또한 백엔드에서 상태 값을 열거형(enum)을 활용해 중복을 제거하고 응집도 있게 관리한다면 프런트엔드에서도 동일한 열거형을 사용하는 방법으로 중복을 제거하고 관리할 수 있습니다.

예제 8.13 백엔드에서 관리하는 주문 상태값을 프런트엔드에서도 동일한 방법으로 관리

```
// 백엔드에서 정의된 상태를 프런트엔드에도 정의해서 활용
enum OrderStatus {
  Pending = 'PENDING',
  Confirmed = 'CONFIRMED',
  Shipped = 'SHIPPED',
}

function getOrderStatusMessage(status: OrderStatus) {
  switch (status) {
    case OrderStatus.Pending:
      return '주문이 접수되었습니다.';
    case OrderStatus.Confirmed:
      return '주문이 확인되었습니다.';
    case OrderStatus.Shipped:
      return '주문이 발송되었습니다.';
  }
}
```

정리해 보면, 중복을 제거하기 전에 진짜 중복인지, 같은 이유로 수정되는 코드인지 생각해봐야 합니다. 중복을 잘못 제거했다고 판단했다면 중복 제거를 위해 합쳐 놓은 코드를 다시 분리하는 등의 조치가 필요합니다. 그리고 프런트엔드 애플리케이션 외부에서 중복 없이 관리하는 대상을 애플리케이션 내부에 표현했다면 애플리케이션 내부에서 중복으로 인한 문제가 없더라도 미리 중복을 제거한 구조로 관리합니다.

부수 효과

음료수 자판기에서 버튼을 눌렀을 때 우리는 음료수가 나오는 것 외에 다른 일이 일어날 것이라고 기대하지 않습니다. 이처럼 어떤 동작을 했을 때 기대하는 결과 외에 외부의 상태를 변경하거나 관찰 가능한 다른 일이 벌어지는 것을 **부수 효과**(side effect)라고 합니다.[1]

함수에서는 전달하는 인자와 반환값을 제외한 다른 모든 효과를 부수 효과라고 할 수 있습니다. 예를 들어 다음 예제의 sum 함수는 매개변수 a와 b를 받아 a+b를 반환하는 것이 주요 효과입니다.

예제 9.1 더하기 함수

```
function sum(a, b) {
  return a + b;
}
```

이 함수는 주요 효과만 가지므로 부수 효과가 없습니다. 반면 다음과 같이 함수를 호출할 때마다 상위 스코프의 sumCount 변숫값을 바꾸는 것처럼, 주요 효과 외에 다른 효과가 있다면 sum 함수는 부수 효과를 가지고 있다고 말합니다.

1 https://en.wikipedia.org/wiki/Side_effect_(computer_science)

예제 9.2 부수 효과가 있는 더하기 함수

```
let sumCount = 0;

function sum(a, b) {
  sumCount = sumCount + 1;
  return a + b;
}
```

여기에 더해 예제 9.1처럼 부수 효과가 없으며 동일한 인자에 대해 항상 동일한 값을 반환하는 함수를 **순수 함수**(pure function)라고 합니다.

참고 순수 함수와 참조 투명성

순수 함수와 함께 이해하면 좋은 개념으로 참조 투명성(referential transparency)이 있습니다. 어떤 표현식(a)을 그 표현식의 결괏값(b)으로 대체해도 전체 프로그램의 동작에 변화가 없을 때 표현식 a를 참조 투명하다고 합니다.

예제 9.1의 sum 함수는 순수 함수이면서 참조 투명합니다. 왜냐하면 sum(2, 3)이라는 표현식을 그 결괏값인 5로 바꿔도 프로그램의 동작은 바뀌지 않기 때문입니다. 그런 의미에서 부수 효과를 가진 예제 9.2의 sum은 참조 투명하지 않습니다.

그럼 아래의 sumIfCan 함수는 어떤 성질을 가졌을까요? 부수 효과가 있을까요, 순수 함수일까요, 참조 투명할까요?

```
function sumIfCan(a, b) {
  if (sumCount > 10) {
    return null;
  }
  return a + b;
}
```

먼저 부수 효과가 있다고 보기는 어렵습니다. 왜냐하면 외부에 관찰 가능한 영향을 주지는 않기 때문입니다. 또한 순수 함수도 아닙니다. 왜냐하면 동일한 인자에 대해 동일한 값을 반환하지 않기 때문입니다. 마지막으로 참조 투명하지 않습니다. 호출할 때마다 같은 값을 반환한다는 보장이 없기 때문에 다른 표현식으로 바꿀 수 없기 때문입니다.

프런트엔드 애플리케이션은 사용자와 상호작용하고 서버와 통신하는 등 본질적으로 부수 효과를 다룰 수밖에 없습니다. 하지만 부수 효과는 코드를 이해하기 어렵게 만들고 예상치 못한 결과를 낳기도 합니다. 따라서 부수 효과를 잘 다루는 방법은 안정적인 소프트웨어를 만드는 데 매우 중요합니다.

이번 장에서는 이러한 부수 효과의 성질과 이를 다루는 방법에 대해 구체적으로 살펴보겠습니다.

9.1 부수 효과의 성질

부수 효과는 외부에 영향을 주기 때문에 호출하는 순서와 횟수에 따라 애플리케이션에 미치는 영향이 달라질 수 있습니다. 예를 들어 다음 예제는 부수 효과를 가진 두 함수를 보여줍니다. `initializeSumCount` 함수는 전역 스코프에 정의된 변수 `sumCount`에 0을 할당합니다. `sum` 함수는 `sumCount`의 값을 1만큼 증가시키고 매개변수로 전달받은 값을 더한 후에 반환합니다.

예제 9.3 부수 효과를 가진 두 함수

```
let sumCount;

function initializeSumCount() {
  count = 0;
}

function sum(a, b) {
  sumCount = sumCount + 1;
  return a + b;
}
```

이 두 함수는 호출하는 시점이 매우 중요합니다. `initializeSumCount` 함수를 호출하지 않고 `sum` 함수를 먼저 호출한다면 `sumCount` 변수는 `initializeSumCount` 함수를 호출하기 전까지 `NaN`을 값으로 갖게 됩니다. 그리고 `sum` 함수와 `initializeSumCount` 함수가 호출되는 순서는 `sumCount` 변수가 가질 값에 중요한 영향을 미칩니다.

또한 두 함수를 호출하는 횟수도 중요합니다. `sum` 함수를 호출하는 횟수에 따라 `sumCount` 변수가 가진 값이 다르기 때문입니다.

다음 예제와 같이 sumCount 변수가 가진 값을 사용하는 함수가 있다면 이 함수가 어떻게 동작할지는 sum 함수와 initializeSumCount 함수의 호출 순서, 횟수에 따라 달라집니다.

예제 9.4 sumCount의 값에 따라 동작이 달라지는 함수

```
function isBreakNeeded() {
  if (sumCount >= 10) {
    console.log('너무 많이 더했습니다. 휴식이 필요합니다.');
    return true;
  }

  return false;
}
```

예제 9.3과 예제 9.4에서 다룬 함수는 얼핏 보기에 현실성이 없어 보이지만 부수 효과를 가진 함수와 부수 효과로 영향을 받는 대상에 의존하는 함수로 이해한다면 이들은 현실 코드에서 마주하는 부수 효과의 핵심을 보여줍니다. 예를 들어, 웹 페이지의 두 요소가 사용자와 어떻게 상호작용하는지에 따라 다르게 표시되는 요소가 있다면 이는 예제 9.3과 예제 9.4의 예시와 매우 유사한 흐름을 보여줄 것입니다.

또한 부수 효과는 전염성을 가집니다. 왜냐하면 부수 효과를 사용하는 함수 또한 부수 효과를 갖기 때문입니다. 예를 들어 예제 9.3의 sum 함수를 사용하는 calculateTotalCost 함수는 sum 함수로 인해 부수 효과를 갖게 됩니다.

예제 9.5 부수 효과를 갖는 상품의 총 가격을 구하는 함수

```
function calculateTotalCost(products) {
  let total = 0;
  for (const product of products) {
    total = sum(total, product.price);
  }
  return total;
}
```

이 사실은 매우 중요한데, 부수 효과를 가진 모듈의 수준이 낮으면 낮을수록 부수 효과를 가진 모듈의 수가 더욱 많아지기 때문입니다. 다음 그림은 부수 효과를 가진 모듈의 수준에 따라 부수 효과를 갖는 모듈의 수를 보여줍니다.

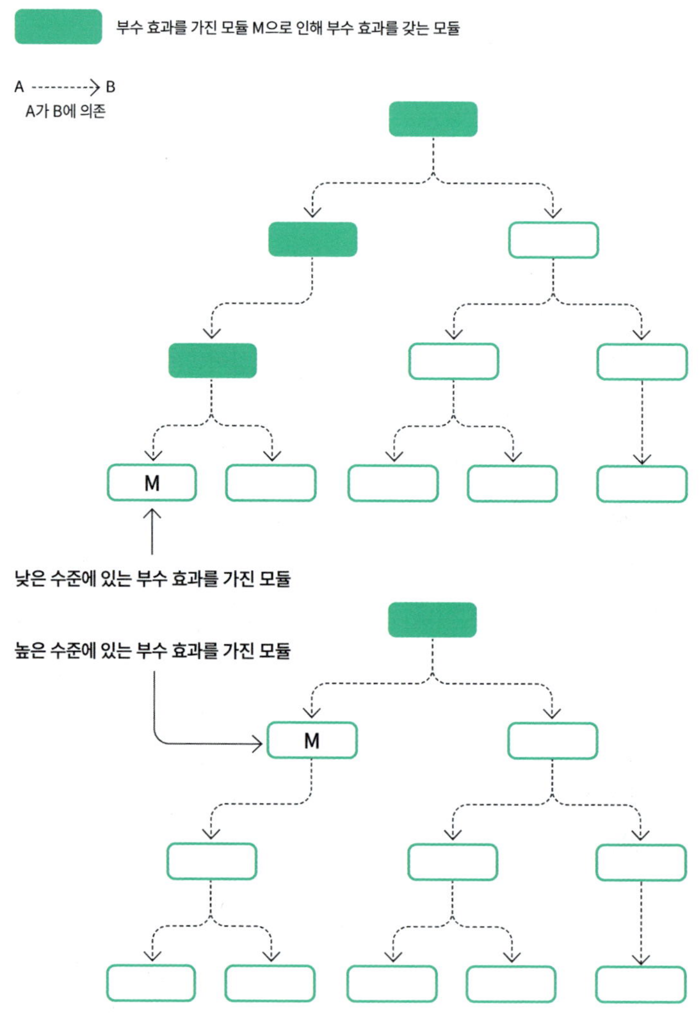

그림 9.1 부수 효과를 가진 모듈의 수준이 낮을수록 부수 효과를 가진 모듈의 수가 많아짐

정리하면, 부수 효과는 호출 순서와 횟수, 그리고 추상화 수준에 따라 애플리케이션 및 코드에 미치는 영향이 다릅니다. 그리고 이러한 성질을 고려해 부수 효과를 포함한 모듈을 다뤄야 합

니다. 그렇지 않으면 코드의 많은 부분이 부수 효과를 갖게 되고, 예상하기 어려운 결과를 자주 발생시키며, 관리하기가 어려워집니다.

따라서 부수 효과를 가진 모듈을 응집도 있게 관리하고 좀 더 높은 수준의 모듈에 둬서 부수 효과를 파악하기 쉽게 하고, 부수 효과를 가진 모듈의 수를 불필요하게 늘리지 않도록 해야 합니다. 또한 부수 효과를 가진 모듈을 사용하는 곳에서는 기대하는 결과를 위한 호출 순서 및 횟수를 지키기 위해 캡슐화해야 합니다. 이를 통해 모듈 외부에서는 부수 효과의 순서나 횟수에 신경 쓰지 않아도 되고, 모듈 내부에서는 부수 효과를 다루는 코드를 수정할 때 자율성이 생깁니다.

9.2 부수 효과 분리

부수 효과를 다루는 방법은 부수 효과를 가진 모듈과 그렇지 않은 모듈을 분리하는 것입니다. 즉, 부수 효과를 분리해서 무엇이 부수 효과인지 알게 하고 코드에 어떤 영향을 미치는지 파악할 수 있게 해야 합니다.

예를 들어, 상품 데이터를 화면에 보여주는 함수가 있다고 가정해 보겠습니다. 다음 예제는 상품 데이터를 전달받아 웹 페이지에 보여주는 `displayProducts` 함수를 보여줍니다.

예제 9.6 상품 데이터를 사용해 웹 페이지에 상품 목록을 보여주는 함수

```
const products = [
  { id: 1, name: '사과', price: 1000, stock: 10 },
  { id: 2, name: '바나나', price: 500, stock: 20 },
  { id: 3, name: '귤', price: 1500, stock: 5 },
];

function displayProducts(products) {
  const $productList = document.getElementById('productList');

  if (!$productList) {
    console.error('상품 목록을 표시할 요소가 없습니다.');
    return;
  }
```

```
  $productList.innerHTML = products
    .map((product) => {
      const availability = product.stock > 0 ? '재고 있음' : '재고 없음';
      return `<li>
                <div class="product">
                  <h2>${product.name}</h2>
                  <p>가격: ${product.price}원</p>
                  <p>${availability}</p>
                </div>
              </li>`;
    })
    .join('');
}

displayProducts(products);
```

displayProducts 함수는 상품을 나열하는 요소인 productList를 찾고 상품 데이터를 HTML 형태로 변환한 다음, productList 요소에 innerHTML 속성을 사용해 추가합니다. 여기서 부수 효과는 productList 요소에 HTML을 추가하는 부분입니다. 그리고 productList 요소를 조회하는 부분은 displayProducts 함수가 순수한 함수가 되지 못하게 만드는 다른 원인입니다.

예제 9.7 displayProducts가 순수 함수가 되지 못하게 만드는 두 부분

```
function displayProducts(products) {
  const productList = document.getElementById('productList');
  // ...
  productList.innerHTML = products
    .map((product) => {
      // ...
    })
    .join('');
}
```

displayProducts 함수가 순수 함수가 아니기 때문에 요소에 설정한 id 속성이 productList가 아닌 다른 값으로 바뀌었다면 제대로 동작하지 않고, productList가 비어 있는지 확인하는 함수가 있다면 productList에 요소를 추가함으로써 함수 동작에 영향을 미칠 수도 있습니다. 물론 요소를 추가함으로써 주변 요소에 영향을 주기도 합니다. 그래서 productList를 조회하는 부분과 displayProducts에 요소를 더하는 부분은 displayProducts 함수를 다룰 때 외부에 미치는 영향을 고려하도록 강제합니다.

displayProducts 함수가 크거나 복잡해서 파악하기 어렵다면 순수한 부분을 분리함으로써 코드를 파악하는 데 도움을 줄 수 있습니다. displayProducts 함수에서 productList에 추가할 요소를 만드는 부분은 동일한 인자에 대해 동일한 출력을 보장하므로 다음과 같이 순수 함수로 분리할 수 있습니다.

예제 9.8 상품 리스트 아이템을 만드는 부분을 순수 함수로 분리

```
function createProductListItem(product) {
  const availability = product.stock > 0 ? '재고 있음' : '재고 없음';
  return `<li>
            <div class="product">
              <h2>${product.name}</h2>
              <p>가격: ${product.price}원</p>
              <p>${availability}</p>
            </div>
          </li>`;
}
```

이렇게 하면 displayProducts 함수에서 부수 효과를 가진 부분과 그렇지 않은 부분을 수월하게 파악할 수 있습니다. 또한 추상화를 통해 계층을 분리했기 때문에 displayProducts 함수를 파악할 때 상품 리스트 아이템을 어떻게 만드는지 신경 쓰지 않아도 됩니다.

그림 9.2는 displayProducts 함수에서 순수 함수인 createProductListItem을 분리한 모습입니다. 함수를 분리함으로써 부수 효과를 가진 displayProducts 함수의 코드 양이 줄었습니다. 또한 createProductListItem은 **순수 함수이기 때문에 테스트를 작성하기가 쉽고, 테스트를 준비해 둔다면 전보다 코드를 이해하거나 수정하는 데 드는 비용을 상당히 줄일 수 있습니다.**

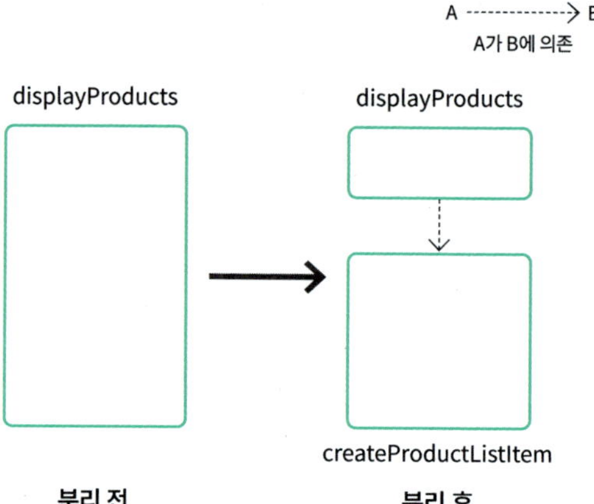

그림 9.2 부수 효과를 가진 displayProducts 함수에서 순수 함수인 createProductListItem을 분리한 모습(각 함수에 해당하는 사각형의 크기는 파악해야 하는 코드의 양을 표현)

다음 예제는 부수 효과 유무에 따라 함수를 분리한 결과를 보여줍니다. displayProducts 함수만 보면 예제 9.6과 달리 어떤 코드가 실행되는지 파악하기가 수월합니다. 왜냐하면 절차적이었던 코드 상당수가 createProductListItem 함수로 추상화됐고, createProductListItem 함수는 순수 함수로서 displayProducts 함수를 이해할 때 구체적으로 파악하지 않아도 되기 때문입니다.

예제 9.9 상품 데이터를 사용해 웹 페이지에 상품 목록을 보여주는 함수

```
function createProductListItem(product) {
  const availability = product.stock > 0 ? '재고 있음' : '재고 없음';
  return `<li>
          <div class="product">
            <h2>${product.name}</h2>
            <p>가격: ${product.price}원</p>
            <p>${availability}</p>
          </div>
        </li>`;
}

function displayProducts(products) {
  const $productList = document.getElementById('productList');
```

```
  if (!$productList) {
    console.error('상품 목록을 표시할 요소가 없습니다.');
    return;
  }

  $productList.innerHTML = products
    .map((product) => createProductListItem(product))
    .join('');
}

displayProducts(products);
```

지금까지 살펴본 부수 효과를 가진 코드와 아닌 코드를 분리하는 방법은 Functional Core & Imperative Shell(이하 FCIS)이라는 패턴으로 일반화할 수 있습니다. 이 패턴은 순수한 로직을 내부(Functional Core)에 위치시키고 부수 효과를 바깥(Imperative Shell)에 둬서 내부 로직을 감싸게 하는 것입니다.[2] [3]

다음 그림은 FCIS 패턴을 그림으로 보여줍니다. 크게 보면 애플리케이션, 작게 보면 모듈은 하나의 FCIS 쌍으로 볼 수 있습니다. 외부에서 애플리케이션에 요청을 하면 부수 효과를 가진 Imperative Shell에서 요청을 받아 처리한 후에 추가 처리를 위해 순수 로직을 가진 Functional Core에 전달합니다. 그 결과를 다시 Imperative Shell에 전달하고, Imperative Shell이 외부에 응답합니다.

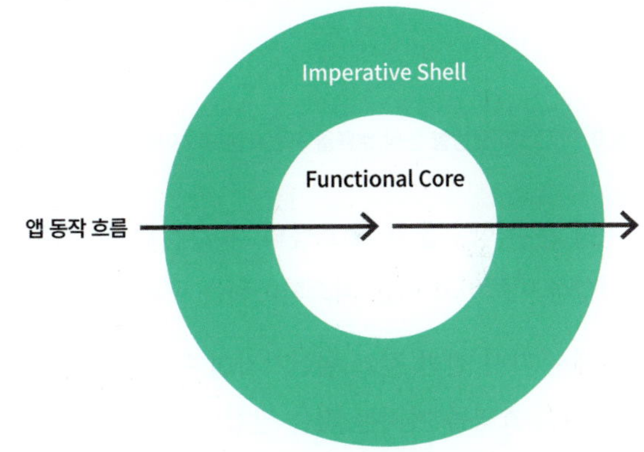

그림 9.3 Functional Core & Imperative Shell 패턴을 보여주는 그림. 앱 동작 흐름이 외부 요청으로부터 부수 효과를 가진 Imperative Shell을 지나 부수 효과가 없는 Functional Core로 흐르고, 다시 Imperative Shell을 지나 외부에 응답하는 구조를 가진다.

2 https://medium.com/@albert.llousas/building-modern-architectures-functional-core-imperative-shell-revamp-0bb5ae62b589

3 『단위 테스트』(에이콘, 2021), 199쪽

각 부분의 역할을 조금 더 자세히 살펴보겠습니다. Imperative Shell은 부수 효과가 필요한 모든 작업을 수행합니다. 외부로부터 요청을 받거나 외부에 응답합니다. 또한 외부 애플리케이션에 데이터 조회 또는 수정 요청을 합니다. 그리고 이 모든 과정을 적절히 지휘 및 조정합니다.

Functional Core는 Imperative Shell에 의해 처리된 요청에 대한 추가 동작을 순수 함수를 통해 수행합니다. 여기에는 비즈니스 로직이나 데이터 전환 등이 포함됩니다.

이렇게 처리한 데이터는 다시 Imperative Shell에 전달하고, Imperative Shell은 응답 전 부수 효과가 있는 경우 처리하고 외부에 응답합니다.

이러한 앱 동작은 Imperative Shell에서 Functional Core로, 그리고 다시 Imperative Shell로 흐르는 단방향 흐름을 가집니다. 이를 프런트엔드에서 주로 다루는 사용자 이벤트 발생과 UI 업데이트라는 동작 흐름으로 표현하면 다음과 같습니다.

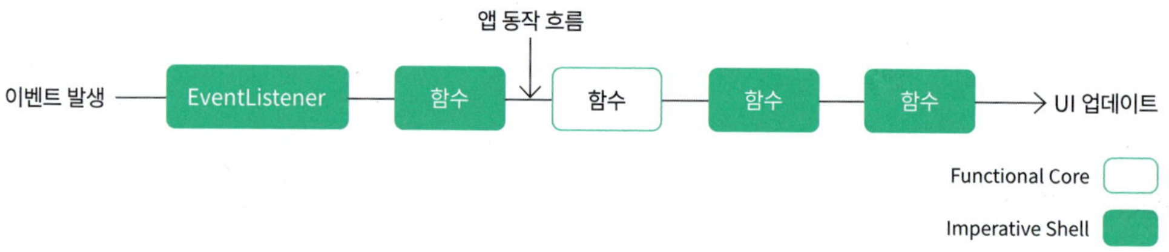

그림 9.4 FCIS의 단방향 동작 흐름을 프런트엔드의 이벤트 발생부터 UI 업데이트까지의 흐름으로 표현

이처럼 순수 함수를 동작 흐름의 내부에 위치시키는 것은 그림 9.1과 같이 부수 효과가 가진 전염성을 이해하고 이를 최소화하려는 것과 유사합니다.

이쯤에서 다시 한번 짚고 넘어가자면 부수 효과는 지금 살펴보고 있는 모듈이 기대하는 효과 외에 다른 효과를 가지는 것을 말합니다. 반면 순수 함수는 **지금 살펴보고 있는 모듈만으로 해당 모듈의 동작을 온전히 이해할 수 있습니다.**

9.3 리액트와 부수 효과

그럼 리액트에서 부수 효과를 분리하고 관리하려면 어떻게 해야 할까요? 이를 알아보기 전에 리액트는 부수 효과를 어떻게 정의하는지 먼저 살펴보겠습니다. 리액트는 부수 효과가 없는 순수한 컴포넌트를 동일한 입력에 대해 동일한 JSX를 반환하는 컴포넌트로 정의합니다.[4] 여기서 입력은 컴포넌트 속성(props), 상태(state), 컨텍스트(context)를 의미합니다. 즉, 동일한 컨텍스트 환경에서 컴포넌트 속성과 상태가 동일하다면 컴포넌트는 동일한 JSX를 반환해야 합니다. 이렇게 순수한 컴포넌트는 메모이제이션을 통해 불필요한 렌더링을 방지하는 등 성능 최적화의 가능성을 만들어줍니다. 즉, 리액트에서 부수 효과는 **코드 관리 측면뿐만 아니라 성능에 대해서도 중요한 역할**을 합니다.

그렇다면 리액트 컴포넌트를 순수하지 않게 만드는 요인에 무엇이 있는지 살펴보겠습니다. 컴포넌트 또한 모듈과 마찬가지로 순수성을 따지기 위해 두 가지를 살펴봐야 합니다. 하나는 부수 효과로, 외부에 주는 영향이고, 다른 하나는 참조 투명성으로, 외부로부터 받는 영향입니다.

컴포넌트가 렌더링 과정에서 외부에 영향을 주면 해당 컴포넌트는 부수 효과를 갖게 됩니다. 대표적으로 API를 사용해 데이터를 저장하거나 수정하는 경우, 또는 컨텍스트나 리덕스(Redux)의 스토어에 담긴 상태를 갱신하는 경우가 여기에 해당합니다. 또한 사용자가 발생시킨 이벤트가 아닌 상태 변화에 따라 부수 효과를 발생시키는 이펙트(effect) 역시 내부 또는 외부에 부수적인 영향을 줄 수 있습니다.

그리고 컴포넌트가 외부로부터 영향을 받으면 참조 투명성을 잃게 되고 순수성을 잃습니다. 여기에는 API를 사용해 데이터를 조회하거나 컨텍스트, 리덕스 스토어에 담긴 값을 사용하는 경우가 포함됩니다. 물론 해당 컴포넌트 입장에서는 정해진 컨텍스트의 상태에 따라 일정한 JSX를 반환하므로 순수하다고 볼 수 있으나, 컴포넌트를 사용하는 입장에서는 내부 동작을 들여다보지 않는 이상 이를 파악하기 어렵습니다.

이때 컨텍스트나 리덕스 스토어 등은 상황에 따라 다르게 해석할 수 있습니다. 컴포넌트 속성을 멀리 떨어진 자식 컴포넌트에게 전달하기 위해 반복적으로 코드를 작성하는 대신, 단방향으로 편리하게 전달하기 위해 컨텍스트를 사용한다면 이는 컴포넌트 속성을 전달하는 방법을 대체하는 것으로, 순수성을 크게 훼손하지 않습니다. 하지만 자식 또는 형제 간에 제약 없이 컨텍스트의 상태를 갱신하고 사용한다면 어디에서 상태를 갱신하고 사용하는지 추적하기 어려울 수 있습니다. 또한 그 복잡도가 충분히 커지면 컨텍스트와 관련된 컴포넌트 그룹은 분리된 컴

4 https://ko.react.dev/learn/keeping-components-pure#purity-components-as-formulas

포넌트 집합이 아니라 하나의 거대한 컴포넌트처럼 동작합니다. 이는 컨텍스트뿐만 아니라 리덕스 스토어 등에 대해서도 똑같이 적용되는 문제입니다. 상위 수준에서 관리하는 상태를 다수의 자식 컴포넌트가 제약 없이 갱신 또는 조회하는 것은 개별 컴포넌트를 순수하게 이해하기 어렵게 만듭니다.

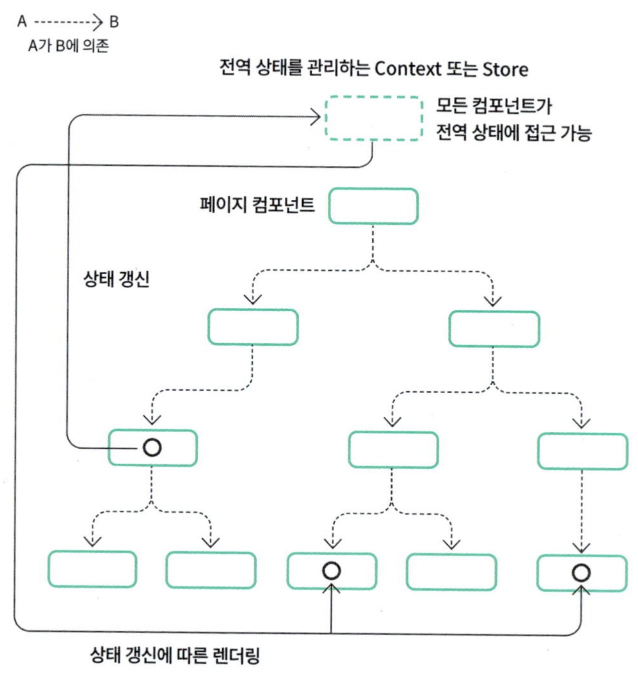

그림 9.5 전역 상태에 모든 컴포넌트가 제약 없이 접근하면 코드를 이해하는 데 어려움이 발생합니다.

이벤트 리스너와 이펙트 또한 상황에 따라 컴포넌트의 순수성에 영향을 미치거나 그렇지 않을 수 있습니다. 이벤트 리스너 또는 이펙트에 전달하는 콜백이 선언만 되고 구체적인 동작이 없다면 컴포넌트의 순수성에 영향을 주지 않습니다. 하지만 이들의 목적이 DOM을 갱신하거나 각종 API를 호출하는 등 부수 효과를 발생시키기 위함이라는 것을 생각해 보면 이벤트 리스너와 이펙트의 존재 유무가 컴포넌트의 부수 효과 유무와 일치하는 경우가 많습니다.

지금까지 다룬 내용을 토대로 정리하면, API나 컨텍스트, 리덕스 스토어 등과 같이 **컴포넌트 외부에 있는 데이터 또는 상태와 상호작용**하는 컴포넌트는 부수효과를 갖습니다. 그리고 **부수 효과를 위해 정의한 이벤트 리스너 및 이펙트를 갖는** 컴포넌트 또한 부수효과를 갖습니다. 그리고 이러한 요소를 가지고 있지 않은 **순수 컴포넌트는 컴포넌트를 사용하는 입장에서 컴포넌트 이름 및 속성을 통해 어떤 JSX가 반환될지 예측 가능**하도록 합니다.

참고 순수함과 예측 가능성

렌더링할 때마다 랜덤한 숫자, 현재 시간 등을 포함한 JSX를 반환하는 컴포넌트 역시 엄밀하게 말해 부수 효과를 가진 컴포넌트지만 컴포넌트를 다루는 개발자 입장에서 예측 가능한 JSX를 반환한다는 측면에서 순수 컴포넌트로 폭넓게 이해할 여지가 있습니다.

이 중에서 API를 호출하거나 상위 컴포넌트에서 정의한 컨텍스트 또는 리덕스 스토어에 접근하는 것은 코드를 관리하는 측면에서 특히 중요합니다. 왜냐하면 특정 컴포넌트 내부에서 API를 호출하는지, 상위 상태를 사용하거나 수정하는지 등 외부 자원 접근 여부를 컴포넌트 속성을 통해 파악하기는 어려운 반면, 변화에 대응할 때 이들의 유무와 접근 시점은 매우 중요하게 다뤄야 하기 때문입니다. 즉, 외부 자원에 접근하는 로직은 변화에 대응할 때 매우 중요한 반면, 파악하기 어렵다는 문제를 갖고 있습니다.

그렇다고 해서 페이지에 있는 모든 API 호출과 하위 컴포넌트가 공유하는 상태를 단일 컴포넌트에서 관리하면 코드 복잡도가 매우 높아져 오히려 문제를 더 심각하게 만들 수 있습니다.

예를 들어, 다음 그림과 같이 깊은 곳에 위치한 컴포넌트에서 발생한 이벤트를 컴포넌트 속성을 통해 페이지 컴포넌트에 전달하고, 페이지 컴포넌트에서 외부 자원에 접근하도록 하는 것은 페이지 컴포넌트를 크게 만들어 관리하기 어렵게 만들고, 각 컴포넌트에서 정의하는 컴포넌트 속성이 많아져 이해하기 어렵습니다. 따라서 API, 컨텍스트, 스토어 등 외부 자원에 접근할 수 있는 권한을 하나 또는 모든 컴포넌트에서 갖는 것이 아니라 적정 수준에서 정의할 필요가 있습니다.

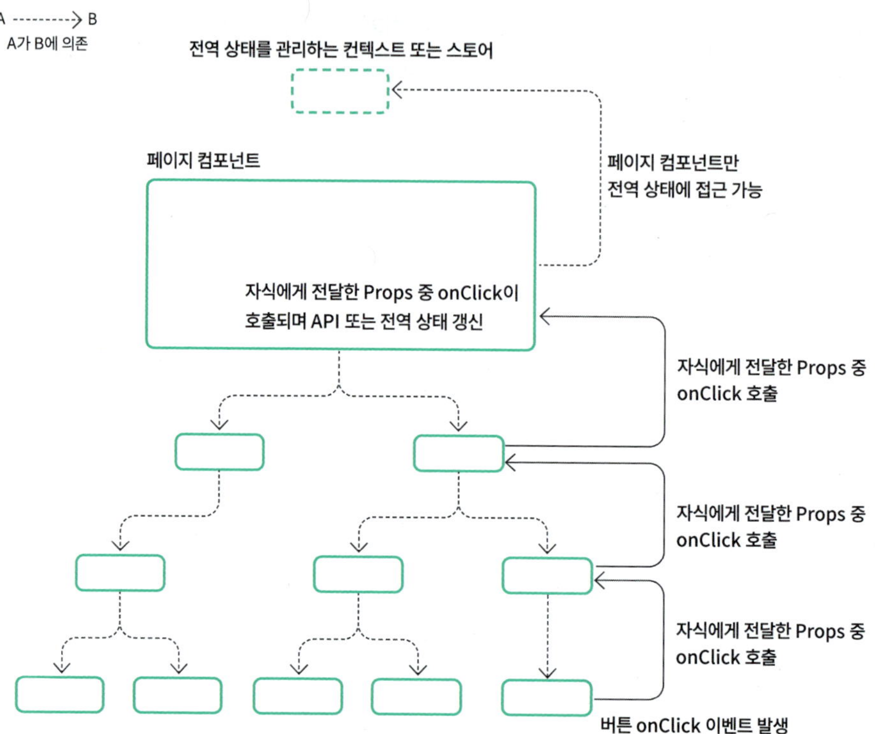

그림 9.6 한 컴포넌트에서 외부 자원에 대한 접근 권한을 모두 가지면 해당 컴포넌트의 복잡도가 크게 올라가고 컴포넌트 속성의 깊이가 깊어져 코드를 이해하기 어렵다.

9.4 부수 효과와 블록 컴포넌트

외부 자원에 접근할 수 있는 중간 수준의 컴포넌트를 지정하려면 해당 컴포넌트에 특별한 의미가 있어야 합니다. 이때 활용하면 좋은 개념으로 BEM(Block Element Modifier)의 블록(block)과 엘리먼트(element)가 있습니다.

여기서 블록은 그 자체로 의미를 갖는 구성요소를 캡슐화합니다. 이때 자체적으로 의미를 갖는다는 것은 블록이 존재하기 위해 외부에 의존하지 않아도 된다는 것을 의미합니다. 예를 들어, 로그인하는 데 필요한 이메일과 비밀번호를 입력할 수 있는 `input` 요소와 로그인 버튼이 있다면 이것들을 '로그인'이라는 블록으로 묶을 수 있습니다. 반면 로그인 블록의 개별 `input` 요소와 버튼 등은 엘리먼트(element)로서 블록을 구성하고 자체적인 의미가 없으며 블록의 의미에 의존합니다.

지금까지 설명한 내용은 다음과 같이 HTML로 작성할 수 있습니다. 여기서 블록의 이름은 **login**이고, 클래스 선택자로 **login**을 가진 요소 **div**와 그 자식들을 하나의 블록으로 정의할 수 있습니다. 그리고 내부에 있는 각 요소는 엘리먼트로서 **login** 블록에 의존하는 형태로 정의합니다. 예를 들어, **login__input**은 **login** 블록 내부의 **input** 엘리먼트로 해석할 수 있습니다.

예제 9.10 BEM을 적용한 로그인 블록

```
<div class="login">
  <form class="login__form">
    <label class="login__label" for="email">이메일</label>
    <input
      class="login__input"
      id="email"
      type="email"
      name="email"
      required
    />
    <label class="login__label" for="password">비밀번호</label>
    <input
      class="login__input"
      id="password"
      type="password"
      name="password"
      required
    />
    <button class="login__button" type="submit">로그인</button>
  </form>
</div>
```

이렇게 정의한 로그인 블록은 외부에 의존하지 않고 자체적으로 의미를 가지며, 어느 페이지에서든 사용할 수 있습니다. 반면 이메일 입력 입력 요소는 엘리먼트로서 로그인 블록 외부에 혼자 존재할 수 없습니다.

이렇게 함으로써 블록 이름인 login을 바꾸지 않는 한 각 요소의 선택자 이름은 외부에 영향을 주지 않고 자유롭게 수정할 수 있습니다. 왜냐하면 login 블록 외부에 'login__'으로 시작하는 선택자는 개념상 존재할 수 없고, 따라서 login__label을 login__label-email과 login__label-password로 바꾼다고 해도 외부에 영향을 주지 않기 때문입니다.

지금까지 살펴본 것처럼 BEM은 클래스 선택자의 이름을 정의할 때 주로 사용합니다. 하지만 페이지 또는 애플리케이션 전체에서 일정 영역의 HTML 요소가 어떤 역할을 담당하느냐에 따라 이름을 정의하고 캡슐화한다는 측면에서 HTML 요소와 관련 로직을 캡슐화 및 추상화하는 리액트 컴포넌트의 역할을 정의하는 데도 활용할 수 있습니다.

자체적인 의미를 갖는 요소 집합이라는 개념, 즉 블록을 리액트 컴포넌트에 적용하면 페이지 또는 애플리케이션에서 의미를 갖는 컴포넌트 집합을 하나의 블록으로 정의함으로써 이를 **외부와 내부의 경계로 활용**할 수 있습니다. 이렇게 나눈 경계는 부수 효과로 인한 영향 범위의 기준으로도 활용할 수 있습니다.

블록에 속하는 컴포넌트에서 발생한 부수 효과가 블록 내부에 제한적으로 영향을 준다면 블록을 사용하는 입장에서는 부수 효과가 없다고 이해할 수 있고, 블록 내부에서는 외부로 직접적인 영향을 끼치지 않는 부수 효과로서 이해할 수 있습니다. 예를 들어, 블록의 규모가 커서 컨텍스트 또는 스토어를 사용하고 싶다면 다음 예제처럼 블록 단위로 정의해서 사용합니다.

예제 9.11 컨텍스트를 블록 단위로 제공함으로써 자식 컴포넌트의 컨텍스트 사용이 블록 외부에 영향을 주지 않도록 제한

```
const LargeBlockContext = createContext({
  /* ... */
});

/** 깊이가 깊은 블록 컴포넌트 */
function LargeBlockComponent() {
  // ...
  return (
    <LargeBlockContext.Provider
      value={
        {
          /* ... */
        }
```

```
    }
  >
    {/* ... */}
  </LargeBlockContext.Provider>
 );
}

function PageComponent() {
  return <LargeBlockComponent />;
}
```

동기화를 위해 블록 외부에 상태 변경을 알려야 한다면 다음과 같이 블록을 통해 전달받은 onChangeCount 컴포넌트 속성을 활용합니다.

예제 9.12 블록 외부에 상태 변경을 알리는 방법

```
const LargeBlockContext = createContext({
  count,
  setCount: () => {},
  onChangeCount: () => {},
});

/** LargeBlockComponent에서 사용하는 가장 깊은 곳에 위치한 엘리먼트 컴포넌트 */
function DeepestElementComponent() {
  const { count, setCount, onChangeCount } = useContext(LargeBlockContext);

  const handleClick = () => {
    const nextCount = count + 1;
    setCount(nextCount);
    onChangeCount(nextCount);
  };

  return (
    <button type="button" onClick={handleClick}>
      증가
    </button>
  );
```

```
}

/** 깊이가 깊은 블록 컴포넌트 */
const MemoizedLargeBlockComponent = React.memo(function LargeBlockComponent({
  onChangeCount: onChangeCountProps,
}) {
  const [count, setCount] = useState(0);

  const onChangeCount = (nextCount) => {
    if (typeof onChangeCountProps === 'function') {
      onChangeCountProps(nextCount);
    }
  };

  return (
    <LargeBlockContext.Provider
      value={{
        count,
        setCount,
        onChangeCount,
      }}
    >
      {/* ... */}
    </LargeBlockContext.Provider>
  );
});

function PageComponent() {
  const [countOfPage, setCountOfPage] = useState(0);
  const onChangeCount = useCallback((nextCount) => {
    setCountOfPage(nextCount);
  }, []);

  return (
    <div>
      <MemoizedLargeBlockComponent onChangeCount={onChangeCount} />
```

```
      <div>현재 페이지의 count: {countOfPage}</div>
    </div>
  );
}
```

이 방법은 다소 번거롭지만 부수 효과의 영향 범위를 예상할 수 있게 하고, 블록과 관련된 로직을 캡슐화하는 경계로 활용할 수도 있습니다. 결과적으로 블록 컴포넌트를 사용하는 곳에서 넓은 범위에서 순수한 컴포넌트로 이해할 수 있습니다. 즉, 컴포넌트 속성으로 정의된 인터페이스에 따라 기대하는 JSX가 반환될 것이라 예상할 수 있습니다.

블록 컴포넌트에서 발생한 이벤트로 인해 API를 호출해야 한다면 두 가지 선택지가 있을 수 있습니다. 해당 API가 블록 컴포넌트와 강하게 결합되어 있는 경우, 즉 블록 컴포넌트에서만 호출하는 API라면 부수 효과라고 하더라도 블록 내부에서 직접 사용하는 것이 관리하기에 더 나은 방법일 수 있습니다. 반면 해당 API를 사용하는 곳이 블록 컴포넌트 외부에도 존재하거나 그럴 가능성이 있다면 예제 9.12처럼 블록에 이벤트 리스너를 전달하는 등의 방법을 사용하는 편이 더 나은 방법일 수 있습니다.

결론적으로, 블록 컴포넌트를 정의함으로써 부수 효과의 영향 범위를 정하거나 관련 로직을 어느 수준에서 캡슐화해야 하는지 등의 기준을 마련할 수 있습니다. 또한 거대한 컴포넌트 구조를 컴포넌트 하나하나에 의미를 부여하며 이해하는 것이 아니라, 각 블록을 하나의 추상화 계층으로 이해함으로써 단계별로 이해할 수 있는 가능성이 생깁니다.

DTO

서로 다른 언어를 사용하는 두 사람이 대화하려면 통역사가 필요합니다. 통역사는 한 사람의 말을 듣고 다른 사람이 이해할 수 있는 형태로 정보를 바꾸어 전달합니다.

소프트웨어의 각 계층이나 모듈도 종종 서로 다른 '언어', 즉 서로 다른 데이터 구조를 사용합니다. 이때 **데이터 전송 객체(DTO, Data Transfer Object)**는 바로 이 통역사 역할을 하는 객체입니다. 특정 계층에서 사용하던 데이터를 다른 계층이 이해하기 쉬운, 정해진 구조로 변환해서 전달하는 것입니다.

기존 데이터 구조를 그대로 사용하기 어렵거나 데이터 변환에 관련된 로직을 한데 모아 관리할 필요가 있는 경우 DTO를 사용하면 좋습니다. 그럼 구체적으로 어떤 상황에서 DTO를 사용하고, 어떻게 활용할 수 있는지 살펴보겠습니다.

10.1 DTO의 이해

특정 사용자가 게시한 글 목록을 보여주는 페이지가 있다고 가정해 봅시다. 다음은 `state.posts` 데이터를 사용해 게시글 목록을 렌더링하는 상황을 보여줍니다.

예제 10.1 사용자 게시글 목록을 보여줄 때 사용하는 데이터

```
/**
 * @typedef {Object} Post
 * @property {number} id 게시글 ID
 * @property {string} title 게시글 제목
 * @property {number} likes 게시글 좋아요 수
 * @property {number} comments 게시글 댓글 수
 */

const state = {
  /**
   * @type {Post[]} 사용자 게시글 목록
   */
  posts: [
    { id: 1, title: 'Post1 Title', likes: 10, comments: 1 },
    { id: 2, title: 'Post2 Title', likes: 7, comments: 15 },
    { id: 3, title: 'Post3 Title', likes: 97, comments: 31 },
    // ...
  ],
  // ...
};

/**
 * 게시글 목록을 렌더링
 * @param {Post[]} posts 게시글 목록 데이터
 */
function renderPosts(posts) {
  // posts를 사용하여 게시글 목록을 렌더링
}
```

여기에 사용자가 지금까지 게시한 글의 총 개수와 좋아요 수, 댓글 수를 보여주는 프로필 영역을 페이지에 추가해야 한다고 해봅시다. 이를 위해 다음과 같이 기존 데이터를 사용해 프로필 영역을 렌더링하는 함수를 만듭니다.

예제 10.2 사용자 정보와 기존 게시글 데이터를 사용해 프로필 영역을 렌더링하는 함수

```
/**
 * 사용자 프로필을 렌더링합니다.
 * @param {Object} param
 * @param {string} param.name 사용자 이름
 * @param {string} param.profileImageUrl 사용자 프로필 이미지 URL
 * @param {Post[]} param.posts 사용자 게시글 목록
 */
function renderProfile({ name, profileImageUrl, posts }) {
  let postsCount = 0;
  let likesCount = 0;
  let commentsCount = 0;

  posts.forEach((post) => {
    postsCount += 1;
    likesCount += post.likes;
    commentsCount += post.comments;
  });

  // name, profileImageUrl, postsCount, likesCount, commentsCount를 사용해 사용자 프로필을
렌더링
}
```

그런데 이렇게 하면 몇 가지 문제가 있습니다. `posts` 데이터는 원래 게시글 목록을 위해 만든 데이터 구조입니다. 따라서 `renderPosts` 함수의 필요에 따라 `posts`의 구조를 바꾸면 의도치 않게 프로필을 렌더링하는 `renderProfile` 함수도 수정해야 할 수 있습니다. 또한 `posts` 데이터에는 `renderProfile`의 관심사가 아닌 `title` 같은 속성이 포함돼 있습니다. 이는 데이터가 불필요하게 퍼져나가 다른 모듈의 필요에 의해 `title`의 타입이나 이름을 변경할 때 `renderProfile` 함수까지 검토하도록 만듭니다. 마지막으로 `renderProfile` 함수는 렌더링 로직뿐만 아니라 데이터를 가공하는 로직까지 함께 있어 응집도가 낮습니다. 그렇기 때문에 데이터를 다루는 로직이 복잡해지면 `renderProfile` 함수도 불필요하게 복잡해질 수 있습니다.

이 상황을 개선하기 위해 `renderProfile` 함수의 입장에서 필요한 데이터 구조를 원본 데이터 구조와 독립적으로 먼저 정의합니다.

예제 10.3 외부 데이터 구조를 고려하지 않고 렌더링에 필요한 데이터를 renderProfile 함수 입장에서 정의

```
/**
 * 사용자 프로필을 렌더링
 * @param {Object} param
 * @param {string} param.name 사용자 이름
 * @param {string} param.profileImageUrl 사용자 프로필 이미지 URL
 * @param {number} param.postsCount 사용자 총 게시글 수
 * @param {number} param.likesCount 사용자 게시글 총 좋아요 수
 * @param {number} param.commentsCount 사용자 게시글 총 댓글 수
 */
function renderProfile({
  name,
  profileImageUrl,
  postsCount,
  likesCount,
  commentsCount,
}) {
  // name, profileImageUrl, postsCount, likesCount, commentsCount를 사용해 사용자 프로필을
렌더링
}
```

그리고 원본 데이터를 renderProfile이 필요로 하는 데이터 구조로 변환하는 mapDataToProfileData 함수를 정의합니다.

예제 10.4 원본 데이터 구조를 renderProfile 함수가 필요로 하는 데이터 구조로 변환하는 함수

```
/**
 * 원본 데이터 구조를 프로필 렌더링을 위한 구조로 변환
 * ... 생략 ...
 */
function mapDataToProfileData({ name, profileImageUrl, posts }) {
  let postsCount = 0;
  let likesCount = 0;
  let commentsCount = 0;

  posts.forEach((post) => {
    postsCount += 1;
```

```
    likesCount += post.likes;
    commentsCount += post.comments;
  });

  return {
    name,
    profileImageUrl,
    postsCount,
    likesCount,
    commentsCount,
  };
}
```

이렇게 정의한 mapDataToProfileData 함수는 다음과 같이 사용합니다.

예제 10.5 데이터 구조를 변환하는 함수를 renderProfile 함수에 전달

```
renderProfile(
  mapDataToProfileData({
    name: 'John Doe',
    profileImageUrl: 'https://example.com/profile.jpg',
    posts: state.posts,
  }),
);
```

이렇게 함으로써 각 로직의 관심사를 분리하고, 불필요한 데이터의 확산을 막으며, 데이터 가공 로직이 복잡해지더라도 렌더링 로직에 영향을 주지 않게 해서 코드 전반의 복잡도를 낮출 수 있습니다.

데이터 구조를 만드는 로직이 많아진다면 다음과 같이 클로저를 이용해 캡슐화할 수 있습니다.

예제 10.6 클로저를 이용해 데이터 관련 로직을 캡슐화

```
/**
 * 원본 데이터 구조를 프로필 렌더링을 위한 구조로 변환
 * ... 생략
 */
```

```
const mapDataToProfileData = (() => {
  function defaultToEmptyString(str) {
    return typeof str === 'string' ? str : '';
  }

  function trim(str) {
    return typeof str === 'string' ? str.trim() : str;
  }

  function getCountsFromPosts(posts) {
    let postsCount = 0;
    let likesCount = 0;
    let commentsCount = 0;

    posts.forEach((post) => {
      postsCount += 1;
      likesCount += post.likes;
      commentsCount += post.comments;
    });

    return { postsCount, likesCount, commentsCount };
  }

  return function ({ name, profileImageUrl, posts }) {
    const { postsCount, likesCount, commentsCount } = getCountsFromPosts(posts);

    return {
      name: trim(defaultToEmptyString(name)),
      profileImageUrl: trim(defaultToEmptyString(profileImageUrl)),
      postsCount,
      likesCount,
      commentsCount,
    };
  };
})();
```

이 방법은 유용하지만 `mapDataToProfileData`가 함수라는 점이 아쉽습니다. 함수는 단순 객체이므로 `instanceof` 등을 활용한 데이터 구조 검증이 어렵습니다. 또한 함수 이름은 '동작'을 의미하지만 클래스 이름은 '데이터 구조'와 '목적'을 드러냅니다. 예를 들어 `mapDataToProfileData`는 '변환'이라는 동작을 의미하지만 다음 예제와 같이 정의한 `ProfileDTO`는 '프로필 정보를 담는 데이터 구조'임을 명확히 드러냅니다.

예제 10.7 클래스를 활용해 ProfileDTO를 정의

```
class ProfileDTO {
  name;
  profileImageUrl;
  postsCount;
  likesCount;
  commentsCount;

  constructor({ name, profileImageUrl, posts }) {
    const { postsCount, likesCount, commentsCount } =
      this.#getCountsFromPosts(posts);

    this.name = this.#trim(this.#defaultToEmptyString(name));
    this.profileImageUrl = this.#trim(
      this.#defaultToEmptyString(profileImageUrl),
    );
    this.postsCount = postsCount;
    this.likesCount = likesCount;
    this.commentsCount = commentsCount;
  }

  #defaultToEmptyString(str) {
    return typeof str === 'string' ? str : '';
  }

  #trim(str) {
    return typeof str === 'string' ? str.trim() : str;
  }
```

```
  #getCountsFromPosts(posts) {
    let postsCount = 0;
    let likesCount = 0;
    let commentsCount = 0;

    posts.forEach((post) => {
      postsCount += 1;
      likesCount += post.likes;
      commentsCount += post.comments;
    });

    return { postsCount, likesCount, commentsCount };
  }
}
```

이렇게 정의한 ProfileDTO는 다음과 같이 사용합니다.

예제 10.8 ProfileDTO를 사용해 데이터 구조를 변환하고 renderProfile 함수에 전달

```
renderProfile(
  new ProfileDTO({
    name: 'John Doe',
    profileImageUrl: 'https://example.com/profile.jpg',
    posts: state.posts,
  }),
);
```

이렇게 정의한 DTO는 하나의 계층으로서 기존 데이터 구조의 변경이 사용하는 모듈에 직접 전달되지 않도록 막는 역할도 수행합니다. 예를 들어, 게시글의 데이터 구조가 다음 예제와 같이 게시자가 작성한 댓글 수와 다른 사용자가 작성한 댓글 수를 구분하도록 바뀌었다고 가정해 봅시다.

예제 10.9 누가 작성한 댓글인지 구분하는 데이터 구조

```
/**
 * @typedef {Object} Post
 * @property {number} id 게시글 ID
```

```
 * @property {string} title 게시글 제목
 * @property {number} likes 게시글 좋아요 수
 * @property {number} myComments 게시자가 작성한 댓글 수
 * @property {number} comments 게시자가 아닌 사용자가 작성한 댓글 수
 */
// ...
```

DTO가 없다면 이러한 변화는 `renderProfile` 함수에 직접적인 영향을 미칩니다. 하지만 DTO가 있다면 변경에 대응하기 위해 `renderProfile` 함수를 보지 않고 DTO만 수정하면 됩니다.

예제 10.10 바뀐 데이터 구조에 맞게 댓글 수를 구하는 로직을 수정

```
class ProfileDTO {
  // 기존 ProfileDTO와 동일

  #getCountsFromPosts(posts) {
    let postsCount = 0;
    let likesCount = 0;
    let commentsCount = 0;

    posts.forEach((post) => {
      postsCount += 1;
      likesCount += post.likes;

      // 바뀐 데이터 구조에 맞게 수정
      commentsCount = commentsCount + post.myComments + post.comments;
    });

    return { postsCount, likesCount, commentsCount };
  }
}
```

지금까지 살펴본 DTO에 대해 정리해 보겠습니다. DTO는 기존 데이터 구조를 특정 목적에 맞는 데이터 구조로 변환해서 전달하는 데 사용합니다. 이 과정에서 필요한 로직이 있다면

DTO 내부에 캡슐화합니다. 이 작업은 함수로도 수행할 수 있지만 클래스를 사용하는 것이 데이터의 구조와 목적을 더 명확히 드러내는 좋은 방법입니다.

참고 private 속성과 구조 분해 할당

클래스를 사용할 때 속성을 비공개(private)로 정의할 수도 있지만 주의해야 할 점이 있습니다. 비공개 속성은 구조 분해 할당을 할 때 포함되지 않습니다. 따라서 자바스크립트 환경에서 DTO의 속성을 외부에서 사용해야 한다면 비공개 속성보다는 일반 속성으로 정의하는 것이 좋습니다. 타입스크립트 환경이라면 `readonly`를 사용해 외부에서 수정하는 것을 방지할 수 있습니다.

DTO를 사용하면 데이터 구조를 만드는 로직을 분리하고 숨길 수 있습니다. 또한 필요하지 않지만 기존 데이터 구조에 포함된 데이터를 걸러냄으로써 데이터의 불필요한 확산을 방지합니다. 마지막으로, 기존 데이터 구조의 변경이 DTO를 사용하는 곳에 미치는 영향을 제한합니다.

10.2 DTO 사용 시 주의사항

DTO를 사용할 때 주의해야 할 사항이 있습니다. 먼저 전달(transfer)을 매핑(mapping) 또는 변환(transform)과 혼동하지 않는 것입니다. DTO는 데이터 구조 자체입니다. 따라서 DTO의 관심사를 행동이 아닌 데이터 구조 표현에 맞춰야 합니다. 물론 DTO 내부에서 데이터 구조를 잡고 필요한 데이터의 형 변환 등을 할 수 있습니다. 하지만 DTO를 데이터의 형 변환을 위해 사용한다면 잘못된 설계이므로 형 변환 로직을 DTO로부터 분리해야 합니다.

또한 DTO는 데이터를 전달한다는 목적에 충실해야 하므로 데이터의 유효성을 판단하거나 조건에 따라 데이터를 가공해 반환하는 공개 메서드를 포함해서는 안 됩니다. 다음 예제의 `NameDTO`는 이러한 DTO의 목적에서 벗어난 메서드를 가지고 있습니다. `isValidName`은 이름의 유효성을 판단하고, `getKoreanName`과 `getEnglishName`은 상황에 따라 데이터를 가공해 반환합니다.

예제 10.11 DTO의 관심사에서 벗어난 메서드를 정의한 NameDTO

```
class NameDTO {
  firstName;
  lastName;

  constructor(firstName, lastName) {
    this.firstName = firstName;
    this.lastName = lastName;
  }

  isValidName() {
    return this.firstName.length > 0 && this.lastName.length > 0;
  }

  getKoreanName() {
    return `${this.lastName} ${this.firstName}`;
  }

  getEnglishName() {
    return `${this.firstName} ${this.lastName}`;
  }
}
```

이러한 메서드는 DTO의 관심사를 벗어나기 때문에 그대로 둔다면 데이터를 다루는 다양한 메서드가 추가되고, 목적과 달리 DTO가 점점 거대해질 수 있습니다. 따라서 비즈니스 로직, 값 판단, 조건부 반환 등 데이터와 관련된 공개 메서드를 다음과 같이 외부에 정의하고 사용하는 것이 좋습니다.

예제 10.12 데이터를 판단하고 조건부로 사용하는 로직 등을 DTO 외부에서 정의하고 사용

```
/**
 * 이름을 표시합니다. 이름이 없다면 '익명'을 표시합니다.
 * @param {Object} props
 * @param {NameDTO} props.nameDto
 * @param {boolean} props.isKorean
 */
```

```
function Name({ nameDto, isKorean = true }) {
  const { firstName, lastName } = nameDto;
  let name = '';

  if (firstName.length === 0 || lastName.length === 0) {
    return <p>익명</p>;
  }

  if (isKorean) {
    name = `${lastName} ${firstName}`;
  } else {
    name = `${firstName} ${lastName}`;
  }

  return <p>{name}</p>;
}
```

이처럼 DTO는 순수하게 데이터를 전달하고 구조화하는 데에 집중하게 하고, 그 외의 로직은 별도로 분리하는 것이 좋습니다.

참고 흩어진 데이터의 구조화

다음과 같이 흩어진 데이터를 하나의 객체로 구조화하는 것도 DTO의 역할입니다.

```
const firstName = 'Gildong';
const lastName = 'Hong';

const nameDto = new NameDTO(firstName, lastName);
```

다음으로 주의해야 할 것은 DTO를 사용하는 모듈, 즉 의존하는 모듈의 수입니다. DTO는 기존 데이터 구조를 필요로 하는 데이터 구조로 바꾼 객체입니다. 따라서 필요로 하는 구조가 바뀐다면 DTO의 구조를 바꿔야 합니다. 특정 DTO에 의존하는 모듈이 둘 이상이고, 시간이 지나 각 모듈이 필요로 하는 데이터 구조가 달라진다면 DTO는 둘 이상의 구조를 가져야 합니다. 이를 위해 DTO는 서로 다른 구조를 반환하는 메서드와 이러한 구조를 만들기 위한 메서드를 다수 정의합니다. 결국 다음과 같이 DTO는 거대하고 복잡한 객체가 됩니다.

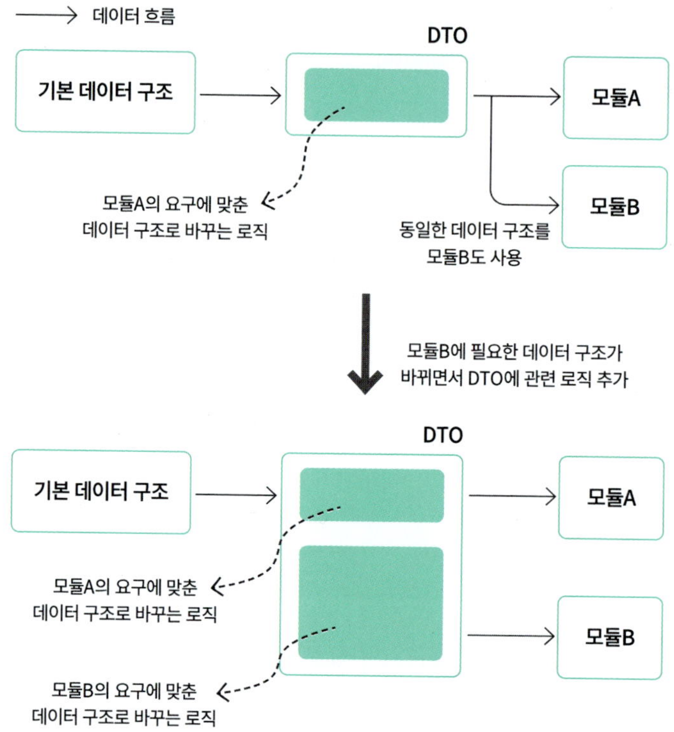

그림 10.1 DTO에 둘 이상의 모듈이 의존하는 경우 필요한 데이터 구조에 변화가 생기면서 DTO가 거대하고 복잡해진다.

이를 방지하기 위해 DTO의 데이터 구조를 바꿔 전달하는 또 다른 DTO를 정의하면 의존 관계를 복잡하게 만들기 때문에 역시 좋은 선택이 아닙니다.

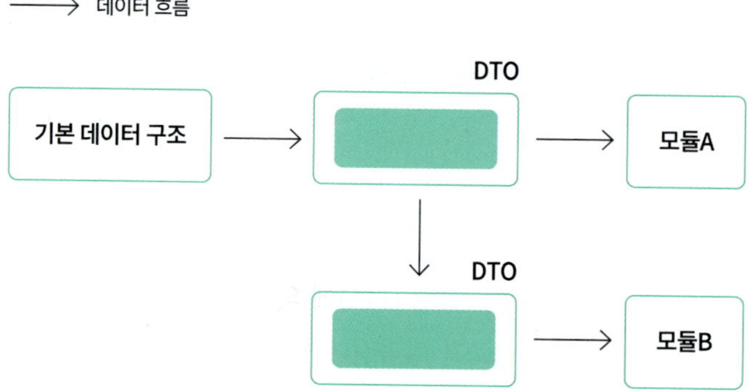

그림 10.2 DTO의 데이터 구조를 바꿔 전달하는 또 다른 DTO를 추가하면 의존 관계가 복잡해진다.

그렇기 때문에 정확히 동일한 데이터 구조를 사용하는 여러 모듈이 하나의 DTO에 의존하는 것은 문제가 없지만, DTO가 여러 모듈의 데이터 구조를 지원하는 방향으로 설계하고 구현한다면 코드의 복잡도가 지나치게 높아질 수 있으므로 주의해야 합니다.[1]

10.3 DTO와 API

프런트엔드에서 DTO를 가장 자주 사용하는 곳은 API 응답을 처리하는 곳입니다. 처음에는 API가 UI를 표현하는 데 필요한 데이터와 적절한 구조로 응답합니다. 하지만 API 응답 구조의 변경 속도는 UI의 변경 속도보다 느리고, 하나의 응답을 다양한 UI에서 사용하기도 합니다. 그렇게 시간이 지남에 따라 프런트엔드에서는 API 응답을 그대로 사용하지 않고 적절하게 처리해서 사용합니다.

이럴 때 DTO는 API 응답 데이터를 각 UI에 맞게 구조화하는 역할을 합니다. 다음은 API 응답을 DTO를 통해 구조화하는 예입니다.

예제 10.13 UserDTO를 사용해 API 응답 데이터를 구조화

```
class UserDTO {
  name;
  email;
  phoneNumber;

  constructor({ name, email, phone: { countryCode, phoneNumber } }) {
    this.name = name;
    this.email = email;
    this.phoneNumber = `${countryCode} ${phoneNumber}`;
  }
}

const data = await fetch(`/user/${id}`).then((response) => response.json());
const userDto = new UserDTO(data);
```

1 계층을 추가하는 것은 그 자체로 코드의 복잡도를 높입니다. 따라서 계층을 추가할 때는 계층 추가로 인한 복잡도 상승을 상쇄할 만큼 계층으로 인한 복잡도 감소가 충분히 커야 합니다.

DTO는 예제 10.10을 통해 살펴본 것처럼 외부의 변화를 흡수하는 역할을 합니다. 이를 DTO를 사용하는 모듈, 템플릿 또는 컴포넌트 등의 입장에서 보면 응답 API의 변화에 대응하지 않고 자신의 로직에 집중할 수 있도록 합니다. 특히 예제 10.13과 같이 UI를 그리기에 적절한 데이터 구조를 먼저 정의하고, DTO를 사용해 제공받은 데이터를 필요한 구조로 전달합니다.

이 방법은 초기 개발 과정에서 활용할 수 있습니다. 프런트엔드에서 필요한 데이터를 백엔드 개발자와 논의하고 초기 API 명세를 정의합니다. 그리고 API 개발이 완료되기 전까지 프런트엔드는 명세에 맞는 임의 데이터를 정의해서 사용합니다.

예제 10.14 API 구현 전 임의 데이터 및 DTO를 사용해 UI를 구현

```
function fetchUser(id) {
  // 명세를 따르는 임의의 데이터
  return Promise.resolve({
    name: 'foo',
    email: 'bar@gmail.com',
    phone: {
      countryCode: '+82',
      phoneNumber: '01012345678',
    },
  });
};

function Component({ userId }) {
  const [user, setUser] = useState(null);

  useEffect(() => {
    fetchUser(userId).then((data) => setUser(new UserDTO(data)));
  }, []);

  // ...
}
```

API가 다음 예제와 같이 명세대로 구현되지 않았다면 예제 10.16처럼 컴포넌트가 아닌 DTO에서 변경에 대응할 수 있습니다.

예제 10.15 명세에 정의된 응답 데이터 구조와 실제 구현된 구조

```
// 기존 명세 구조
{
  name: string;
  email: string;
  phone: {
    countryCode: string;
    phoneNumber: string;
  };
}
```

```
// API 구현 이후 응답 구조
{
  personal: {
    name: string;
    email: string;
    phone: {
      countryCode: string;
      phoneNumber: string;
    };
  };
  service: {
    point: number;
    grade: string;
  };
}
```

예제 10.16 바뀐 데이터 구조에 대해 컴포넌트가 아닌 DTO가 대응

```
class UserDTO {
  name;
  email;
  phoneNumber;

  constructor({ personal }) {
    // 바뀐 데이터 구조에 대응하는 코드
```

```
    const {
      name,
      email,
      phone: { countryCode, phoneNumber },
    } = personal;

    this.name = name;
    this.email = email;
    this.phoneNumber = `${countryCode} ${phoneNumber}`;
  }
}

function fetchUser(id) {
  // 구현된 API를 호출하도록 변경
  return fetch(`/user/${id}`).then((response) => response.json());
};

function Component({ userId }) {
  const [user, setUser] = useState(null);

  useEffect(() => {
    fetchUser(userId).then((data) => setUser(new UserDTO(data)));
  }, []);

  // ...
}
```

외부에서 데이터를 가져오는 것처럼 데이터에 대해 프런트엔드에서 주도권을 갖기 어려운 경우 DTO의 활용 가치는 더욱 올라갑니다. 하지만 모든 데이터 구조에 대해 기계적으로 DTO를 정의하는 경우 불필요한 계층이 생김으로써 코드 복잡도를 높일 수 있기 때문에 충분한 고민이 필요합니다.

2부

지속 가능성

소프트웨어 개발에서 지속 가능성이란 무엇을 의미할까요? 그리고 변화가 많은 프런트엔드 환경에서 지속 가능한 코드를 만드는 것은 정말 가능한 일일까요?

코드를 수정하다가 '이럴 바에는 새로 짜는 것이 낫겠다'라는 생각이 든다면 우리는 이미 지속 가능성의 문제에 부딪힌 것일지도 모릅니다. 처음부터 다시 만들기를 고민하게 되는 이유는 여러 가지가 있습니다. 기대와 달리 수정하기가 너무 어렵거나, 사소한 변경이 어디까지 영향을 미칠지 예측할 수 없거나, 코드를 이해하는 데 너무 많은 시간을 쏟아야 하는 경우가 그렇습니다.

특히 프런트엔드 개발은 본질적으로 복잡한 상호작용을 다룹니다. 사용자의 예측 불가능한 행동, 수시로 변하는 서버 데이터, 브라우저와 같은 외부 환경, 그리고 비교적 빈번한 요구사항 변경까지. 이 모든 것이 하나의 화면 위에서 동시에 일어나고 서로에게 영향을 줍니다. 마치 여러 갈래의 길이 하나의 좁은 공간에서 복잡하게 얽히는 것과 같습니다.

이러한 환경에서 버튼을 이곳에서 저곳으로 옮기는 것처럼 간단해 보이는 수정 요청을 자주 받다 보면 종종 눈앞의 기능 구현에만 급급하게 됩니다. 그 결과, 코드는 점점 꼬여가고, 어느새 누구도 쉽게 건드릴 수 없는 상태가 되어버립니다. 결국 새로 만드는 것이 가장 합리적인 선택처럼 느껴지는 순간이 오기도 합니다.

하지만 쉬운 선택으로 보이는 '다시 만들기'는 좋은 선택이 되기 어렵습니다. 문제를 발생시킨 구조와 습관을 그대로 유지한 채로 다시 만든다면 새로운 코드도 머지않아 과거의 복잡성을 똑같이 되풀이할 가능성이 높기 때문입니다.

그렇다면 이 복잡함 속에서 추구해야 할 지속 가능성이란 무엇일까요? 애플리케이션이 동작하는 것을 넘어, 변경 비용을 낮추고 상대적으로 예측 가능하게 만드는 코드를 지속 가능한 코드라고 할 수 있습니다. 다른 말로, 시간이 흘러 요구사항이 바뀌거나 새로운 동료가 합류했을 때 코드를 완전히 새로 작성하는 것이 아닌, 다른 선택을 할 수 있도록 하는 코드를 의미합니다.

이러한 지속 가능성은 거창한 설계에서 나오기보다 익숙한 문제들을 조금 다른 관점에서 바라보는 데서 시작되곤 합니다. 예를 들어, 평소와 같이 UI 요소, 상태, 데이터, 로직 등을 다루다가 복잡함이 보인다면 그대로 작성하기보다 새로운 시각으로 코드를 바라봅니다. 같은 반복문 또는 조건문이라도 UI를 다루는지, 비즈니스 로직을 다루는지 고민하는 데서 작지만 큰 변화가 생길 수 있습니다. 이 변화는 잦은 수정 사이에 변화에 민감하지 않은 안전지대를 만들어 줍니다. 검증하기 어려운 코드를 검증 가능하도록 가능성을 열어주기도 합니다.

결국 지속 가능성은 유행에 따른 패턴이나 노하우를 통해 한 번에 달성할 수 있는 것이 아니라, 작지만 핵심적인 원칙을 계속해서 고민하고 적용하고 응용하는 과정에서 나옵니다. 2부에서는 이러한 고민을 해결하는 데 도움이 될 구체적인 아이디어를 하나씩 살펴봅니다.

CHAPTER

11

비즈니스 로직 분리

비즈니스 로직이란 무엇일까요? 『도메인 주도 설계』에서는 다음과 같이 설명합니다.

> *"모든 소프트웨어 프로그램은 그 소프트웨어를 사용하는 사용자의 활동이나 관심사와 관련되어 있다. 사용자가 프로그램을 사용하는 대상 영역이 바로 해당 소프트웨어의 도메인(domain)이다. …(중략)… 사용자의 활동과 관련된 지식 체계에 집중해야 한다."*[1]

즉, 저자인 에릭 에반스는 도메인을 통해 도메인 로직 또는 비즈니스 로직이 무엇인지 설명합니다. 그에 따르면 **비즈니스 로직은 사용자가 프로그램을 사용하는 영역에 대한 지식 체계**입니다. 예를 들어, 프로그램을 통해 쇼핑몰을 구현했다면 쇼핑몰이 곧 도메인입니다. 그리고 '상품을 장바구니에 담을 수 있다'는 사용자가 쇼핑몰에서 할 수 있는 활동입니다. 그리고 이와 관련된 지식은 비즈니스 로직입니다. 비슷한 논리로 '할인은 결제할 때 한 가지만 적용할 수 있다' 역시 비즈니스 로직입니다. 반면 '장바구니 버튼을 클릭했을 때 장바구니 버튼을 깜빡이고, 헤더에 위치한 장바구니 아이콘 배지를 업데이트하는 것'은 활동과 관련된 지식이 아니므로 비즈니스 로직이 아닙니다.

1 『도메인 주도 설계』(위키북스, 2016), 2쪽

코드를 통해 조금 더 구체적으로 살펴보겠습니다. 다음은 입력받은 점수에 따라 결과를 색상과 함께 보여주는 코드입니다.

예제 11.1 제출 버튼을 클릭했을 때 점수에 따라 색상을 변경하는 이벤트 리스너

```
document.getElementById('submit-button').addEventListener('click', () => {
  const score = parseFloat(document.getElementById('score-input').value);

  let color;
  if (score >= 80) {
    color = 'green';
  } else if (score >= 50) {
    color = 'yellow';
  } else {
    color = 'red';
  }

  const $result = document.getElementById('result');
  $result.style.backgroundColor = color;
  $result.textContent = `점수: ${score}`;
});
```

여기서 비즈니스 로직은 무엇일까요? 비즈니스 로직을 구별하는 데 어려움이 있다면 비즈니스 로직이 아닌 부분을 먼저 찾아보면 좋습니다. 예제 11.1의 코드 중 아이디 속성으로 score-input을 갖는 요소로부터 점수를 가져오고, 아이디 속성으로 result를 갖는 요소의 배경색과 내용을 변경하는 부분은 의심의 여지없이 **UI를 다루는 뷰 로직(view logic)**입니다.

예제 11.2 제출 버튼 이벤트 리스너 내부에 있는 뷰 로직

```
const score = parseFloat(document.getElementById('score-input').value);

const $result = document.getElementById('result');
$result.style.backgroundColor = color;
$result.textContent = `점수: ${score}`;
```

참고 뷰 로직의 범위

애플리케이션에서 사용자 인터페이스를 다루는 로직은 조금 더 세분화하여 MVVM 패턴의 뷰(View)와 뷰 모델(View Model)로 나뉘기도 하고, MVP 패턴의 뷰(View)와 프레젠터(Presenter)로 나뉘기도 합니다. 여기서 주목할 점은 모든 패턴이 비즈니스 로직을 담당하는 모델(Model)을 뷰로부터 분리한다는 것입니다.

여기서는 프런트엔드 코드 중 비즈니스 로직을 제외하고 UI를 다루는 로직을 광범위하게 뷰 로직으로 다룸으로써 특정 아키텍처 패턴에 집중하기보다는 비즈니스 로직과 뷰 로직을 분리하는 데 초점을 맞춥니다.

예제 11.1에서 예제 11.2 부분을 제거하면 다음과 같은 코드가 남습니다.

예제 11.3 제출 버튼 이벤트 리스너 내부 코드에서 뷰 로직을 제거하고 남은 부분

```
let color;
if (score >= 80) {
  color = 'green';
} else if (score >= 50) {
  color = 'yellow';
} else {
  color = 'red';
}
```

이 코드는 비즈니스 로직일까요? 그럴 가능성이 높습니다. 사용자가 애플리케이션을 사용하는 영역과 관련된 지식인 '점수 구간을 나누는 기준'이 담겨 있기 때문입니다. 이 부분을 getColorByScore 함수로 분리해보겠습니다.

예제 11.4 제출 버튼 이벤트 리스너로부터 비즈니스 로직을 분리

```
function getColorByScore(score) {
  if (score >= 80) {
    return 'green';
  } else if (score >= 50) {
    return 'yellow';
  } else {
    return 'red';
  }
}
```

```
document.getElementById('submit-button').addEventListener('click', () => {
  const score = parseFloat(document.getElementById('score-input').value);

  const color = getColorByScore(score);

  const $result = document.getElementById('result');
  $result.style.backgroundColor = color;
  $result.textContent = `점수: ${score}`;
});
```

위와 같이 이벤트 리스너에서 비즈니스 로직을 분리하면 이벤트 리스너에는 뷰 로직, 그리고 뷰 로직과 협력하는 `getColorByScore` 함수가 남습니다. 그리고 `getColorByScore` 함수에는 비즈니스 로직이 있습니다. 하지만 아직 아쉽습니다. UI를 다루는 뷰 로직에서 비즈니스 로직을 분리하는 것이 목적이었는데, `getColorByScore` 함수에 색상과 관련된 값인 'green', 'yellow', 'red'가 남아있습니다. 그래서 다음과 같이 `getColorByScore` 함수에서 비즈니스 로직을 한 번 더 분리합니다.

예제 11.5 getColorByScore 함수에서 비즈니스 로직을 분리

```
function evaluateScore(score) {
  if (score >= 80) {
    return 'excellent';
  } else if (score >= 50) {
    return 'good';
  } else {
    return 'not bad';
  }
}

function getColorByScore(score) {
  const status = evaluateScore(score);

  if (status === 'excellent') {
    return 'green';
  }
```

```
  if (status === 'good') {
    return 'yellow';
  }

  return 'red';
}

document.getElementById('submit-button').addEventListener('click', () => {
  const score = parseFloat(document.getElementById('score-input').value);

  const color = getColorByScore(score);

  const $result = document.getElementById('result');
  $result.style.backgroundColor = color;
  $result.textContent = `점수: ${score}`;
});
```

이제 새로 만든 evaluateScore 함수는 비즈니스 로직만 담고 있습니다. 그리고 getColorByScore 함수는 비즈니스 상태를 색상으로 매핑하는 로직을 담고 있으며, 이벤트 리스너는 뷰 로직을 담고 있습니다.

evaluateScore 함수는 뷰에 대한 지식 없이 서비스의 일부를 설명하고 있습니다. **점수가 80점 이상이라면 excellent, 점수가 50점 이상이고 80점 미만이라면 good, 그 외에는 not bad입니다.** 이러한 지식 체계는 사용자가 프로그램을 이용하는 영역, 즉 도메인에 해당하기 때문에 프런트엔드뿐만 아니라 비즈니스 전반에 걸쳐 어디에든 적용됩니다. 또한 이러한 지식 체계 및 관련 로직은 프런트엔드에도 예외 없이 존재합니다.

11.1 비즈니스 로직을 분리하는 이유

비즈니스 로직을 분리해야 하는 이유는 무엇일까요? 다양한 이유 중 하나는 비즈니스 로직과 비즈니스 로직이 아닌 다른 로직의 변경 빈도나 속도가 서로 다르기 때문입니다.[2] 메릭 크리스

2 『오브젝트』(위키북스, 2019), 229쪽

텐슨(Merrick Christensen)은 헤드리스 UI 컴포넌트를 설명하는 글에서 "인터페이스는 메커니즘보다 훨씬 더 빠른 속도로 변함으로써 이 둘은 서로 다른 시간대에 변화하는 경향이 있다. GUI 도구의 보이는 부분에 대한 유행은 바뀌지만, 래스터(raster) 연산과 합성은 영원하다."라며 사용자 인터페이스와 다른 부분의 속도 차이를 설명합니다.[3]

관심사가 서로 다른 비즈니스 로직과 뷰 로직이 한 모듈에 모여 있으면 속성과 메서드를 공유하는 것을 넘어 세부적인 코드까지 섞이면서 강하게 결합됩니다. 이 상황에서 한 로직의 변경은 다른 로직에 영향을 줄 가능성이 크게 높아집니다. 비즈니스 로직은 변경의 빈도가 적은 반면, 뷰 로직의 변경은 빈번하게 발생합니다. 결국 강한 결합과 빠른 속도로 바뀌는 뷰 로직으로 인해 안정적이어야 하는 비즈니스 로직은 잦은 변경에 노출됩니다.

이 둘을 분리하면 빠르게 변하는 뷰 로직은 느리게 변하고 비교적 안정적인 비즈니스 로직에 의존하게 됩니다.[4] 또한 뷰 로직은 모듈 내부에서 구체적인 비즈니스 로직에 의존하는 것이 아닌, 비즈니스 로직 인터페이스에 의존하게 됩니다. 결국 둘 사이의 결합도를 낮추고 뷰 로직으로 인한 변경의 영향을 줄일 수 있습니다.

예제 11.5에서 다뤘던 점수 표현 코드를 다음과 같이 리액트 코드로 바꿔보겠습니다.

예제 11.6 점수 결과에 따른 색상 변경 코드를 리액트로 전환

```
function ScoreApp() {
  const [score, setScore] = useState(0);
  const color = getColorByScore(score);

  return (
    <div style={{ backgroundColor: color }}>
      <input
        type="number"
        value={score}
        onChange={(e) => setScore(parseFloat(e.target.value))}
      />
      <p>점수: {score}</p>
```

3 https://www.merrickchristensen.com/articles/headless-user-interface-components/

4 『만들면서 배우는 클린 아키텍처』(위키북스, 2021), 125쪽

```
    </div>
  );
}
```

바닐라 자바스크립트 코드에서 리액트 코드로 변경하는 데 있어 비즈니스 로직인 evaluateScore 함수는 더 이상 관심사가 아닙니다. 점수 구간별로 대응하는 색상이 바뀌는 것은 getColorByScore 함수에서 대응합니다. 반면 evaluateScore 함수에서 다루는 점수 구간은 재정의를 위한 논의를 거치지 않는 이상 바뀌지 않습니다.[5]

정리하면, 바닐라 자바스크립트에서 리액트 코드로 환경을 바꾸더라도 비즈니스 로직을 담당하는 evaluateScore 함수는 영향을 받지 않습니다. 이는 세부적인 리액트 코드, 점수 구간별 색상이 바뀌더라도 마찬가지입니다.

두 로직이 분리되지 않았다면 score뿐만 아니라 점수를 나타내는 상태인 'excellent', 'good', 'not bad'와 색상을 나타내는 color를 리액트 상태로 관리하는 경우도 발생합니다. 이러한 **가능성**은 뷰 로직의 변경이 비즈니스 로직에 보다 많은 영향을 끼칠 수 있다는 것을 의미합니다.

반면 예제 11.6은 뷰 로직이 비즈니스 로직의 인터페이스에 의존하고 구체적인 구현 내용에 영향을 주지 않습니다. 그렇기 때문에 많은 양의 뷰 로직 변경에도 비즈니스 로직은 변하지 않을 수 있습니다. 결론적으로 각 로직은 이전과 달리 **각자의 변화 속도에 맞춰 변경**될 수 있습니다.

비즈니스 로직을 분리하는 또 다른 이유는 비즈니스 로직의 중복입니다. 비즈니스 로직은 성격상 중복으로 정의할 수 없습니다. 예를 들어, '할인은 상품을 3개 이상 구매해야 적용 가능하다'라는 도메인 지식은 하나이지 둘이 아닙니다. 하지만 코드에서는 비즈니스 로직의 중복이 있을 수 있습니다.

다음 예제에서는 할인 적용을 위한 최소 상품 개수를 각자 정의하고 서로 다른 방법으로 사용합니다. 즉, 동일한 도메인 지식을 서로 다른 비즈니스 로직으로 구현했습니다.

---

5 도메인 규칙을 변경하는 것은 어떤 경로든 비즈니스 및 애플리케이션 전반에 영향을 줄 수밖에 없습니다. 도메인 규칙은 개발자 단독으로 결정하지 않고 다양한 이해관계자와 합의한 결과이기 때문입니다.

예제 11.7 동일한 할인 지식을 여러 컴포넌트에서 서로 다른 방법으로 구현

```
function formatPriceToWon(price) {
  return `${price}원`;
}

// 할인 적용 가능한 상품 개수(countOfDiscountableProducts)를 그대로 사용
function Products(props) {
  const [discount, setDiscount] = useState(0);

  return (
    <p>
      추가 상품을 ${props.countOfDiscountableProducts}개 이상 구매하면 추가 할인
      {formatPriceToWon(discount)} 제공!
    </p>
  );
}

// 할인 적용 가능한 상품 개수(discountThreshold)를 조건식과 함께 사용
function PaymentInfoPanel(props) {
  const [totalPrice, setTotalPrice] = useState(0);
  const [totalDiscount, setTotalDiscount] = useState(0);

  return (
    <p>
      {formatPriceToWon(
        props.discountThreshold >= 3 ? totalPrice - totalDiscount : totalPrice,
      )}
    </p>
  );
}
```

이처럼 단일 지식을 중복으로 구현하면 변경이 발생했을 때 구현체를 찾아다니고, 구현 방식을 살피고, 뷰에 영향이 가지 않도록 구현 방법에 따라 수정해야 합니다. 따라서 비즈니스 로직은 중복이 발생하지 않도록 분리하고, 재사용 가능하게끔 만들어야 합니다.

이제 몇 가지 사례를 통해 로직을 분리하는 것이 좋은 상황과 방법을 구체적으로 살펴보겠습니다.

11.2 사례 1: 입력 요소와 에러 메시지

각 로직 분리와 관련해서 가장 많은 대화와 피드백을 주고받는 주제 중 하나는 입력 요소(input)와 에러 메시지를 다루는 방법입니다. 다음과 같이 비밀번호를 받는 간단한 입력 요소가 있다고 가정해 봅시다.

예제 11.8 비밀번호 입력 컴포넌트

```
function InputPassword() {
  const [password, setPassword] = useState('');
  const isValid = password.length >= 8;

  const handleOnChange = (event) => {
    setPassword(event.target.value);
  };

  return (
    <div>
      <label htmlFor="password">비밀번호</label>
      <input
        id="password"
        type="password"
        value={password}
        onChange={handleOnChange}
      />
      {isValid ? null : <p>비밀번호는 8자 이상 입력해야 합니다.</p>}
    </div>
  );
}
```

위 예제에서 '비밀번호가 8자 이상이어야 한다'라는 도메인 지식은 비즈니스 로직입니다. 따라서 이를 다음과 같이 분리할 수 있습니다.

예제 11.9 컴포넌트에서 비밀번호 규칙과 관련된 비즈니스 로직을 분리

```
function isValidPassword(password) {
  if (password.length < 8) {
    return false;
  }

  return true;
}

function InputPassword() {
  const [password, setPassword] = useState('');
  const isValid = isValidPassword(password);

  const handleOnChange = (event) => {
    setPassword(event.target.value);
  };

  // 기존과 동일
}
```

이제 isValidPassword 함수의 인터페이스가 바뀌지 않는 이상, 비밀번호를 검증하는 비즈니스 로직을 변경하려면 isValidPassword 함수만 수정하면 됩니다. 예를 들어, 비밀번호의 최소 자리수가 8자리에서 12자리로 바뀐다면 다음과 같이 isValidPassword 함수만 수정합니다.

예제 11.10 비밀번호 검증 규칙을 변경

```
function isValidPassword(password) {
  if (password.length < 12) {
    return false;
  }

  return true;
}
```

이 사실은 매우 중요합니다. 비즈니스 로직을 분리하면 비밀번호의 유효성을 검증하는 로직은 인터페이스를 통해 외부와 협력합니다. 따라서 인터페이스가 바뀌지 않는다면 세부적인 코드

가 바뀌더라도 외부에 영향을 주지 않습니다. 또한 로직이 순수해서 관리 비용이 감소하며, 비밀번호 검증 로직을 다른 곳에서 재사용할 수 있습니다.

11.3 사례 2: 리스트 필터링

리스트를 필터링하는 로직은 프런트엔드 개발을 하다 보면 빈번하게 마주하는 로직 중 하나입니다. 비즈니스 로직인 경우도 있지만 엄밀히 따지다 보면 비즈니스 로직인지 의문이 생기기도 합니다. 이번에는 리스트 필터링처럼 비즈니스 로직인지 확신할 수 없는 경우에도 변경 빈도가 낮은 부분을 분리함으로써 코드를 개선하는 과정을 살펴보겠습니다.

먼저 다음과 같이 구매 가능 여부에 따라 필터링할 수 있는 상품 리스트 컴포넌트가 있다고 가정해 봅시다.

예제 11.11 구매 가능 상품에 대한 필터

```
function Products({ products, initialCanBuyFilter }) {
  const [canBuyFilter, setCanBuyFilter] = useState(initialCanBuyFilter);
  const [filteredProducts, setFilteredProducts] = useState([]);

  const handleOnChangeCanBuyFilter = (event) => {
    setCanBuyFilter(event.target.checked);
  };

  useEffect(() => {
    const result = products.filter((product) => {
      return product.canBuy === canBuyFilter;
    });

    setFilteredProducts(result);
  }, [products, canBuyFilter]);

  return (
    <div>
      <label>
        <input
```

```
        type="checkbox"
        checked={canBuyFilter}
        onChange={handleOnChangeCanBuyFilter}
      />
      구매 가능
    </label>

    <ul>
      {filteredProducts.map((product) => (
        <li>
          <ProductCard {...product} />
        </li>
      ))}
    </ul>
  </div>
 );
}
```

상태를 나타내는 canBuyFilter는 구매 가능 여부에 따라 상품을 필터링하는지 여부를 담고 있습니다. 그리고 필터 여부를 변경하면 컴포넌트 속성으로 전달받은 상품 배열에서 조건에 맞는 상품만 필터링해서 filteredProducts를 갱신합니다.

이제 Products 컴포넌트에 이벤트 중인 상품인지 아닌지 여부를 판단하는 필터를 추가합니다. 로직에 집중하기 위해 HTML 요소와 이벤트 리스너 등은 생략합니다.

예제 11.12 구매 가능 여부 및 이벤트 유무 필터가 포함된 Products 컴포넌트

```
function Products({
  products,
  initialCanBuyFilter,
  initialIsUnderEventFilter,
}) {
  // 구매 가능 여부 필터
  const [canBuyFilter, setCanBuyFilter] = useState(initialCanBuyFilter);
  // 이벤트 여부 필터
  const [isUnderEventFilter, setIsUnderEventFilter] = useState(
    initialIsUnderEventFilter,
```

```
  );
  const [filteredProducts, setFilteredProducts] = useState([]);

  useEffect(() => {
    const result = products.filter((product) => {
      return (
        product.canBuy === canBuyFilter &&
        product.isUnderEvent === isUnderEventFilter
      );
    });

    setFilteredProducts(result);
  }, [products, canBuyFilter, isUnderEventFilter]);

  return {
    /* ... */
  };
}
```

마지막으로 상품 종류 필터를 추가하려고 합니다. 이 필터는 의류, 가구, 식품 등과 같은 상품의 종류별로 필터링할 수 있습니다. 이 필터는 필터링한 결과 개수를 페이지에 함께 노출합니다. 예를 들어, 필터링한 결과로 상품 중 의류는 35가지, 가구 7가지, 식품 27가지라면 '의류(35) 가구 (7) 식품 (27)'과 같이 표현해야 합니다. 이 개수들은 구매 가능 여부 및 이벤트 진행 여부에 따라 달라지지만 어떤 상품 종류를 선택했느냐에 따라 달라지지 않습니다. 즉, 각 카테고리 옆 숫자는 구매 가능 여부 및 이벤트 진행 여부에 따라 필터링한 상품의 개수를 보여주고, 카테고리 필터를 선택하면 상품 개수를 변경하지 않고 상품 리스트에서 상품을 필터링하는 역할만 합니다.

이 기능을 지금까지 필터링을 추가한 방법으로 구현하면 다음과 같습니다.

예제 11.13 Products 컴포넌트에 상품 카테고리별 필터를 추가

```
const CATEGORY = {
  ALL: 'ALL',
  GROCERIES: 'GROCERIES',
  HOUSEHOLD: 'HOUSEHOLD',
```

```
  ELECTRONICS: 'ELECTRONICS',
  CLOTHING: 'CLOTHING',
};

function Products({
  products,
  initialCanBuyFilter,
  initialIsUnderEventFilter,
  initialCategoryFilter = CATEGORY.ALL,
}) {
  // 구매 가능 여부 필터
  const [canBuyFilter, setCanBuyFilter] = useState(initialCanBuyFilter);
  // 이벤트 여부 필터
  const [isUnderEventFilter, setIsUnderEventFilter] = useState(
    initialIsUnderEventFilter,
  );
  // 카테고리 필터
  const [categoryFilter, setCategoryFilter] = useState(initialCategoryFilter);
  const [filteredProducts, setFilteredProducts] = useState([]);

  useEffect(() => {
    const result = products.filter((product) => {
      return product.canBuy === canBuyFilter &&
        product.isUnderEvent === isUnderEventFilter &&
        categoryFilter === CATEGORY.ALL
        ? true
        : product.category.name === categoryFilter;
    });

    setFilteredProducts(result);
  }, [products, canBuyFilter, isUnderEventFilter, categoryFilter]);

  return {
    /* ... */
  };
}
```

하지만 이 방법은 카테고리별 상품의 개수를 파악하는 데 한계가 있습니다. 왜냐하면 categoryFilter의 값이 CATEGORY.ALL이 아닌 경우, 필터링한 상품 리스트인 filteredProducts가 바뀌면서 다른 카테고리에 해당하는 상품의 개수를 파악할 수 없기 때문입니다.

따라서 다음과 같이 상품 종류별로 필터를 적용해 filteredProducts를 만들기 전에 각 카테고리별 상품의 개수를 파악해야 합니다.

예제 11.14 각 카테고리별 상품의 개수를 먼저 파악하도록 개선

```
function Products({
  products,
  initialCanBuyFilter,
  initialIsUnderEventFilter,
  initialCategoryFilter = CATEGORY.ALL,
}) {
  // 구매 가능 여부 필터
  const [canBuyFilter, setCanBuyFilter] = useState(initialCanBuyFilter);
  // 이벤트 여부 필터
  const [isUnderEventFilter, setIsUnderEventFilter] = useState(
    initialIsUnderEventFilter,
  );
  // 카테고리 필터
  const [categoryFilter, setCategoryFilter] = useState(initialCategoryFilter);
  // 카테고리별 상품 개수
  const [categoriesWithCount, setCategoriesWithCount] = useState([]);
  const [filteredProducts, setFilteredProducts] = useState([]);

  useEffect(() => {
    // 카테고리별 상품 개수를 파악하는 함수
    const getCategoriesWithCount = (products) => {
      // 상세 구현 생략
    };


    const preFilteredProducts = products.filter((product) => {
      return (
```

```
        product.canBuy === canBuyFilter &&
        product.isUnderEvent === isUnderEventFilter
      );
    });

    // 구매 가능 여부, 이벤트 진행 여부에 따라 필터링된 상품으로 카테고리별 개수를 파악
    const categoriesWithCountResult =
      getCategoriesWithCount(preFilteredProducts);
    setCategoriesWithCount(categoriesWithCountResult);

    // 개수를 파악한 이후에 카테고리별로 상품을 필터링합니다.
    const filteredProductsByCategory =
      categoryFilter === CATEGORY.ALL
        ? preFilteredProducts
        : preFilteredProducts.filter((product) => {
            return product.category.name === categoryFilter;
          });

    setFilteredProducts(filteredProductsByCategory);
  }, [products, canBuyFilter, isUnderEventFilter, categoryFilter]);

  return {
    /* ... */
  };
}
```

상품 필터는 세 가지뿐이지만 코드는 상당히 복잡해졌습니다. 해당 컴포넌트에 상품 리스트와 관련된 다른 로직이 있거나 다른 필터를 추가한다면 코드는 훨씬 더 복잡해집니다. 이러한 경우 UI와 같이 자주 변경하는 코드로 인해 복잡하지만 거의 바뀌지 않는 필터 로직이 영향을 받고 불안정해질 수 있습니다. 특히 예제 11.14처럼 실행 순서를 지켜야 하는 경우 더욱 세심하게 다뤄야 합니다. 따라서 변경의 영향을 적게 받도록 캡슐화하고 인터페이스를 통해 협력하도록 수정해야 합니다.

다음 예제에서는 순서를 포함한 필터링 로직을 리액트 훅인 useFilter로 캡슐화합니다.

예제 11.15 수정 빈도가 낮은 필터링 로직을 useFilter로 캡슐화

```
const useFilter = ({
  products,
  canBuyFilter,
  isUnderEventFilter,
  categoryFilter,
}) => {
  // 카테고리별 상품 개수
  const [categoriesWithCount, setCategoriesWithCount] = useState([]);
  const [filteredProducts, setFilteredProducts] = useState([]);

  // NOTE: 카테고리별 개수를 파악하기 전 적용하는 필터와 이후에 적용하는 필터 사이에 순서가
있습니다.
  useEffect(() => {
    // 카테고리별 상품 개수를 파악하는 함수
    const getCategoriesWithCount = (products) => {
      // 상세 구현 생략
    };

    const preFilteredProducts = products.filter((product) => {
      return (
        product.canBuy === canBuyFilter &&
        product.isUnderEvent === isUnderEventFilter
      );
    });

    // 구매 가능 여부, 이벤트 진행 여부에 따라 필터링된 상품으로 카테고리별 개수를 파악
    const categoriesWithCountResult =
      getCategoriesWithCount(preFilteredProducts);
    setCategoriesWithCount(categoriesWithCountResult);

    // 개수를 파악한 이후에 카테고리별로 상품을 필터링합니다.
    const filteredProductsByCategory =
      categoryFilter === CATEGORY.ALL
        ? preFilteredProducts
        : preFilteredProducts.filter((product) => {
            return product.category.name === categoryFilter;
```

```
    });

    setFilteredProducts(filteredProductsByCategory);
  }, [products, canBuyFilter, isUnderEventFilter, categoryFilter]);

  return {
    categoriesWithCount,
    filteredProducts,
  };
};

function Products({
  products,
  initialCanBuyFilter,
  initialIsUnderEventFilter,
  initialCategoryFilter = CATEGORY.ALL,
}) {
  // 구매 가능 여부 필터
  const [canBuyFilter, setCanBuyFilter] = useState(initialCanBuyFilter);
  // 이벤트 여부 필터
  const [isUnderEventFilter, setIsUnderEventFilter] = useState(
    initialIsUnderEventFilter,
  );
  // 카테고리 필터
  const [categoryFilter, setCategoryFilter] = useState(initialCategoryFilter);

  const { categoriesWithCount, filteredProducts } = useFilter({
    products,
    canBuyFilter,
    isUnderEventFilter,
    categoryFilter,
  });

  return {
    /* ... */
  };
}
```

이렇게 함으로써 `Products` 컴포넌트는 필터링 로직과 세부 코드를 공유하지 않고 인터페이스를 통해 협력합니다. 따라서 인터페이스에 영향을 주지 않는 UI와 관련된 변경은 필터링 로직에 영향을 주지 않습니다. 또한 필터링 로직의 관심사가 분리돼 있기 때문에 필터링 로직을 수정하는 경우 `useFilter` 훅을 통해 대부분의 로직을 검토할 수 있습니다.

11.4 규모에 맞게 분리하기

코드는 계속해서 바뀝니다. 규모가 커지기도 작아지기도 하며, 복잡해지기도 단순해지기도 합니다. 코드가 바뀌는 것은 미래에 발생할 일입니다. 그렇기 때문에 미리 파악하고 대응하는 것은 먼 미래의 일일수록 불가능에 가깝습니다. 따라서 로직을 분리하는 데 있어서 처음부터 미리 모든 경우의 수를 따져서 조금 더 일반적인 방법으로 접근하는 것은 불필요한 비용을 만들고 키울 가능성이 높습니다. 그리고 실제로 대부분의 경우 단순한 분리만으로 큰 효용을 경험할 수 있습니다.

따라서 간단한 로직은 함수 등을 사용해 단순하게 분리합니다. 대신 함수라고 해서 무턱대고 분리해서는 안 됩니다. 외부에서 몰라도 되는 정보를 노출하지 않는지, 로직이 여러 함수로 분산돼 있지 않은지, 또는 너무 한곳에 몰려 있지 않은지 등을 고려해야 합니다.

시간이 지나고 애플리케이션의 규모가 커지면 분리된 비즈니스 로직 또한 규모가 커지고 복잡해지면서 이를 효과적으로 관리하기 위한 별도의 상태와 로직이 필요합니다. 그리고 여기에 맞는 관리 방법 또한 필요합니다.

코드의 규모가 커지면 직관에 따른 분리는 종종 코드를 복잡하게 만듭니다. 그럴 때는 코드에 미시적으로 접근하기보다 거시적으로 접근하고, 좀 더 엄밀하게 뷰 로직과 비즈니스 로직을 분리할 필요가 있습니다. 이는 컴포넌트의 역할 정의, 유틸리티 함수 및 API 호출 방식 등에 대한 거시적인 규칙들이 존재하더라도 개별 코드 수준에서 이러한 규칙이 지켜지지 않는 예외가 발생하면 전체 코드의 일관성이 깨지고 이해하기가 더욱 어려워지기 때문입니다.

규칙을 어기는 예외적인 코드가 발생한다는 것은 규칙을 지키지 않고 편하고 빠르게 코드를 생성하거나 수정하는 방법이 있다는 것입니다. 이런 유혹을 이기려면 탄탄한 근거와 협력이 필요합니다. 특히 코드에 대한 거시적인 접근은 큰 조직부터 작은 조직, 심지어 혼자 일할 때도 더 넓은 영향력을 갖기 때문에 더욱 그렇습니다.

그런 의미에서 뷰 로직과 비즈니스 로직을 분리하는 규칙은 단순하지만 큰 규모의 코드를 관리하는 효과적인 방법 중 하나입니다. 그럼 규모가 큰 코드에서 비즈니스 로직을 어떻게 분리하면 좋을지 알아보겠습니다.

11.5 큰 규모의 코드에서 비즈니스 로직 분리하기

큰 규모의 코드에서 뷰 로직만 있거나 비즈니스 로직만 있는 코드는 접하기 어렵습니다. 특히 크고 복잡한 코드는 여러 종류의 복잡한 로직을 포함하고 있기 마련입니다. 이때 부수 효과를 포함한 뷰 로직으로부터 비즈니스 로직을 분리하는 것은 코드를 이해하고 관리하는 것을 수월하게 만듭니다.

이러한 분리는 코드 구조 단위에서 관심사를 분리하는 것과 같고, 코드를 이해하고 관련 논의를 수월하게 만듭니다. 예를 들어, '뷰를 업데이트할 때 관련 데이터를 요청하고 응답으로 받은 데이터를 비즈니스 로직을 통해 처리한 다음, 뷰에서 활용한다'와 같이 세부적인 구현이 아닌 거시적인 코드 구조를 통해 1차적으로 이해할 수 있기 때문입니다.

뷰와 비즈니스 로직 간 협업은 프런트엔드와 백엔드 서버와의 요청 및 응답을 떠올리게 합니다. 프런트엔드 개발자에게 메시지에 기반한 계층 간 커뮤니케이션이라고 하면 프런트엔드와 백엔드 간 API 통신이라는 익숙한 개념을 연상시키기 때문입니다. 이 이미지는 큰 규모의 코드에서 비즈니스 로직을 어떻게 분리해야 하는지에 관한 힌트를 제공합니다.

예제 11.15까지 살펴본 리스트 필터링은 익숙하고 빠른 방법으로 코드를 나누는 과정을 보여줍니다. 이 습관은 작은 규모의 코드에서 문제없이 동작하지만 규모가 큰 코드에서는 문제를 발생시킬 수도 있습니다. 비즈니스 로직의 상태를 뷰의 상태로 관리하면 비즈니스 로직을 파악할 때 뷰 로직의 흐름도 함께 파악해야 하기 때문입니다. 특히 리액트와 같이 감춰진 생명주기를 가진 프런트엔드 환경에서 비즈니스 상태를 UI 상태로 관리하는 것은 비즈니스 로직에 집중해서 개발하는 것을 어렵게 만듭니다.

따라서 큰 규모의 코드에서 비즈니스 로직을 뷰 로직으로부터 분리할 때는 더욱 신경을 써야 하는데, 그 방법 중 하나는 비즈니스 로직의 상태를 뷰의 상태 흐름에 두지 않고 캡슐화를 통해 외부로부터 숨기는 것입니다. 이 구조는 프런트엔드가 백엔드의 요청과 응답 인터페이스(이것이 바로 API)를 활용하는 것처럼, 뷰 로직에서 비즈니스 로직에 인터페이스 기반으로 요청하고 응답을 받아 활용하는 것과 동일합니다.

이제 리스트 필터링 로직을 다시 살펴보겠습니다. 예제 11.15까지는 뷰 상태를 제외한 다른 상태는 없고, 필터링을 제외한 다른 로직도 없습니다. 그러던 중 카테고리를 선택하면 상품 리스트가 버벅거리는 문제가 발생했다고 가정해 보겠습니다. 그래서 코드를 살펴보니 카테고리 필터를 바꿀 때마다 상품의 구매 가능 여부와 카테고리별 상품의 개수를 파악하는 로직을 매번 수행하고 있다는 사실을 알게 됐습니다. 그래서 성능 개선을 위해 캐시를 적용하기로 합니다.

추가하려는 기능은 외부 확장성이 필요하지 않고 오직 필터링 로직에서만 사용합니다. 또한 외부에서 캐시 기능을 사용하는지 알 필요가 없으므로 캡슐화합니다. 이러한 상황을 고려해 리액트 훅이나 함수가 아닌 외부 부수 효과가 없는 독립 객체(Independent Object with Localized Effects, 이하 IOLE)로 비즈니스 로직을 분리 및 캡슐화합니다.

IOLE는 다른 객체와 구분되는 몇 가지 특징이 있습니다. 먼저 IOLE 내부에서 부수 효과를 발생시키는 메서드의 영향 범위는 오직 해당 IOLE 객체의 내부 상태로만 한정되며, 객체 외부에는 어떠한 영향도 주지 않습니다. 또한 표준 라이브러리를 제외한 외부 의존성이 존재하지 않고, 그렇기 때문에 외부로부터의 영향은 인터페이스를 통해 공개한 메서드에 한정됩니다. 이때 의존하는 표준 라이브러리가 객체 외부 환경에 부수 효과를 일으키지 않는지 주의해야 합니다.

참고 IOLE(독립 객체)

IOLE를 한 마디로 정의하면 '인터페이스로 온전히 이해할 수 있는 객체'입니다. 이 개념은 순수 함수(pure function)의 객체 버전입니다. IOLE를 사용하면 객체가 어떻게 동작할지 예측이 가능하며, 그렇기 때문에 테스트하기에 좋습니다. 또한 외부로부터 받는 영향과 외부에 주는 영향이 제한적이므로 재사용하기에 좋습니다.

그렇다고 모든 객체를 독립 객체로 만들기 위해 머리를 싸매지 않아도 됩니다. 왜냐하면 함수와 마찬가지로 대부분의 객체는 외부에 대한 의존성이 존재하고, 의존성이 존재한다는 것은 외부에 부수 효과를 발생시킬 가능성이 존재하기 때문입니다.

여기서 강조하고자 하는 것은 부수 효과가 가득한 프런트엔드 코드에서 순수 함수 또는 IOLE의 비중을 늘리는 것이 그 자체로 코드를 이해하는 데 중요한 역할을 한다는 것입니다.

예를 들어, 상품을 추상화한 Product 객체가 있다고 해봅시다. Product 객체는 다음 예제와 같이 disablePurchase라는 메서드를 가지고 있습니다. 특별한 설명이 없어도 해당 메서드가 구매와 관련된 속성의 값을 바꾼다는 것을 알 수 있습니다. 그리고 해당 인스턴스의 속성에는 영향을 주지만 다른 상품 인스턴스나 예상하지 못한 다른 영역에 영향을 주지 않는다는 것 또한 알 수 있습니다.

예제 11.16 다른 객체에 영향을 주지 않는 순수 객체

```
const shirt = new Product('shirt');
const shoes = new Product('shoes');

// shirt의 disablePurchase 메서드 호출은 shirt에 제한적으로 영향을 끼칩니다.
shirt.disablePurchase();
```

반면, 뷰에서 사용하는 메서드는 그렇지 않습니다. HTML을 다루는 뷰 메서드는 예상하지 못한 영향을 끼칠 수도 있습니다. 예를 들어 div 요소를 찾아 스타일을 수정했을 때 다른 요소를 안 보이게 한다거나 갑자기 스크롤이 안 되는 등 예상하지 못한 영향을 주변 요소에 줄 수 있습니다. 리액트의 경우 특정 상태를 업데이트했을 때 기대하지 않은 훅의 실행으로 다른 상태에 영향을 끼치거나 훅 내부에 API 호출이 있다면 API를 호출할 수도 있습니다.

따라서 이번에 비즈니스 로직을 분리할 때는 뷰의 상태가 아닌 비즈니스 로직의 상태로 활용할 수 있도록 클래스로 분리합니다. 처음에는 추가 기능을 고려하지 않고 다음과 같이 훅에 있는 코드를 그대로 가져와 구현합니다.

예제 11.17 훅에 있던 필터링 로직을 FilterLogic 객체로 분리

```
// useFilter 내부에 있던 로직을 FilterLogic 객체로 분리
class FilterLogic {
  #products = [];
  #categoriesWithCount = [];
  #filteredProducts = [];

  constructor(products) {
    this.#products = products;
  }
```

```
  applyFilter(canBuyFilter, isUnderEventFilter, categoryFilter) {
    // NOTE: 카테고리별 개수를 파악하기 전 적용하는 필터와 이후에 적용하는 필터 사이에
순서가 있습니다.

    const getCategoriesWithCount = (products) => {
      // 카테고리별 개수를 파악하기 위한 코드
    };

    const preFilteredProducts = this.#products.filter((product) => {
      return (
        product.canBuy === canBuyFilter &&
        product.isUnderEvent === isUnderEventFilter
      );
    });

    this.#categoriesWithCount = getCategoriesWithCount(preFilteredProducts);

    this.#filteredProducts =
      categoryFilter === CATEGORY.ALL
        ? preFilteredProducts
        : preFilteredProducts.filter((product) => {
            return product.category.name === categoryFilter;
          });
  }

  getFilteredResult() {
    return {
      categoriesWithCount: this.#categoriesWithCount,
      filteredProducts: this.#filteredProducts,
    };
  }
}

// useFilter에 있던 필터링과 관련된 구체적인 로직이 FilterLogic 객체로 캡슐화됨
const useFilter = ({
```

```
  products,
  canBuyFilter,
  isUnderEventFilter,
  categoryFilter,
}) => {
  const result = useMemo(() => {
    const filterLogic = new FilterLogic(products);

    filterLogic.applyFilter(canBuyFilter, isUnderEventFilter, categoryFilter);
    const { categoriesWithCount, filteredProducts } =
      filterLogic.getFilteredResult();

    return {
      categoriesWithCount,
      filteredProducts,
    };
  }, [products]);

  return result;
};
```

이렇게 분리했을 때 눈에 띄는 차이는 useFilter 훅입니다. 이전에는 구체적인 구현이 훅 내부에 모두 노출됐지만 지금은 FilterLogic 객체 내부에 모두 캡슐화됐습니다. 또한 리액트 상태로 정의했던 categoriesWithCount와 filteredProducts가 객체 내부 속성으로 이동했습니다. 이를 통해 각 상태 갱신이 렌더링 순서나 횟수에 미치는 영향을 제거했습니다.

물론 단점도 있습니다. 코드를 파악할 때 새로 생긴 FilterLogic 객체가 하나의 추상화 계층으로 작용하면서 비즈니스 로직을 세부적으로 이해하고 수정해야 할 때 관련 비용이 증가한다는 점입니다.[6]

6 『좋은 코드 나쁜 코드』(제이펍, 2022), 29쪽

참고 CQS

useFilter 훅에서 FilterLogic 객체를 사용할 때 눈여겨보면 좋은 점이 하나 있습니다. 예제 11.15의 useFilter 훅에서는 필터링을 하고 결괏값을 그대로 사용했지만 예제 11.17에서는 applyFilter 메서드를 통해 필터링을 하고, 그다음에 getFilteredResult 메서드를 통해 결과를 가져와 사용합니다.

이 작은 차이는 코드를 더 이해하기 쉽고 관리하기 좋게 만듭니다. applyFilter는 필터링을 통해 인스턴스 내부 속성값을 바꿉니다. 반면 getFilteredResult는 필터링한 결과를 가져오기만 합니다. 이를 통해 applyFilter는 개발자에게 부수 효과를 가진 메서드이므로 호출 시점 등을 고려해야 한다는 정보를 제공합니다. 그리고 getFilteredResult는 부수 효과 없이 현재 값을 조회한다는 정보를 제공합니다.

이처럼 객체 내 메서드를 값을 반환하는 메서드(명령, command)와 그렇지 않은 메서드(조회, query)로 나누는 원칙을 CQS(Command-Query Separation)라고 부릅니다. CQS에 따르면 값을 반환하는 메서드는 부수 효과가 없어야 합니다. 이를 통해 조회 메서드를 호출하는 것은 그 어떤 객체 또는 애플리케이션 상태도 수정하지 않는다는 것을 보장합니다.

이제 속도 이슈를 해결하기 위해 캐시를 적용해 보겠습니다. 이 과정은 비즈니스 로직을 뷰 로직의 흐름에서 벗어난 객체로 분리했을 때의 장점을 보여줍니다. 뷰 로직은 비즈니스 로직의 인터페이스에 의존하기 때문에 비즈니스 로직의 내부 구현 변경이 외부 뷰 로직에 영향을 미치지 않는다는 게 바로 그것입니다. 즉, 관심사를 분리함으로써 각 로직에 집중할 수 있습니다.

예제 11.18 FilterLogic 객체에 캐싱 기능을 추가

```
class FilterLogic {
  #products = [];
  #categoriesWithCount = [];
  #filteredProducts = [];

  #cachedPreFilteredProducts = {};
  #cachedCategoriesWithCount = {};

  constructor(products) {
    this.#products = products;
  }

  applyFilter(canBuyFilter, isUnderEventFilter, categoryFilter) {
```

```
  // NOTE: 카테고리별 개수를 파악하기 전 적용하는 필터와 이후에 적용하는 필터 사이에
순서가 있습니다.
  const cacheKey = this.#cacheKey(canBuyFilter, isUnderEventFilter);

  // 삼항 연산자나 let 등을 쓰는 대신, 즉시 실행 함수를 사용해 preFilteredProducts
필드를 유지하고 코드를 수정할 수 있습니다.
  // 이렇게 함으로써 나중에 필요에 따라 함수로 분리하기에도 편합니다.
  const preFilteredProducts = (() => {
    if (this.#cachedPreFilteredProducts[cacheKey]) {
      return this.#cachedPreFilteredProducts[cacheKey];
    }

    const newPreFilteredProducts = this.#products.filter((product) => {
      return (
        product.canBuy === canBuyFilter &&
        product.isUnderEvent === isUnderEventFilter
      );
    });
    this.#cachedPreFilteredProducts[cacheKey] = newPreFilteredProducts;

    return newPreFilteredProducts;
  })();

  this.#categoriesWithCount = (() => {
    if (this.#cachedCategoriesWithCount[cacheKey]) {
      return this.#cachedCategoriesWithCount[cacheKey];
    }

    const newCategoriesWithCount =
      this.#getCategoriesWithCount(preFilteredProducts);
    this.#cachedCategoriesWithCount[cacheKey] = newCategoriesWithCount;

    return newCategoriesWithCount;
  })();

  this.#filteredProducts =
```

```
      categoryFilter === CATEGORY.ALL
        ? preFilteredProducts
        : preFilteredProducts.filter((product) => {
            return product.category.name === categoryFilter;
          });
  }

  getFilteredResult() {
    return {
      categoriesWithCount: this.#categoriesWithCount,
      filteredProducts: this.#filteredProducts,
    };
  }

  #cacheKey(canBuyFilter, isUnderEventFilter) {
    // 중복 제거를 위해 메서드로 분리
    return `cache${canBuyFilter}${isUnderEventFilter}`;
  }

  #getCategoriesWithCount() {
    // 카테고리별 개수를 파악하기 위한 코드
  }
}
```

위 예제에서는 꽤 많은 양의 코드를 수정했습니다. 주목할 점은 코드를 수정하는 동안 `useFilter` 훅을 수정하거나 들여다보지 않았다는 것입니다. 이것이 가능한 이유는 예제 11.17과 예제 11.18의 인터페이스가 동일하기 때문입니다.

지금까지는 복잡한 비즈니스 로직을 담당하는 객체가 하나인 경우를 살펴봤습니다. 그렇다면 비즈니스 로직 객체가 둘 이상이고 서로 상호작용하며 뷰 로직과 협력하는 상황에서는 어떻게 구조를 잡으면 좋을까요?

비즈니스 로직을 담당하는 객체가 많아지면 부수 효과 없는 순수 객체로 만들거나 관리할 수 없는 상황이 발생할 수 있습니다. 왜냐하면 비즈니스 로직이 서로 의존하는 구조에서는 한 객체가 다른 객체의 상태를 수정할 수도 있기 때문입니다.

예제 11.19 비즈니스 로직 객체가 늘어나고 부수 효과가 발생할 가능성이 생김

```
// Logic1과 Logic2는 각각 서로 다른 비즈니스 로직을 다룸
const logic1 = new Logic1();
const logic2 = new Logic2();

// Logic1의 상태를 변경하는 메서드가 Logic2의 상태에 영향을 주는지 알 수 없음
logic1.setStateOfLogic1(value);
```

이를 그림으로 표현하면 다음과 같습니다.

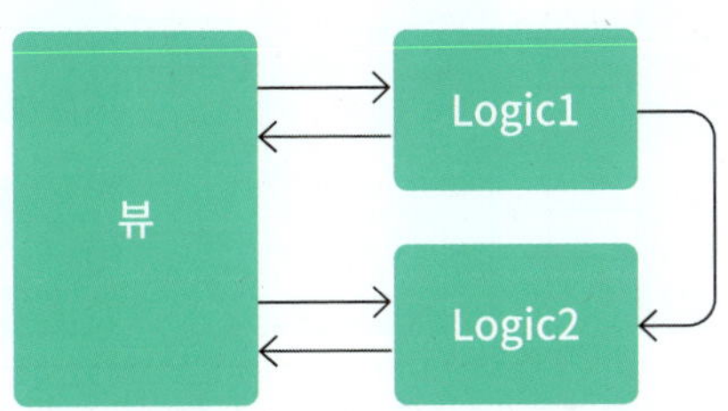

그림 11.1 비즈니스 로직을 다루는 Logic1 객체와 Logic2 객체(뷰 로직이 서로 영향을 주고받음)

자연스러운 흐름처럼 보이지만 Logic1을 사용하면서 Logic2를 사용하는 쪽에 영향이 없을지 파악하는 상황이 생길 수 있습니다. 그렇게 되면 규모가 큰 구조에서 코드를 이해하는 것이 크게 어려워질 수 있습니다. 그리고 Logic1과 Logic2를 함께 사용하는 로직이 뷰에 생기기 시작하면서 뷰 로직 역시 복잡해질 수 있습니다.

이쯤에서 이전에 다뤘던 예제 11.17과 동일한 구조를 살펴보겠습니다. 다음 그림은 예제 11.17의 구조를 표현한 것으로, 비즈니스 로직 객체인 Logic(예제 11.17의 FilterLogic)이 뷰와 상호작용합니다. 그고 Logic은 자신의 상태를 변경할 수 있는 메서드를 가지고 있습니다.

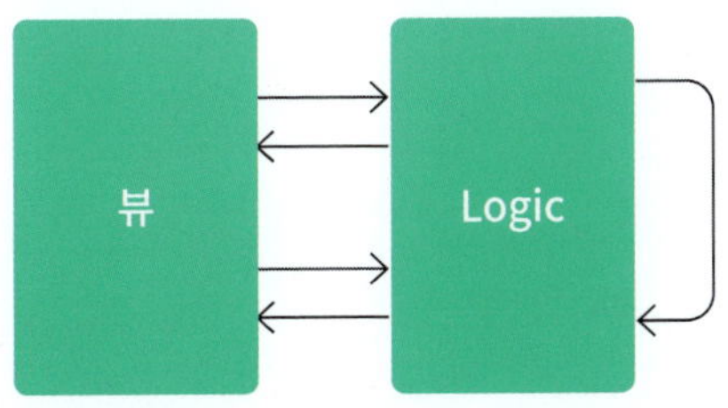

그림 11.2 뷰와 단일한 순수 비즈니스 객체의 관계

앞의 두 그림이 보여주는 구조의 차이는 비즈니스 로직을 다루는 객체의 수입니다. 하나라면 단순하지만 둘 이상이면 다소 복잡해집니다. 이 문제를 해결하기 위해 그림 11.1에 있는 `Logic1`과 `Logic2`를 그림 11.2처럼 하나로 합치는 것은 해결 방법이 아닙니다. 그러면 단일 객체가 너무 커져 복잡도가 커지기 때문입니다.

이럴 때 사용할 수 있는 한 가지 방법은 다음 그림과 같이 비즈니스 로직끼리 협력하는 객체를 추가로 만들고 해당 객체가 뷰와 협업하도록 하는 것입니다.

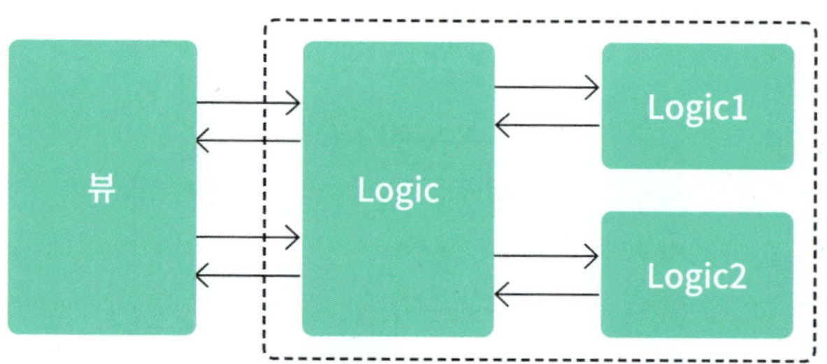

그림 11.3 뷰는 단일 객체(`Logic`)와 메시지를 주고받고, 기존 객체(`Logic1`과 `Logic2`)는 매개하는 객체(`Logic`)를 통해 메시지를 주고받도록 설계

이렇게 하면 뷰 입장에서 둘 이상의 비즈니스 로직과 협력하는 구조를 단일 객체와 협력하는 구조로 바꿀 수 있습니다. 비즈니스 로직 역시 서로 또는 뷰와 직접 의존하지 않고 협력을 중재하는 객체를 사용하는 구조로 단순해집니다. 이처럼 여러 객체의 협력을 캡슐화하고 하나의 인터페이스를 통해 외부와 협력하게 하는 방법을 파사드 패턴(facade pattern)이라고 합니다.[7] 그리고 둘 이상의 협력을 캡슐화하는 객체를 파사드 객체(facade object)라고 합니다.

7 『GoF의 디자인 패턴』(프로텍미디어, 2015), 254쪽

참고 **파사드, 오케스트레이션, 험블 객체**

파사드 패턴은 단일 책임 원칙에 따라 나눈 둘 이상 모듈의 협력을 다룹니다. 이는 다른 용어로 지휘하고 조율하는 오케스트레이션(orchestration)이라고 부를 수도 있습니다. 그리고 비즈니스 로직과 테스트하기 어려운 의존성을 분리해 테스트가 용이하도록 해주는 험블 객체(humble object) 역시 비슷한 맥락에서 이해할 수 있습니다.[8]

이것들은 의존하는 둘 이상의 모듈이 있을 때 이들이 잘 협력할 수 있도록 지원하는 모듈을 통해 복잡도를 관리하는 지혜를 보여줍니다.

예제 11.19는 Logic1과 Logic2가 협력하는 구체적인 코드를 외부에 드러내고, Logic1이 가지고 있을지 모를 부수 효과로 인해 객체를 이해하는 데 어려움이 생길 수 있음을 보여줍니다. 이러한 구조에 그림 11.3과 같이 파사드 패턴을 적용하면 다음과 같습니다.

예제 11.20 객체 간 협력을 캡슐화하는 파사드 패턴을 적용한 코드 구조

```
class Logic {
  #logic1;
  #logic2;

  constructor() {
    this.#logic1 = new Logic1();
    this.#logic2 = new Logic2();
  }

  setStateOfLogic1(value) {
    this.#logic1.setStateOfLogic1(value);
  }
}

// 이전과 달리 외부에서 협력하는 객체가 하나로 통합됨
const logic = new Logic();
logic.setStateOfLogic1(value);
```

8 『단위 테스트』(에이콘, 2021), 232쪽

이제 외부에서는 Logic 객체의 인터페이스만을 통해 내부 로직과 상호작용하므로 Logic1과 Logic2의 구체적인 협력 방식이나 각 객체가 가질 수 있는 개별적인 부수 효과에 대해 직접적으로 신경 쓰지 않아도 됩니다. Logic1과 Logic2가 가지고 있는 부수 효과가 파사드 객체인 Logic 외부로 벗어나지 않는다면 Logic 객체는 IOLE로 파악할 수 있습니다.

그리고 Logic1 객체가 더욱 복잡하고 커지면 다음과 같은 구조가 됩니다.

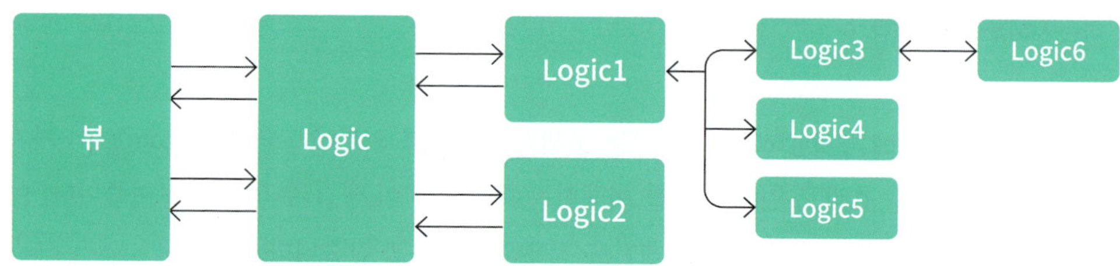

그림 11.4 복잡한 로직(Logic1) 객체의 분할

놀랍게도 이 구조는 프런트엔드와 백엔드가 API를 통해 커뮤니케이션하는 모습과 매우 닮아 있습니다.

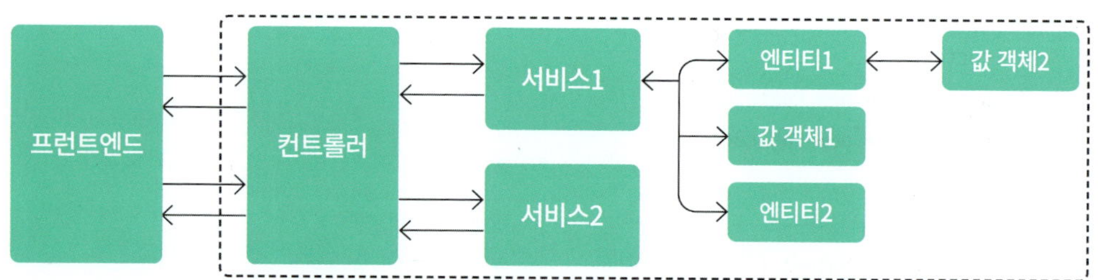

그림 11.5 프런트엔드와 백엔드가 메시지를 주고받는 구조

그림 11.2 ~ 그림 11.5에서 보여준 구조는 뷰 로직 입장에서 모두 다음과 같이 보입니다.

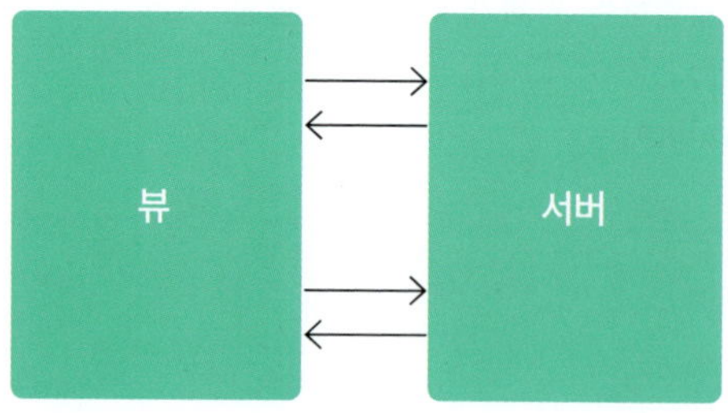

그림 11.6 뷰 로직 입장에서 메시지를 주고받는 객체의 모습

그리고 이 같은 뷰 로직과 비즈니스 로직 간의 데이터 흐름을 한 방향으로 펼쳐보면 다음과 같습니다.

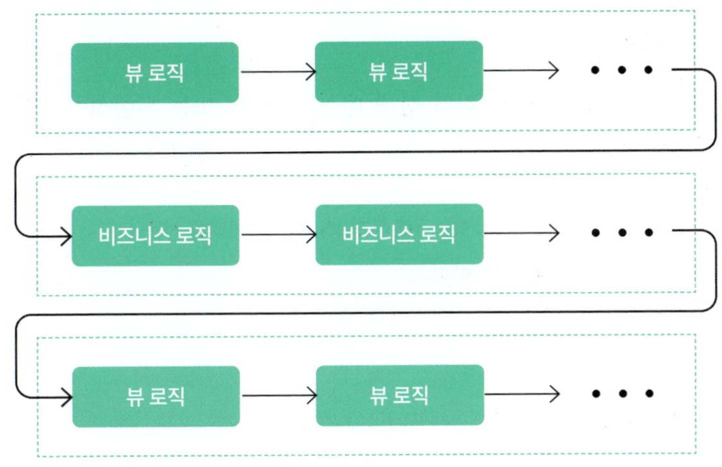

그림 11.7 그림 11.6을 데이터 흐름에 따라 펼친 모습

위 그림은 Functional Core & Imperative Shell 패턴과 매우 흡사한 모습입니다. 즉, 부수효과가 많거나 복잡한 로직을 데이터 흐름의 외부로 밀어내고, 가운데에는 순수한 비즈니스 로직을 위치시킵니다.

지금까지 살펴본 내용을 요약하면 뷰 로직의 변경과 비즈니스 로직의 변경 사이의 속도 차이로 발생하는 문제는 캡슐화 및 추상화를 통해 뷰의 변화로부터 비즈니스 로직을 지킴으로써 해결합니다. 뷰 로직과 비즈니스 로직을 분리하는 방법을 살펴봤다면 이제 그것을 어떻게 사용하면 좋을지 알아보겠습니다.

11.6 분리한 비즈니스 로직의 사용법

뷰로부터 비즈니스 로직을 분리하고자 한다면 비즈니스 로직을 담고 있는 객체가 뷰의 상태가 되지 않도록 해야 합니다. 비즈니스 로직 객체를 뷰의 상태로 사용하면 비즈니스 로직을 뷰 상태의 생애주기와 함께 이해해야 하므로 객체에 온전히 집중하지 못하게 됩니다.

테스트할 때도 이와 비슷한 문제가 발생합니다. 예를 들어, 단위 테스트를 통해 비즈니스 로직을 검증할 때 로직을 담고 있는 객체를 뷰 상태로 관리되는 환경에서 테스트하지 않는다면 실제 환경과 테스트 환경의 차이로 검증에 빈틈이 발생하거나 테스트를 유지보수하는 데 더 많은 비용이 들 수 있습니다.

따라서 리액트의 경우 `useState`나 전역 상태 대신, `useRef` 또는 의존성이 엄밀하게 정의된 `useMemo` 등을 사용하면 좋습니다.

예제 11.21 리액트의 경우 useRef 또는 useMemo를 사용해 비즈니스 로직 인스턴스를 사용

```
const logic = useRef(new BusinessLogic());

// 또는

const logic = useMemo(() => new BusinessLogic(), []);
```

비즈니스 로직 객체에 접근하는 데 제한을 주고 싶다면 바닐라 자바스크립트의 경우 즉시 실행 함수를 통해 스코프를 나누는 방법이 있습니다.

예제 11.22 즉시 실행 함수를 통해 비즈니스 로직에 접근할 수 있는 범위를 정의

```
(() => {
  const logic = new BusinessLogic();

  // 비즈니스 로직에 접근할 수 있는 범위
})();
```

리액트의 경우 컨텍스트를 사용하면 접근 범위를 제한할 수 있습니다.

예제 11.23 리액트의 컨텍스트를 사용해 비즈니스 로직에 접근할 수 있는 컴포넌트 범위를 정의

```
const BusinessLogicContext = React.createContext(new BusinessLogic());

// 비즈니스 로직을 제공하는 컴포넌트
function BusinessLogicProvider() {
  const businessLogic = React.useMemo(() => new BusinessLogic(), []);
```

```
  return (
    <BusinessLogicContext.Provider value={businessLogic}>
      <ChildComponent />
    </BusinessLogicContext.Provider>
  );
}
```

이렇게 비즈니스 로직에 접근하는 범위를 제한하면 큰 규모의 프런트엔드 환경일수록 비즈니스 로직을 이해하는 데 많은 도움이 됩니다.

지금까지 소개한 예시는 비즈니스 로직을 분리했을 때 이를 어떻게 활용할지 막막한 경우에 대비하기 위해 준비한 것입니다. 따라서 현재 프로젝트의 상황에 맞춰 유연하게 적용하는 것이 중요합니다.

또한 비즈니스 로직은 개발자만 고민하고 적용하는 영역이 아닙니다. 핵심적인 비즈니스 로직이 어떻게 동작하는지는 서비스를 구축하고 운영하는 동료들에게도 공유해야 합니다. 왜냐하면 비즈니스 로직이 담긴 모듈을 안정적이고 체계적으로 만드는 것은 안정적이고 체계적인 결과를 만들어 내는 협업의 결과이기 때문입니다. 예를 들어, 동일한 개념에 대해 개발자와 디자이너, 매니저 등이 이해하고 소통하는 방식에 통일성이 없다면 아무리 비즈니스 로직을 탄탄하게 만들려고 시도해도 빈번하게 변경되고 예측 불가능하게 수정될 수밖에 없습니다. 따라서 구성원과 원활하게 공유할 수 있는 문화, 동일한 개념에 대한 통일성 있는 이해 등이 선행돼야 비즈니스 로직 모듈 또한 같은 방법으로 관리할 수 있습니다.[9]

9 『도메인 주도 설계』(위키북스, 2016), 25쪽

CHAPTER

12

API 관리

레스토랑의 메뉴는 손님과 주방 사이의 약속입니다. 손님은 메뉴를 보고 무엇을 주문할 수 있는지 알 수 있고, 주방은 주문에 맞춰 요리를 준비합니다. 프런트엔드와 백엔드 사이의 API도 이와 같은 메뉴, 즉 약속의 역할을 합니다.

API는 사용자의 입력을 전달하고 서버로부터 데이터를 받아오는 중요한 통로입니다. 이 약속(API)을 어떻게 설계하고 코드에서 어떻게 관리하느냐에 따라 애플리케이션의 전체 구조와 유지보수성이 달라집니다.

하지만 API를 관리하는 구조에는 정해진 방법이 없으며, 조직이 문제를 해결하기에 좋은 방향으로 잡아 나가면 됩니다. 이때 중요한 것은 구조를 잡은 이유가 명확해야 한다는 점입니다. 그래야 시간이 지나면서 조직 또는 문제의 형태가 바뀌었을 때 지켜야 하는 원칙과 유연한 규칙을 구분해 비교적 명확하게 구조를 발전시켜 나갈 수 있습니다.

문제는 통일된 방법이 없다는 것이 아니라 '왜 이렇게 관리하고 있는지' 설명할 수 없는 경우가 많다는 것입니다. 그러다 보니 새로운 정보나 구성원의 영향으로 관리 방법이 계속 바뀌고, 일관되지 못한 구조를 띠게 됩니다.

그렇다면 API 요청을 어떻게 관리하면 좋을지, 간단한 구조부터 시작해 일정 규모 이상에서 관리하는 방법, 그리고 다른 관심사와 어떻게 협력할 수 있을지 알아보겠습니다.

12.1 간단한 API 요청

애플리케이션의 규모가 크지 않은 경우 API 요청은 다음과 같이 관리하는 것으로 충분할 수 있습니다.

예제 12.1 간단한 API 요청

```
const response = await fetch('/url');
```

즉, 디렉터리나 함수로 관리하기보다 필요한 곳에서 바로 호출합니다. 그러다 페이지가 늘어나는 등 동일한 API를 요청하는 곳이 많아지면 API 요청에 중복이 발생하기 시작합니다. 이때 중복을 제거하기 위해 API 요청을 함수로 만들고 디렉터리 및 파일로 구분합니다.

예제 12.2 api 디렉터리 및 url.js 파일 생성

```
// api/url.js
// api 디렉터리와 url.js 파일을 생성해 API 요청을 위한 apiUrl 함수를 관리

export const apiUrl = () => {
  return fetch('/url');
};
```

예제에서는 디렉터리명을 api라고 지었지만 이 이름이 최선인지, 그리고 파일명인 url.js는 적절한지 확신하기가 어렵습니다. 때로는 이 같은 측면에 대해 팀 내에서 논쟁이 생기기도 합니다. API를 관리하는 디렉터리명은 api부터 request, source, data, service, entities 등 매우 다양합니다. 그래서 API를 모아뒀으니 디렉터리 이름을 api로 하자고 이야기를 꺼내도 '왜 다른 이름은 안 되는가'에 대한 명확한 근거를 대기 어려워 논의가 길어지거나 결론을 내리지 못하는 경우가 많습니다.

그래서 API 서버에서 외부 요청을 관리하는 방법을 참고해서 프런트엔드에 적용할 부분이 있는지 알아보겠습니다.

12.2 리포지터리

프런트엔드는 API를 활용해 서버에 데이터를 요청하고 응답을 받습니다. 백엔드 역시 ORM과 같은 기술 및 데이터베이스 인터페이스를 활용해 데이터를 요청하고 응답을 받습니다. 또는 프런트엔드와 마찬가지로 다른 서버의 API에 요청하기도 합니다. 즉, 백엔드 서버 역시 프런트엔드처럼 데이터를 영구적으로 저장하고 다루기 위해 다른 애플리케이션의 API를 통해 요청해야 합니다.

특히 리포지터리(repository)는 프런트엔드에서 API 요청 및 응답을 관리하는 방법과 관련해 중요한 정보를 제공합니다. 리포지터리는 데이터베이스로 대표되는 외부 자원을 다루는 방법을 캡슐화해서 리포지터리를 사용하는 모듈이 복잡하지 않고 단순하게 외부 자원을 다룰 수 있게 합니다.[1]

이제 백엔드에서 리포지터리 패턴이 없는 데이터베이스 요청에 리포지터리 패턴을 적용하는 과정을 살펴보고, 이를 프런트엔드 API 요청 관리에 적용할 아이디어가 있는지 알아보겠습니다. 다음은 특정 DBMS(Database Management System)를 가정하지 않고 데이터베이스에 데이터를 요청하는 간단한 백엔드 코드입니다.

예제 12.3 데이터베이스에 데이터를 요청하는 백엔드 함수

```
/**
 * 데이터베이스로부터 상품 리스트를 가져오는 함수
 */
async function findProducts({ canBuy, isDiscounted } = {}) {
  let connection;
  try {
    // 1. 데이터베이스 연결
    try {
      connection = database.getConnection(); // 기존 연결이 있다면 가져오기
    } catch (error) {
      connection = await database.createConnection(); // 없으면 새로운 연결을 생성
    }
```

1 『도메인 주도 설계』(위키북스, 2016), 157쪽

```
    // 2. 쿼리 조건 구성
    const where = ['deleted_at IS NULL']; // 삭제되지 않은 상품만 조회

    // 구매 가능 여부 조건
    if (canBuy !== undefined) {
      where.push(`can_buy = ${canBuy ? 'TRUE' : 'FALSE'}`);
    }

    // 할인 여부 조건
    if (isDiscounted !== undefined) {
      if (isDiscounted) {
        where.push('discount > 0 AND discount IS NOT NULL');
      } else {
        where.push('(discount = 0 OR discount IS NULL)');
      }
    }

    const whereString = where.length > 0 ? `WHERE ${where.join(' AND ')}` : '';

    // 3. SQL 쿼리 작성
    const query = `SELECT id, name, price, discount, can_buy, deleted_at FROM products
${whereString}`;

    // 4. 쿼리 실행
    const result = await connection.query(query);

    // 5. 결과 반환
    return result.rows;
  } catch (error) {
    console.error('데이터베이스 쿼리 실행 중 에러 발생:', error);
    throw new Error('상품 목록을 가져오는 도중 오류가 발생했습니다.');
  } finally {
    // 6. 데이터베이스 연결 종료
    if (
      connection &&
      typeof connection.close === 'function' &&
```

```
      connection.isConnected
    ) {
      await connection.close();
    }
  }
}
```

복잡해 보이지만 하나하나 살펴보면 이해하기 어렵지 않습니다. 먼저 데이터베이스에 연결해 DBMS에 데이터를 요청할 수 있게 됩니다. 그리고 whereString에 URL의 쿼리 문자열(query string)처럼 데이터를 조회할 조건을 할당합니다. 다음으로 query에 whereString을 붙인 최종 SQL 쿼리를 할당하고 실행해서 데이터를 가져와 반환합니다.

다음은 예제 12.3에서 DBMS 연결 관리 부분을 제거하고 데이터베이스 요청 부분을 프런트엔드 API 요청 코드의 형태로 표현한 것입니다.

예제 12.4 예제 12.3을 프런트엔드 API 요청 코드로 비유

```
async function findProducts({ canBuy, isDiscounted }) {
  try {
    const queryString = new URLSearchParams({
      canBuy,
      isDiscounted,
    }).toString();
    const response = await fetch(`/Product?${queryString}`, {
      headers: { 'Content-Type': 'application/json' },
    });
    const products = await response.json();

    return products;
  } catch (error) {
    console.error('Error executing query', error);
    throw new Error('API를 요청하는 도중 에러가 발생했습니다.');
  }
}
```

이렇게 보면 예제 12.3의 코드가 프런트엔드 API 요청 코드와 크게 다르지 않다는 점을 알 수 있습니다. 서버 인터페이스를 사용하는지, 데이터베이스 인터페이스를 사용하는지 등의 차이가 있을 뿐, 데이터를 요청하고 응답 받는다는 사실은 동일합니다.

이제 예제 12.3에서 정의한 `findProducts` 함수를 Node.js 기반의 Express 서버에서 다음과 같이 사용합니다.

예제 12.5 findProducts를 사용하는 Express 서버 라우터

```
router.get('/products', async (req, res) => {
  const { canBuy, isDiscounted } = req.query;

  try {
    const products = await findProducts({
      canBuy: canBuy === 'true',
      isDiscounted: isDiscounted === 'true',
    });

    res.json(products);
  } catch (error) {
    console.error(error);
    res.status(500).send('Internal Server Error');
  }
});
```

여기서 주목할 점은 `findProducts`의 SQL 쿼리입니다. 쿼리는 `products` 테이블에서 `id`, `name`, `price`, `discount`, `can_buy`, `deleted_at` 칼럼을 가져옵니다. 이때 `can_buy`와 `deleted_at`은 스네이크 케이스로, 서버 코드의 네이밍 컨벤션과 맞지 않습니다. 따라서 서버에서 다음과 같은 후처리를 적용해야 합니다.

예제 12.6 스네이크 케이스로 가져온 칼럼명을 카멜 케이스로 변경

```
const products = result.rows.map((row) => ({
  id: row.id,
  name: row.name,
  price: row.price,
```

```
  discount: row.discount,

  // 서버 네이밍 컨벤션에 맞춤
  canBuy: row.can_buy,
  deletedAt: row.deleted_at,
}));
```

그렇다면 이 같은 매핑 코드는 어디에 위치시키는 것이 좋을까요? 지금까지 살펴본 서버 코드는 다음 그림과 같고, 매핑 코드는 라우터 또는 `findProducts`에 둘 수 있습니다.

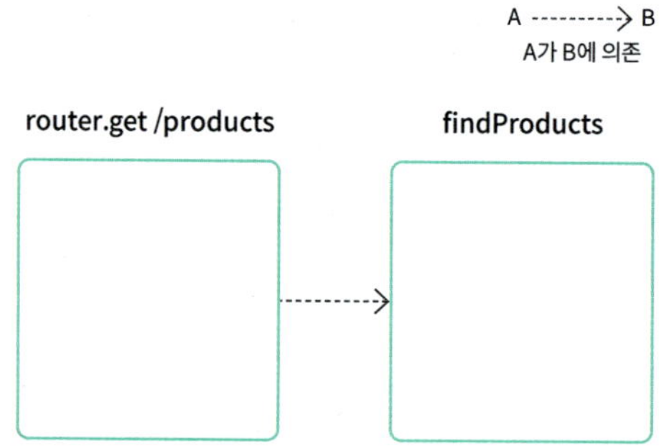

그림 12.1 products GET 라우터와 라우터가 의존하는 findProducts

라우터에서 매핑한다면 `findProducts`를 사용하는 다른 곳에서도 필요할 경우 동일한 매핑 코드를 작성해야 합니다. 라우터가 아닌 `findProducts`에 매핑 코드를 둔다면 다음 예제와 같이 다양한 곳에서 필요에 따른 매핑이 추가될 수 있고 `findProducts`가 매우 복잡해질 수 있습니다.

예제 12.7 전체 상품 개수를 반환하는 `includingTotalCount` 옵션을 추가

```
/**
 * 데이터베이스로부터 상품 리스트를 가져오는 함수
 */
async function findProducts({
  includingTotalCount, // 전체 상품 개수를 포함할지 여부
  canBuy,
  isDiscounted,
} = {}) {
```

```
  try {
    // ... 기존과 동일

    // 4. 쿼리 실행
    const result = await connection.query(query);

    const products = result.rows.map((row) => ({
      id: row.id,
      name: row.name,
      price: row.price,
      discount: row.discount,

      // 서버 네이밍 컨벤션에 맞춤
      canBuy: row.can_buy,
      deletedAt: row.deleted_at,
    }));

    // 5. 결과 반환
    if (includingTotalCount) {
      return {
        totalCount: result.rows.length, // 전체 상품 개수
        products,
      };
    }

    return products;
  } catch (error) {
    // ...
  } finally {
    // ...
  }
}
```

또한 findProducts는 데이터베이스 연결, SQL 쿼리 등 데이터베이스와 직접적으로 관련된 코드를 포함하고 있습니다. 따라서 매핑 코드가 findProducts에 위치하면 서로 다른 관심사가 모여 복잡도를 증가시킵니다.

결국 라우터나 조회 함수인 findProducts가 아닌 별도의 객체가 필요합니다. 이 객체는 데이터베이스를 다루는 구체적인 방법을 캡슐화하고, 데이터베이스로부터 전달받은 데이터를 라우터에서 필요로 하거나 사용할 수 있는 형태로 매핑하는 역할을 담당합니다. 이 객체를 리포지터리라고 합니다.

다음은 데이터베이스를 통해 상품 관련 데이터를 다루는 ProductRepository를 보여줍니다. 캡슐화로 숨긴 #findProducts는 데이터베이스에서 전달받은 데이터를 그대로 반환하며, 데이터베이스를 **기술적으로 다루는 데 관심**을 갖습니다. 이 메서드는 리포지터리 내부에 있어도 되지만 외부에서 정의해도 됩니다. #findProducts를 외부에 정의하면 사용하는 데이터베이스의 종류가 바뀌거나 ORM을 사용 또는 변경하고, 데이터베이스가 아닌 외부 서버 API를 통해 데이터를 가져오는 등 데이터의 출처나 처리 방법이 바뀌었을 때 ProductRepository에 영향을 주지 않습니다.

예제 12.8 상품 리포지터리

```
class ProductRepository {
  async #findProducts({ canBuy, isDiscounted }) {
    // 예제 12.3과 동일
  }

  /**
   * 상품 리스트를 가져오는 함수
   */
  async findProducts({ canBuy, isDiscounted } = {}) {
    const products = await this.#findProducts({ canBuy, isDiscounted });

    // 예제 12.6과 동일
    return products.map((row) => ({
      id: row.id,
      name: row.name,
      price: row.price,
      discount: row.discount,
      canBuy: row.can_buy,
      deletedAt: row.deleted_at,
    }));
```

```
  }

  /**
   * 상품 리스트와 전체 상품 개수를 가져오는 함수
   */
  async findProductsWithTotalCount({ canBuy, isDiscounted } = {}) {
    const products = await this.findProducts({ canBuy, isDiscounted });

    return {
      totalCount: products.length, // 전체 상품 개수
      products,
    };
  }
}
```

참고 ORM과 리포지터리

ORM(Object-Relational Mapping)은 관계형으로 정의된 데이터베이스의 데이터를 서버에서 사용하는 객체지향의 객체로 매핑하는 데 도움을 주는 기술입니다. ORM은 리포지터리의 역할을 담당하는 기능을 다수 가지고 있습니다. 데이터 필드명을 변경하거나 타입을 변환하고, 클래스 인스턴스로 생성하기도 합니다. 또한 SQL 쿼리를 직접 작성하기보다 추상화된 메서드를 통해 데이터베이스를 다루도록 지원하며 기본적인 보안 관련 기능도 포함하고 있습니다.

ORM을 사용하면 리포지터리가 갖는 대부분의 역할을 담당하게 됩니다. 따라서 ORM에서 안내하는 방향으로 리포지터리를 정의하면 별도의 리포지터리 객체가 필요하지 않을 수 있습니다. 하지만 사용하는 데이터베이스 및 ORM으로부터 도메인 등을 분리하고자 한다면 직접 정의한 리포지터리 계층을 추가할 수도 있습니다.

반면 `findProducts`와 `findProductsWithTotalCount`를 포함해 앞으로 리포지터리에 추가될 메서드는 데이터베이스나 외부 API를 통해 가져온 데이터의 필드명을 변경하거나 필요한 메타데이터를 추가하는 등 **데이터를 사용하는 클라이언트(여기서는 라우터)를 위해 전달받은 데이터를 처리**하는 작업을 수행합니다.

이렇게 구현한 리포지터리는 라우터에서 다음과 같이 사용합니다.

예제 12.9 ProductRepository를 사용하는 라우터

```
router.get('/products', async (req, res) => {
  const { canBuy, isDiscounted } = req.query;

  try {
    const productRepository = new ProductRepository();

    const products = await productRepository.findProducts({
      canBuy: canBuy === 'true',
      isDiscounted: isDiscounted === 'true',
    });

    res.json(products);
  } catch (error) {
    console.error(error);
    res.status(500).send('Internal Server Error');
  }
});
```

정리하면, 리포지터리는 **외부에 데이터를 요청하고 응답하는 로직**과 **데이터를 매핑하는 로직**을 관심사에 맞게 분리하기 위해 사용하며, 이를 통해 클라이언트가 데이터베이스 등 외부 API를 직접 다루지 않도록 합니다.

12.3 API 요청 흐름

API 요청을 여러 곳에서 하기 시작하고 중복된 요청을 관리하며 복잡해지는 요청 및 응답 데이터를 다루다 보면 코드는 점점 복잡해지고 관리하기가 어려워집니다. 특히 안정적인 데이터베이스 애플리케이션과 협력하는 서버와 달리, 상대적으로 변경이 빈번하게 발생하는 API 서버와의 협력은 관리를 더욱 어렵게 만듭니다.

복잡함은 해결할 수 없지만 반드시 관리해야 합니다. 그러지 않으면 어디에서 문제가 발생했는지 찾는 것부터 어려워지고, 문제를 해결해도 그 과정에서 다른 문제가 발생할 가능성이 높아지기 때문입니다. 특히 API 요청은 프런트엔드 애플리케이션이 동작하기 위한 데이터를 관리하는 데 반드시 필요한 영역으로, 이곳의 복잡함은 애플리케이션 전반으로 퍼지기 쉽습니다.

그럼 프런트엔드에서 API 요청을 어떻게 관리하면 좋을지 API 요청 흐름을 따라 살펴보겠습니다.

12.3.1 관리 API

생성, 수정, 삭제 등을 담당하는 API는 조회를 담당하는 API보다 요청을 위한 데이터를 사전에 준비하고 전달하는 데 상대적으로 더 많은 작업을 수행하는 경우가 많습니다. 이번에는 이러한 관리 API의 흐름을 따라가면서 API 요청 데이터를 어떻게 준비하는지 알아보겠습니다. 이번에는 구매한 상품에 대해 리뷰를 작성하는 컴포넌트를 예로 들어 설명하겠습니다. 다음은 리뷰 생성을 요청하는 API 함수입니다.

예제 12.10 리뷰 생성을 요청하는 함수

```
/**
 * @typedef {Object} Review
 * @property {number} id 리뷰 ID
 * @property {Object} review 리뷰 정보
 * @property {number} review.stars 별점
 * @property {string} review.content 리뷰 내용
 */

/**
 * 리뷰 생성을 요청하는 API 함수
 * @param {Review} body
 */
async function createReview(body) {
  return fetch('/reviews/create', {
    method: 'POST',
    headers: {
      'Content-Type': 'application/json',
    },
    body: JSON.stringify(body),
  }).then((res) => res.json());
}
```

다음은 구매한 상품에 대해 리뷰를 작성하는 컴포넌트입니다.

예제 12.11 상품 리뷰 작성 컴포넌트

```
function ReviewComponent({ productId }) {
  // 상태, 훅 등
  const [isPosting, setIsPosting] = useState(false);
  const { showSuccessModal, showFailModal } = useResultModal();

  // 리뷰 게시 이벤트 핸들러
  const handleSubmit = useCallback(
    async (event) => {
      event.preventDefault();
      setIsPosting(true);

      const formData = new FormData(event.target);

      const body = {
        // data를 POST 요청하기에 좋은 형태로 변형
        id: productId,
        review: {
          // XSS 공격을 방지하기 위해 함수 sanitize 사용
          content: sanitize(formData.get('content')).trim(),
          stars: formData.get('stars'),
        },
      };

      try {
        // 리뷰 생성 API 호출
        const response = await createReview(body);

        if (response.ok) {
          showSuccessModal();
        } else {
          showFailModal(response.error);
        }
      } catch (error) {
        console.error('리뷰 게시 중 오류 발생:', error);
        showFailModal(error.message);
```

```
      } finally {
        setIsPosting(false);
      }
    },
    [productId, showSuccessModal, showFailModal],
  );

  return <form onSubmit={handleSubmit}>{/* 자세한 컴포넌트는 생략 */}</form>;
}
```

ReviewComponent 컴포넌트는 리뷰가 제출되면 리뷰 작성 API를 요청하는 createReview에 관련 데이터를 전달해서 API를 요청합니다. 이때 리뷰 내용은 XSS 공격을 방지하기 위해 외부 라이브러리에서 제공하는 sanitize를 사용하고 불필요한 앞뒤 공백을 제거합니다.

ReviewComponent는 UI를 다루는 것뿐만 아니라 API 요청과 관련된 구현을 그대로 포함합니다. 컴포넌트가 단순하다면 문제가 없지만 규모가 커진다면 관심사를 분리하여 복잡도를 낮출 수 있습니다.

먼저 요청을 위한 구조를 만들기 위해 DTO를 사용합니다. 이렇게 하면 요청 데이터 구조가 바뀌더라도 컴포넌트가 아닌 DTO를 수정하는 것으로 변경에 대응할 수 있습니다.

예제 12.12 리뷰 작성 요청을 위한 DTO

```
class CreateReviewRequestDTO {
  constructor(productId, stars, review) {
    this.id = productId;
    this.review = {
      // XSS 공격을 방지하기 위해 함수 sanitize 사용
      content: sanitize(review).trim(),
      stars,
    };
  }
}
```

이제 리뷰 작성 API 함수를 다음과 같이 바꿉니다.

예제 12.13 CreateReviewRequestDTO를 사용하도록 수정한 API 요청 함수

```
/**
 * 리뷰 생성을 요청하는 API 함수
 * @param {CreateReviewRequestDTO} requestDTO
 */
async function createReview(requestDTO) {
  return fetch('/reviews/create', {
    method: 'POST',
    headers: {
      'Content-Type': 'application/json',
    },
    body: JSON.stringify(requestDTO),
  }).then((res) => res.json());
}
```

여기서 주목할 점은 DTO가 요청 데이터 구조를 잡는 것뿐만 아니라 보안을 위한 작업도 수행하고 있다는 것입니다. 이것은 DTO의 관심사를 벗어나므로 분리할 필요가 있습니다. 이때 주의할 점이 있습니다. 다음과 같이 `CreateReviewRequestDTO` 내부가 아닌 외부에서 인스턴스화할 때 `sanitize`를 적용한 리뷰를 전달하는 것으로는 부족할 수 있습니다.

예제 12.14 보안을 위한 sanitize 사용을 DTO 외부로 이동

```
class CreateReviewRequestDTO {
  constructor(productId, stars, review) {
    this.id = productId;
    this.review = {
      // sanitize 함수를 제거
      content: review.trim(),
      stars,
    };
  }
}

// DTO에서 sanitize 함수를 제거하고, sanitize를 적용한 값을 전달
const sanitizedReview = sanitize(formData.content);
const requestDto = new CreateReviewRequestDTO(
```

```
  productId,
  stars,
  sanitizedReview,
);
```

왜냐하면 CreateReviewRequestDTO를 다른 곳에서 사용하는 경우 sanitize를 적용해야 한다는 사실을 누락할 수 있기 때문입니다. 이를 해소하기 위해 sanitize를 적용한 문자열임을 보장하는 객체를 추가합니다.

예제 12.15 sanitize가 적용된 내용임을 보장하는 객체

```
class SanitizeContent {
  #sanitizedContent;

  constructor(content) {
    this.#sanitizedContent = this.sanitize(content);
  }

  #sanitize(content) {
    return sanitize(content);
  }

  getContent() {
    return this.#sanitizedContent;
  }
}
```

그리고 DTO를 다음과 같이 수정합니다.

예제 12.16 sanitize가 적용된 리뷰를 전달받도록 수정한 DTO

```
class CreateReviewRequestDTO {
  /**
   * @param {number} productId
   * @param {number} stars
   * @param {SanitizeContent} review
   */
```

```
  constructor(productId, stars, review) {
    this.id = productId;
    this.review = {
      content: review.getContent().trim(),
      stars,
    };
  }
}
```

이제 지금까지 수정한 내용을 이벤트 핸들러의 API 요청 부분에 적용하면 다음과 같습니다.

예제 12.17 변경된 리뷰 작성 API 요청

```
const formData = new FormData(event.target);
const content = formData.get('content');
const sanitizedReview = new SanitizeContent(content);
const requestDto = new CreateReviewRequestDTO(
  productId,
  formData.get('stars'),
  sanitizedReview,
);

const response = await createReview(requestDto);
```

마지막으로 컴포넌트가 API 요청 관련 내용에 관심을 갖지 않도록 훅을 사용해 캡슐화합니다.

예제 12.18 API 요청과 관련된 모든 내용을 훅으로 캡슐화

```
function useReview() {
  const [isLoading, setIsLoading] = useState(false);
  const [isSuccess, setIsSuccess] = useState();
  const [isError, setIsError] = useState();
  const [error, setError] = useState(null);

  const create = useCallback(async ({ productId, review, stars }) => {
    try {
      setIsLoading(true);
      setIsError(false);
```

```
      setIsSuccess(false);

      const sanitizedReview = new SanitizeContent(review);
      const requestDto = new CreateReviewRequestDTO(
        productId,
        stars,
        sanitizedReview,
      );

      const response = await createReview(requestDto);

      if (response.ok) {
        setIsSuccess(true);
      } else {
        setIsError(true);
        setError(response.error);
      }
    } catch (error) {
      setIsError(true);
      setError(error.message);
    } finally {
      setIsLoading(false);
    }
  }, []);

  return {
    create,
    error,
    isLoading,
    isSuccess,
    isError,
  };
}

function ReviewComponent({ productId }) {
  // 상태, 훅 등
```

```
  const { showSuccessModal, showFailModal } = useResultModal();
  const {
    create,
    isLoading: isPosting, // isPosting을 기존에 사용하고 있었으므로 이름만 바꿔서 사용
    isSuccess,
    isError,
    error,
  } = useReview();

  useEffect(() => {
    if (isSuccess) {
      showSuccessModal();
    } else if (isError) {
      showFailModal(error);
    }
  }, [isSuccess, isError, error, showSuccessModal, showFailModal]);

  // 리뷰 게시 이벤트 핸들러
  const handleSubmit = useCallback(
    async (event) => {
      event.preventDefault();

      const formData = new FormData(event.target);

      create({
        productId,
        review: formData.get('content'),
        stars: formData.get('stars'),
      });
    },
    [productId],
  );

  return <form onSubmit={handleSubmit}>{/* 자세한 컴포넌트는 생략 */}</form>;
}
```

간단해 보이던 API 요청이 복잡해진 느낌이 드는 것은 관심사를 분리하면서 추상화 계층이 두꺼워졌기 때문입니다. 대신 각 모듈이 자신만의 관심사를 가지므로 인터페이스를 변경하지 않는 한 변경의 영향이 모듈 외부로 퍼져 나가지 않습니다. 이렇게 수정한 결과를 다이어그램으로 살펴보겠습니다.

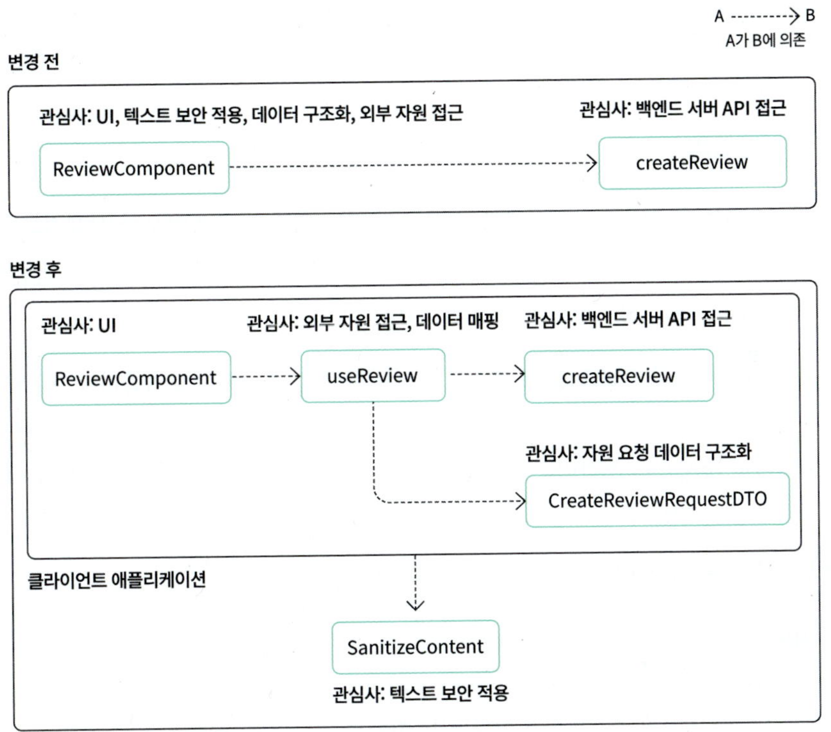

그림 12.2 API 요청 구조 변경 전후를 보여주는 다이어그램

다이어그램을 통해 다시 확인할 수 있는 것은 관심사의 분리입니다. API 요청 관련 코드를 컴포넌트로부터 분리함으로써 컴포넌트의 세부 구현이 아닌 분리된 각 모듈의 인터페이스를 통해 코드를 이해하는 방향으로 바뀐 점이 가장 눈에 띕니다.

또 주목할 점은 `useReview`입니다. `useReview`는 서버에서 사용하는 리포지터리와 동일한 역할을 수행합니다. 즉, 외부 자원에 접근하고 데이터를 매핑하며 컴포넌트가 외부 자원 접근과 관련된 구체적인 구현에 관심을 갖지 않게 합니다. 또한 API 요청과 관련된 기술적인 부분을

createReview에 남겨둠으로써 관련 기술이나 방법이 바뀌더라도 useReview는 영향을 받지 않습니다.

그리고 SanitizeContent는 지금은 useReview만 의존하고 있지만, 향후 텍스트를 서버에 전달하기 전 보안을 위한 과정으로서 클라이언트 애플리케이션 전반에서 사용될 수 있습니다. 즉, 개별 객체가 의존하는 것보다 전체 애플리케이션이 의존하는 안정적인 모듈로 이해할 수 있습니다.

12.3.2 조회 API

조회 API는 요청보다 응답으로 받은 데이터를 사용하기 위해 관리 API보다 상대적으로 더 많은 작업을 포함하는 경우가 많습니다. 이번에는 조회 API의 흐름을 따라가면서 응답받은 데이터를 사용하기 위해 어떤 작업이 필요한지 알아보겠습니다.

다음은 API를 통해 상품 리스트를 조회하고 렌더링하는 컴포넌트를 보여줍니다. 리스트를 렌더링하는 컴포넌트의 경우 부모 컴포넌트에서 API 조회 등을 담당하고 리스트 컴포넌트는 데이터를 컴포넌트 속성으로 전달받아 렌더링하는 역할만 담당하기도 합니다. 다만 여기서는 설명을 단순하게 하기 위해 컴포넌트를 하나만 활용합니다. 그리고 다양한 환경의 예시를 보여주기 위해 타입스크립트를 사용해 예제를 살펴보겠습니다.

예제 12.19 상품 리스트 컴포넌트

```
function ProductCard(props: ProductCardProps) {
  return <div>{/* 자세한 컴포넌트는 생략 */}</div>;
}

function Products() {
  const [products, setProducts] = useState<ProductCardProps[]>([]);
  const [isLoading, setIsLoading] = useState(true);
  const [isError, setIsError] = useState(false);

  useEffect(() => {
    setIsLoading(true);
    setIsError(false);
```

```
Promise.all([getProducts(), getProductEvents()])
  .then(([productsData, eventsData]) => {
    const isOk = productsData.ok && eventsData.ok;

    if (!isOk) {
      setIsError(true);
    }

    const now = new Date();
    const products = productsData.products.map((product) => {
      const event = eventsData.events.find(
        (event) => event.productId === product.id,
      );

      if (event) {
        const discount = (() => {
          if (product.discount === null) {
            return event.discount;
          }

          if (event.discount === null) {
            return product.discount;
          }

          return Math.max(product.discount, event.discount);
        })();

        return {
          ...product,
          eventId: event.id,
          eventType: event.type,
          isInEvent:
            new Date(event.startDate) <= now &&
            now <= new Date(event.endDate),
          discount: Math.max(product.discount, event.discount),
        };
```

```
        } else {
          return {
            ...product,
            eventId: null,
          };
        }
      });

      setProducts(products);
    })
    .catch(() => {
      setIsError(true);
    })
    .finally(() => {
      setIsLoading(false);
    });
  }, []);

  return (
    <div>
      <ul>
        {products.map((product) => (
          <li key={product.id}>
            <ProductCard {...product} />
          </li>
        ))}
      </ul>
      {/* 기타 자세한 컴포넌트는 생략 */}
    </div>
  );
}
```

Products 컴포넌트는 렌더링 이후 상품과 이벤트를 조회하는 API 함수인 getProducts와 getProductEvents를 호출합니다. 응답을 받으면 상품 카드 컴포넌트 속성의 형태에 맞게 구조를 잡습니다. 또한 이벤트 중인지 파악할 수 있는 isInEvent 등을 설정합니다. 여기서 주목할 점은 ProductCard 컴포넌트의 컴포넌트 속성을 API 응답 구조대로 설계하지 않고, 다음과 같이 ProductCard 입장에서 사용하기 좋은 형태로 먼저 설계했다는 것입니다.

예제 12.20 ProductCard에서 사용하기 좋은 형태로 정의한 ProductCard의 컴포넌트 속성 타입

```
enum EventType {
  Sale = 'sale',
  New = 'new',
  Admin = 'admin',
}

/** 상품 카드 컴포넌트 속성 기반 */
type ProductCardBase = {
  /** 상품 ID */
  id: number;
  /** 상품 이름 */
  name: string;
  /** 상품 요약 */
  summary: string;
  /** 상품 가격 */
  price: number;
  /** 상품 이미지 URL */
  imageUrl: string;
  /** 상품 할인율 */
  discount: number | null;
};

/** 상품 카드 컴포넌트의 속성 */
type ProductCardProps =
  | (ProductCardBase & {
      /** 이벤트 ID (없음) */
      eventId: null;
      /** 이벤트 타입 (없음) */
      eventType?: undefined;
      /** 이벤트가 진행 중인지 여부 (없음) */
      isInEvent?: undefined;
    })
```

```
| (ProductCardBase & {
    /** 이벤트 ID (존재) */
    eventId: number;
    /** 이벤트 타입 (필수) */
    eventType: EventType;
    /** 이벤트가 진행 중인지 여부 (필수) */
    isInEvent: boolean;
  });
```

이렇게 함으로써 컴포넌트 내부에서 렌더링에 적절한 데이터 구조를 만드는 작업을 줄일 수 있습니다. 또한 외부 데이터 구조에 직접 의존함으로써 발생하는 변경의 영향을 줄일 수 있습니다.

물론 API 응답 구조 그대로 컴포넌트 속성을 설계해도 되지만 그럴 경우 컴포넌트 속성과 응답 구조를 연결 지어 인식하게 되어 응답 구조가 바뀌거나 컴포넌트에서 필요한 데이터가 바뀌었을 때 코드를 이해하기 어려워집니다. 따라서 API 응답 구조를 그대로 사용하더라도 API 응답 타입과 컴포넌트 속성 타입을 따로 정의하고 사용하면 변경의 영향을 줄일 수 있습니다.

Products 컴포넌트에서 호출하는 API 함수인 getProducts와 getProductEvents의 응답 데이터 타입은 다음과 같습니다.

예제 12.21 API 함수인 getProducts와 getProductEvents의 응답 데이터 타입

```
enum EventType {
  Sale = 'sale',
  New = 'new',
  Admin = 'admin',
}

type ProductResponse = {
  /** 상품 ID */
  id: number;
  /** 상품 이름 */
  name: string;
  /** 상품 요약 */
  summary: string;
```

```
  /** 상품 가격 */
  price: number;
  /** 상품 이미지 URL */
  imageUrl: string;
  /** 상품 할인율 */
  discount: number | null;
};

type ProductEventResponse = {
  /** 이벤트 ID */
  id: number;
  /** 상품 ID */
  productId: number;
  /** 이벤트 타입 */
  type: EventType;
  /** 이벤트 시작 날짜 */
  startDate: string;
  /** 이벤트 종료 날짜 */
  endDate: string;
  /** 이벤트 할인율 */
  discount: number | null;
};
```

예제 12.20과 예제 12.21에서 사용하는 EventType 열거형은 프런트엔드뿐만 아니라 백엔드에서도 동일하게 사용합니다. 따라서 프런트엔드에서 중복으로 정의하지 않고 하나로 정의해 사용하도록 합니다. Products 컴포넌트와 관련된 의존 관계는 다음과 같습니다.

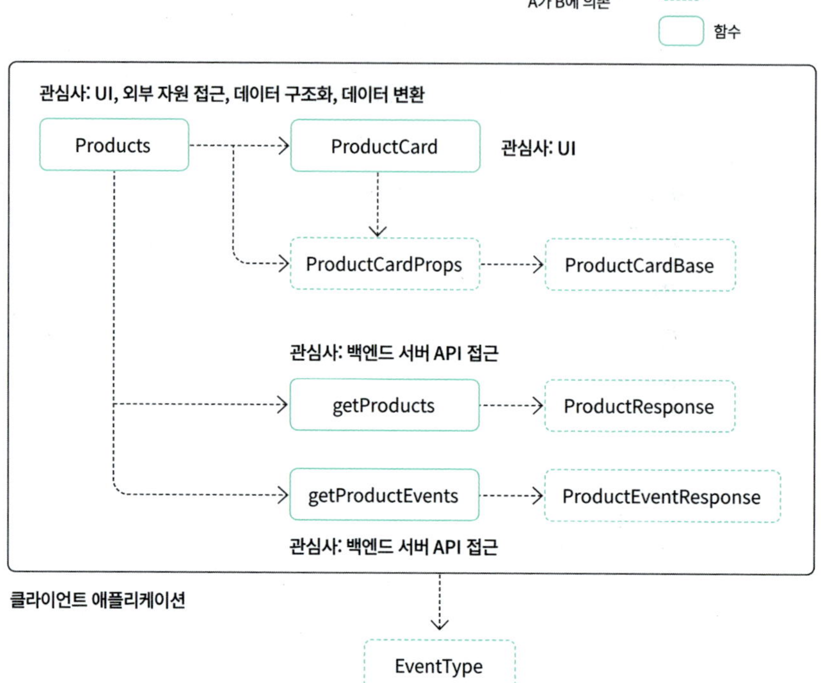

그림 12.3 Products 컴포넌트와 의존 관계

그럼 지금까지 다룬 내용을 토대로 관리 API에서 했던 것처럼 관심사를 분리해 보겠습니다. 다음은 외부 자원에 접근하고 응답받은 데이터를 컴포넌트에서 필요한 형태로 만드는 관심사를 useProducts 훅으로 분리한 결과입니다. 따라서 useProducts는 예제 12.18의 useReview 훅처럼 리포지터리로서의 역할을 합니다.

예제 12.22 외부 자원에 접근하고 컴포넌트에 필요한 데이터를 만드는 훅

```
function useProducts() {
  const [products, setProducts] = useState<ProductCardProps[]>([]);
  const [isLoading, setIsLoading] = useState(true);
  const [isError, setIsError] = useState(false);

  useEffect(() => {
    setIsLoading(true);
    setIsError(false);
```

```
    Promise.all([getProducts(), getProductEvents()])
      .then(([productsData, eventsData]) => {
        if (!productsData.ok || !eventsData.ok) {
          setIsError(true);
          return;
        }

        const mappedProducts = mapProductsToProductCardProps(
          productsData.products,
          eventsData.events,
        );

        setProducts(mappedProducts);
      })
      .catch(() => {
        setIsError(true);
      })
      .finally(() => {
        setIsLoading(false);
      });
  }, []);

  return { products, isLoading, isError };
}
```

여기서 useReview와의 차이는 DTO의 유무입니다. useReview에서는 SanitizeContent라는 로직을 데이터를 구조화하는 DTO에서 분리해 관심사를 세부적으로 나눴습니다. 하지만 useProducts에서는 데이터 매핑과 구조 설정을 mapProductsToProductCardProps 함수에서 모두 수행합니다.

참고 DTO와 매퍼

DTO는 계층 간 데이터 전송(transfer)을 위해 데이터의 구조를 정의하는 데 관심을 두는 반면, 매퍼(mapper)는 서로 다른 두 구조 사이의 데이터 변환(transform)이 주요 관심사입니다. 따라서 DTO는 주로 실제 데이터를 담은 인스턴스인 반면, 매퍼는 주로 변환이라는 행위(behavior)를 제공하는 함수나 메서드로 정의합니다.

예제 12.23 데이터 매핑과 구조 설정을 함께 수행하는 mapProductsToProductCardProps 함수

```
function mapProductsToProductCardProps(
  productsData: ProductResponse[],
  eventsData: ProductEventResponse[],
): ProductCardProps[] {
  const now = new Date();
  return productsData.map((product) => {
    const event = eventsData.find((event) => event.productId === product.id);

    if (event) {
      return {
        ...product,
        eventId: event.id,
        eventType: event.type,
        isInEvent: ProductAndProductEventService.isInEvent(event, now),
        discount: ProductAndProductEventService.getDiscountFromProductAndEvent(
          product,
          event,
        ),
      };
    } else {
      return {
        ...product,
        eventId: null,
      };
    }
  });
}
```

mapProductsToProductCardProps 함수는 API 응답을 productsData와 eventsData 매개변수를 통해 그대로 전달받습니다. 그리고 ProductCard 컴포넌트가 렌더링할 때 필요한 데이터 구조인 ProductCardProps로 변환합니다. 세부적으로는 event 유무에 따라 서로 다른 데이터 구조를 만들고, event가 있는 경우 ProductAndProductEventService 객체를 사용해 이벤트 진행 여부를 판단하고 할인율을 계산합니다. 즉, mapProductsToProductCardProps 함수

내부에서 데이터 매핑과 구조 설정을 동시에 하더라도 비즈니스 로직은 ProductAndProduct EventService 객체로 분리했습니다. 이렇게 함으로써 비즈니스 로직에 대한 진실의 원천을 하나로 유지해 애플리케이션 코드 전반의 중복을 제거합니다.

다음은 비즈니스 로직을 제공하는 ProductAndProductEventService 객체를 보여줍니다.

예제 12.24 비즈니스 로직을 분리한 ProductAndProductEventService 객체

```
class ProductAndProductEventService {
  static getDiscountFromProductAndEvent(
    product: ProductResponse,
    event: ProductEventResponse,
  ): number | null {
    if (product.discount === null) {
      return event.discount;
    }

    if (event.discount === null) {
      return product.discount;
    }

    return Math.max(product.discount, event.discount);
  }

  static isInEvent(event: ProductEventResponse, now: Date) {
    return new Date(event.startDate) <= now && now <= new Date(event.endDate);
  }
}
```

이 객체는 할인율을 계산하는 getDiscountFromProductAndEvent 메서드와 이벤트 진행 여부를 파악하는 isInEvent 메서드를 가지고 있습니다. 이 두 메서드는 비즈니스 로직이므로 상품 또는 상품 이벤트와 관련된 데이터를 다루는 어느 곳에서든 사용할 수 있습니다.

참고 서비스 객체의 역할

ProductAndProductEventService 클래스와 해당 클래스가 가진 두 메서드, 그리고 정의 방법은 몇 가지 중요한 정보를 제공합니다.

먼저 isInEvent 메서드는 엔티티 클래스인 ProductEvent가 있다면 ProductAndProductEventService보다 ProductEvent에 다음과 같이 정의하는 편이 더 적절합니다.

```
isInEvent(now: Date) {
  return new Date(this.startDate) <= now && now <= new Date(this.endDate);
}
```

하지만 현재 예시에서는 ProductEvent 엔티티를 사용하지 않습니다. 왜냐하면 getProductEvents 함수로 받은 응답 데이터를 순회하며 ProductEvent의 인스턴스로 만드는 것은 비효율적일 수 있기 때문입니다. 따라서 엔티티를 정의하지 않고 ProductAndProductEventService에 정의합니다.

다음으로 서비스의 의미입니다. 서비스는 엔티티에 정의하기 모호한 동작(메서드)을 정의합니다. 예를 들어, getDiscountFromProductAndEvent 메서드는 Product 엔티티 또는 ProductEvent 엔티티 중 어디에 정의해야 할지 모호합니다. 또한 둘 이상의 Product 엔티티를 대상으로 동작하는 메서드 역시 서비스 객체에 정의할 수 있습니다.

마지막으로 서비스 객체는 상태를 가지지 않습니다. 주로 엔티티에 두기 어려운 행동을 정의하기 위한 객체이기 때문입니다.

정리하면, ProductAndProductEventService는 구체적인 엔티티 객체인 Product와 ProductEvent를 정의하지 않은 상황에서 이 둘과 관련된 행동을 정의합니다. 또한 ProductEvent 엔티티를 정의하기가 비효율적인 상황에서 ProductEvent가 정의하면 좋을 행동을 대신 정의하기도 합니다.

정리하면, useProducts는 컴포넌트로부터 외부 자원 접근 및 요청·응답 데이터 처리 부분을 캡슐화합니다. useProducts가 의존하는 mapProductsToProductCardProps는 데이터 변환 부분을 useProducts로부터 숨기며, mapProductsToProductCardProps의 세부 로직 중 도메인과 관련된 부분을 ProductAndProductEventService에 위임합니다.

최종적으로 예제 12.19의 Products 컴포넌트는 다음과 같이 바뀝니다.

예제 12.25 외부 자원에 접근하고 요청 및 응답 데이터를 다루는 부분을 분리한 결과

```
function Products() {
  const { products, isLoading, isError } = useProducts();

  return (
```

```
    <div>
      <ul>
        {products.map((product) => (
          <li key={product.id}>
            <ProductCard {...product} />
          </li>
        ))}
      </ul>
      {/* 기타 자세한 컴포넌트는 생략 */}
    </div>
  );
}
```

그리고 위 예제의 Products 컴포넌트와 의존 관계를 그림으로 나타내면 다음과 같습니다.

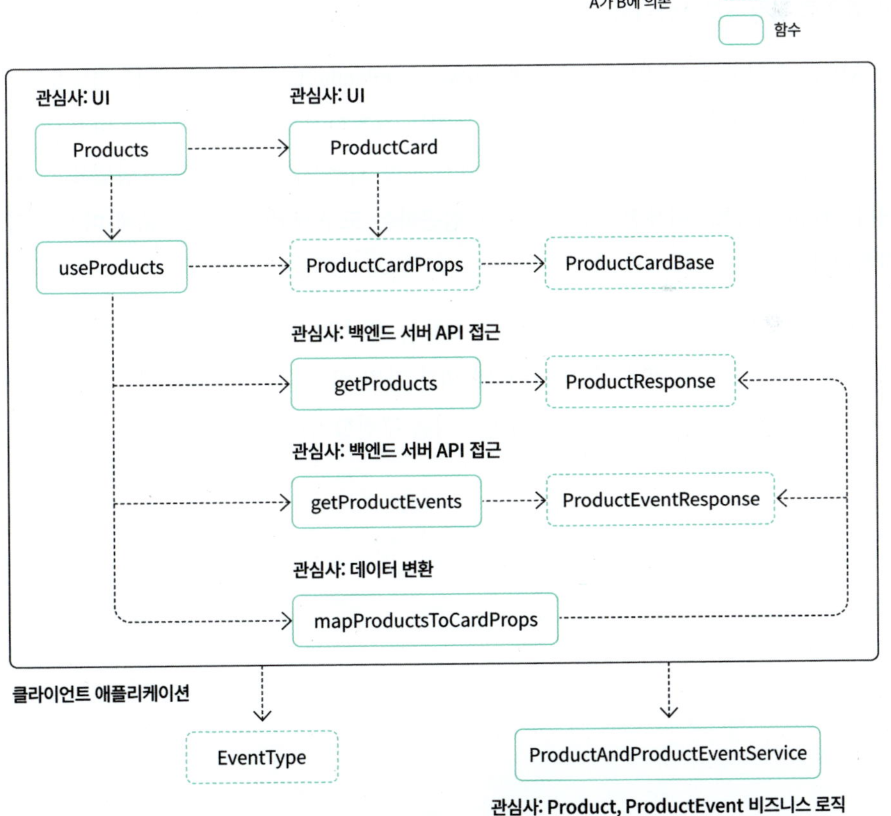

그림 12.4 외부 자원 접근과 데이터 변환 등을 useProducts로 분리한 결과

EventType 열거형과 비즈니스 로직을 담은 ProductAndProductEventService 객체는 애플리케이션 전반에서 의존할 수 있는 안정적인 타입과 모듈입니다. 이 둘은 클라이언트뿐만 아니라 서버를 포함한 전체 애플리케이션에서 의존하는 개념을 담고 있어 UI와 비교했을 때 변경 횟수가 현저히 적습니다.

즉, 예제 12.19의 Products 컴포넌트와 비교했을 때 예제 12.25의 Products는 추상화 계층이 많아졌지만 변경의 영향이 제한적이고 유지보수가 용이합니다. 특히 데이터 접근과 사용 사이에 있는 useReview와 useProducts 계층을 통해 애플리케이션 외부 인터페이스의 변경이 내부에 미치는 영향을 제한합니다.

12.4 리포지터리를 활용한 API 요청 흐름 관리

이번 절에서는 관리 및 조회 API 요청 사례를 통해 살펴본 내용을 정리하고 일반적인 API 관리 방법으로 확장해보겠습니다.

먼저 API를 요청하고 응답받을 때 useReview와 useProducts는 주목할 만한 역할을 합니다. 이것들은 리포지터리처럼 뷰가 데이터를 전달하면 요청하기에 적절한 형태로 바꾸고, 응답을 받으면 뷰가 사용하기 좋은 형태로 변환합니다. 또한 외부 자원에 접근하는 방법을 직접 구현하거나 관리하지 않고 사용함으로써 자원에 접근하는 도구가 바뀌더라도 뷰에 미치는 영향을 제한합니다.

다음 그림은 뷰와 리포지터리 계층의 데이터 흐름을 보여줍니다. 뷰에서 외부 자원에 접근하기 위해 직접 의존하고 관리했던 데이터 준비와 외부 자원 접근을 리포지터리에 위임함으로써 뷰는 자신이 정의한 데이터 구조에 맞춰 UI와 동작을 구현할 수 있습니다.

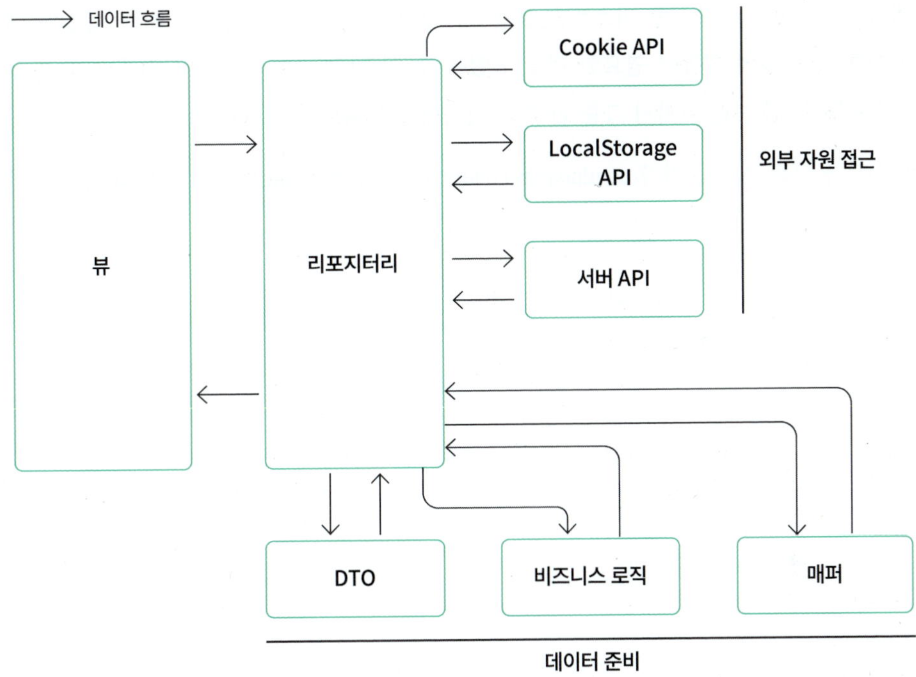

그림 12.5 뷰와 리포지터리 등의 데이터 흐름

정리하면, 리포지터리 계층은 복잡한 외부 자원 접근과 데이터 준비 과정을 뷰로부터 숨기고 관리하는 방법입니다.

다음으로 주목할 만한 점은 API 요청입니다. 리포지터리는 API에 접근하는 기술 자체를 다루지 않습니다. 예를 들어, axios, XMLHttpRequest, fetch, TanStack Query, SWR 등 서버 API에 요청을 보낼 때 사용하는 기술에 직접 관심을 두지 않습니다. 그렇기 때문에 서버 API가 아닌 브라우저의 LocalStorage API를 사용하도록 바뀌더라도 리포지터리는 인터페이스가 바뀌지 않는 한 영향을 받지 않을 수 있습니다.

또한 리포지터리는 요청 및 응답 데이터를 다루기 위해 DTO 또는 매퍼를 사용하며, 이 과정에서 필요한 경우 비즈니스 로직을 사용하기도 합니다. 리포지터리 구현은 지금까지 살펴본 예제처럼 훅을 사용해도 되지만, 객체나 클래스 등을 사용할 수도 있습니다. 즉, 일종의 추상화 계층으로서 상황에 맞게 적절한 방법을 사용합니다.

한 페이지나 컴포넌트가 상품 리스트를 요청하고 상품 수정도 할 수 있는 것처럼, 동일한 엔티티에 대해 둘 이상의 행동이 필요한 경우가 있을 수 있습니다. 이러한 경우 상황에 따라 구현 방법이 다를 수 있는데, 여기서 그중 한 가지 접근법을 살펴보겠습니다.

상품 수정과 상품 조회를 각각 `useUpdateProduct`와 `useGetProducts`처럼 별도의 훅으로 만들 수 있습니다.

예제 12.26 훅으로 구현한 상품 수정과 조회 리포지터리 계층

```
export const useUpdateProduct = () => {
  // ...

  const update = async (productId: string, productData: Product) => {
    // 요청 데이터 준비 및 API 요청
  };

  return {
    update,
    isLoading,
    isError,
  };
};

export const useGetProducts = () => {
  // ...

  const get = async () => {
    // 요청, 응답 데이터 준비 및 API 요청
  };

  return {
    get,
    isLoading,
    isError,
  };
};
```

이 예제에서 주목할 점은 구체적인 상황에서 리포지터리 계층을 적용했던 이전 사례와 달리 범용성을 확보하기 위해 데이터 준비 및 API 요청을 캡슐화한 함수를 반환한다는 것입니다. 이러한 방법은 새로운 패턴을 기존 환경에 적용할 때 장점이 있습니다. 반면 이들 간의 공통 로직 캡슐화가 어렵다는 단점이 있습니다.

이러한 단점을 해결하기 위해 하나의 훅에 `update`와 `get` 함수를 모아서 반환하면 각 동작에 대한 `isLoading`, `isError` 등 상태의 이름을 짓고 관리하기가 어렵습니다.

예제 12.27 훅으로 구현한 단일 리포지터리 계층에서 상품 관련 API를 관리

```
export const useProducts = () => {
  const doCommonThings = () => {
    // update와 get에서 공통으로 사용하는 로직
  };

  const update = async (productId: string, productData: Product) => {
    // 요청 데이터 준비 및 API 요청
  };

  const get = async () => {
    // 요청, 응답 데이터 준비 및 API 요청
  };

  return {
    update,
    get,

    // 이름 짓기가 어렵고, 함수가 늘어날수록 상태 관리도 복잡해질 수 있음
    isLoadingUpdate,
    isErrorUpdate,
    isLoadingGet,
    isErrorGet,
  };
};
```

이러한 경우 앞의 예제 12.26과 같이 각 API 요청별로 리포지터리 계층을 담당하는 훅을 만드는 편이 더 나은 방법일 수 있습니다.

반면, 상품과 같이 동일한 엔티티에 대한 API 요청을 단일 계층에서 관리하고 싶다면 UI 상태와 리포지터리 계층을 분리하는 것이 한 가지 방법이 될 수 있습니다.

예제 12.28 클래스로 리포지터리 계층을 구현하고 훅으로 관련된 UI 상태를 관리

```
// ProductRepository.ts
export class ProductRepository {
  private doCommonThings() {
    // update와 get에서 공통으로 사용하는 로직
  }

  async update(
    data: { productId: string; productData: Product },
    config?: {
      onChangeLoading?: (isLoading: boolean) => void;
      onError?: (error: Error) => void;
    },
  ) {
    this.doCommonThings();
    // 요청 데이터 준비 및 API 요청
  }

  // get 메서드도 비슷한 방식으로 구현
}

// useUpdateProduct.ts
export const useUpdateProduct = () => {
  const [isLoading, setIsLoading] = useState(false);
  const [isError, setIsError] = useState(false);
  const productRepository = useRef(new ProductRepository());

  const update = async (productId: string, productData: Product) => {
    try {
      // 요청 데이터 준비 및 API 요청
```

```
      await productRepository.current.update(
        { productId, productData },
        {
          onChangeLoading: (loading) => {
            setIsLoading(loading);
          },
          onError: (error) => {
            setIsError(true);
            console.error('Error updating product:', error);
          },
        },
      );
    } catch (error) {
      // 에러 처리
      console.error('Error updating product:', error);
    }
  };

  return {
    update,
    isLoading,
    isError,
  };
};
```

위와 같이 리포지터리 계층을 구현하면 계층이 많아져 코드를 이해하는 데 어려움이 생길 수 있고, 익숙하지 않은 방법이라 도입에 어려움이 있을 수 있습니다. 반면 공통 로직 관리가 전보다 쉬워지고, 리포지터리 계층과 관련 UI 계층을 분리함으로써 관심사 분리가 세부적으로 이뤄진다는 장점이 있습니다.

이는 한 가지 접근 방법일 뿐이며, 계층을 구현하는 방법이 다양한 만큼 현재 환경을 파악하고 그에 맞는 방법을 찾아 적용하는 것이 무엇보다 중요합니다.

CHAPTER

13

컴포넌트 분리

오늘날 프런트엔드 프레임워크를 사용하면서 가장 많이 하는 고민 중 하나는 '언제 나눠야 할까', 즉 분리 시점입니다. 사실 이 문제는 새로운 문제가 아닙니다. **큰 문제를 해결할 때 작게 나눠서 해결**하는 방법은 기본적인 문제 해결 흐름 중 하나이기 때문입니다. 따라서 언제 어떻게 나눠야 할지 고민하고 정리하고 적용하고 개선하는 일련의 과정을 거치면서 문제 해결 방법을 명확하고 구체적으로 관리할 필요가 있습니다.

하지만 현실은 어느 날 갑자기 코드가 복잡해서 수정하기가 어렵다고 느끼고, 해결하기 위해 인터넷을 떠돌아다니며 노하우를 가져와 그대로 적용하는 임시적이고 단기적인 방법을 사용하곤 합니다. 특히 프런트엔드에서 다루는 UI의 경우 기본적인 방법조차 찾기 어려워 더욱 그렇습니다.

따라서 대단한 기술이 아닌, 프런트엔드에서 복잡하거나 큰 UI를 다룰 때 활용할 수 있는 기본적인 접근법을 하나하나 살펴보는 것만으로도 가치가 있습니다.

이번 장에서는 대표적인 프런트엔드 프레임워크인 리액트를 활용해 컴포넌트 분리에 대해 살펴봅니다. 이를 통해 복잡한 UI 문제를 프런트엔드 프레임워크와 HTML 입장에서 어떻게 접근할 수 있는지에 대한 기본적인 이해를 다집니다.

13.1 컴포넌트를 분리하는 이유

컴포넌트를 언제 분리해야 하는지 찾아보면 많은 결과를 어렵지 않게 확인할 수 있습니다. 그 중 몇 가지를 추려보면 다음과 같습니다.

- 코드가 재사용될 가능성이 있다면 새로운 컴포넌트를 만드는 것은 좋습니다. 코드가 복잡하다면 가독성을 개선하고 유지보수할 수 있게 만들기 위해 컴포넌트를 분리할 수 있습니다.[1]
- 컴포넌트는 UI를 독립적이고 재사용 가능한 조각으로 나눌 수 있습니다. 그리고 각 조각을 개별적으로 다룰 수 있습니다.[2]
- 재사용 가능한 컴포넌트를 만들어 놓는 것은 더 큰 앱에서 작업할 때 두각을 나타냅니다. UI 일부가 여러 번 사용되거나 UI 일부가 자체적으로 복잡한 경우에는 별도의 컴포넌트로 만드는 것이 좋습니다.[3]
- 컴포넌트를 만들 때 가장 많이 발생하는 5가지 실수는 다음과 같습니다.[4]
  1. 복잡한 컴포넌트를 만든다.
  2. 하나의 컴포넌트에 여러 책임을 추가한다.
  3. 몇몇 동작하는 부분을 결합해 컴포넌트를 만든다.
  4. 비즈니스 로직을 컴포넌트에 추가한다.

이를 통해 알 수 있는 것은 컴포넌트를 나누는 중요한 기준에 **재사용 가능성과 복잡성**이 있다는 것입니다. 즉, **중복된 UI와 복잡한 UI**를 다룰 때 컴포넌트 분리를 고민해봐야 합니다. 그럼 하나하나 조금 더 자세하게 살펴보겠습니다.

13.2 재사용 가능한 컴포넌트

재사용을 고려해 컴포넌트를 만드는 것은 매우 어려운 문제입니다. 재사용을 위해 만든 컴포넌트는 처음에는 잘 동작하지만 점점 복잡해지고 관리가 어려워집니다. 왜냐하면 재사용을 위해 컴포넌트를 설계할 때와 다양한 환경에 대응해야 할 때 요구되는 조건이 다르기 때문입니다. 따라서 재사용을 위한 컴포넌트는 미래의 변화에 잘 대응할 수 있도록 설계해야 합니다.

---

1 https://stackoverflow.com/questions/46192426/how-to-tell-when-to-create-a-new-component

2 https://vuejs.org/guide/essentials/component-basics.html

3 https://ko.legacy.reactjs.org/docs/components-and-props.html

4 https://blog.bitsrc.io/5-steps-to-build-react-components-like-a-pro-fb1f3af6ba17

이를 위해서는 컴포넌트의 변화를 가져오는 조건이 무엇인지 이해하는 것이 중요합니다. 컴포넌트는 특히 로직뿐만 아니라 HTML 요소와 스타일의 변화에도 대응해야 하기 때문에 더 많은 고민이 필요합니다. 그럼 재사용을 위한 컴포넌트를 설계하기 위해서는 어떤 사항들을 고려해야 하는지 알아보겠습니다.

13.2.1 재사용 가능하다는 것은 일반적이라는 것

컴포넌트가 재사용 가능하다는 것은 중복이 존재한다는 것이고, 중복이 존재한다는 것은 일반적이라는 것을 의미합니다. 예를 들어, '탈것'이라는 개념은 자동차, 자전거, 말보다 일반적인 개념입니다. 이것은 포함 관계로 봤을 때 **포괄적**입니다.

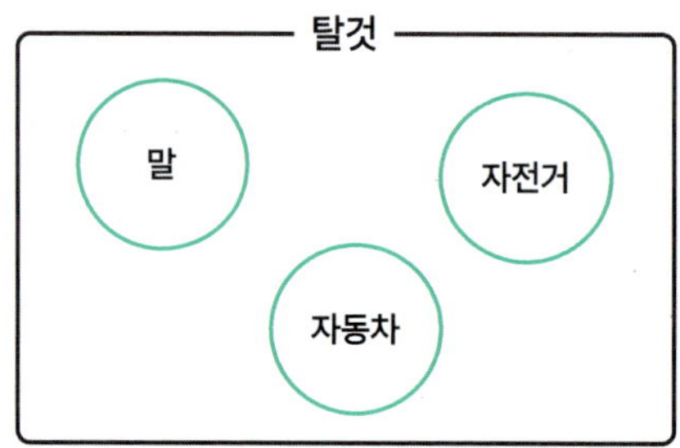

그림 13.1 탈것은 자동차와 자전거, 말에 비해 포괄적입니다.

그리고 '탈것'은 자동차, 자전거, 말보다 **보편적**인 속성을 갖습니다.

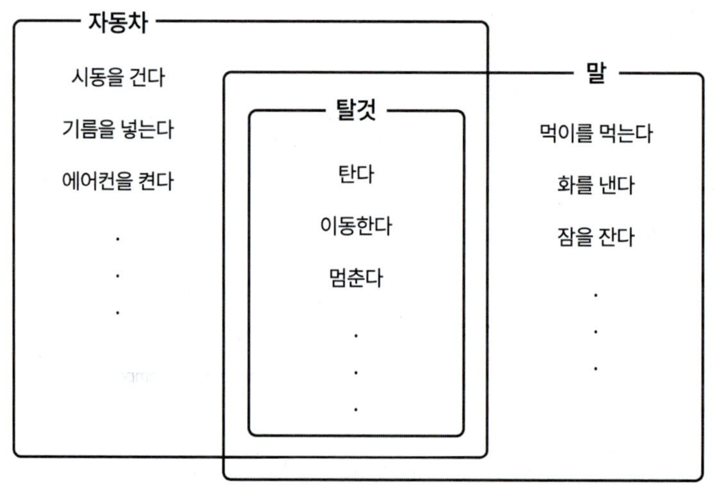

그림 13.2 탈것은 자동차, 자전거, 말보다 보편적인 속성을 갖습니다.

탈것을 표현한 앞의 두 그림은 우리가 일반적이고 재사용 가능하다는 개념을 이해하는 데 어려움을 주기도 합니다. 그림 13.1에서 탈것은 다른 개념을 포함하는 개념으로 '크게' 보이지만, 그림 13.2에서 탈것은 다른 개념들의 공통 개념으로서 '작게' 보이기 때문입니다.[5]

또한 다른 개념에 비해 일반적이라는 것은 더 추상적이라는 것이고 상위 개념임을 의미합니다. 재사용 가능하다는 것과 일반적이라는 것에 대한 이러한 개념을 이해하는 것은 지금뿐만 아니라 앞으로 접할 내용을 이해하고 활용하기 위해서도 중요합니다.

다시 돌아와서, 지금까지 다룬 개념을 컴포넌트로 예를 들어보겠습니다. 다음과 같이 두 개의 버튼 컴포넌트인 `Button`과 `ButtonWithIcon`이 있을 때 이들이 반환하는 HTML `button` 요소는 `Button`과 `ButtonWithIcon` 컴포넌트를 모두 포함하는 포괄적인 개념입니다.

예제 13.1 HTML 요소인 button을 사용하는 두 컴포넌트

```
function Button({ children, ...props }) {
  return <button {...props}>{children}</button>;
}

function ButtonWithIcon({ children, icon, ...props }) {
  return (
    <div>
      <span>{icon}</span>
      <button {...props}>{children}</button>
    </div>
  );
}
```

그리고 `button` 요소는 `Button`과 `ButtonWithIcon` 컴포넌트보다 보편적인 속성을 갖습니다. 정리해보면, `button` 요소는 `Button`과 `ButtonWithIcon` 컴포넌트보다 일반적(포괄적이고 보편적)이고, 이 두 컴포넌트의 중복 요소입니다.

우리는 컴포넌트의 재사용성을 고려할 때 일반적이라는 두 가지 측면 중 주로 '속성이 보편적'인지, '다른 컴포넌트가 가져가서 사용할 수 있도록 보편적인 속성을 갖고 있는지' 등을 고민합니다.

5 『오브젝트』(위키북스, 2019), 437쪽

그럼 재사용 가능한 컴포넌트를 어떻게 만드는지 알아보겠습니다.

13.2.2 HTML 요소의 재사용성

컴포넌트를 만드는 데 너무 집중하다 보면 지금 다루고 있는 것이 HTML을 포함하고 있다는 사실을 잊을 때가 있습니다. 그러다 보면 컴포넌트를 분리할 때 HTML 요소 측면에서 고려해야 할 것을 놓치곤 합니다.

다음은 리스트 컴포넌트를 보여줍니다. 이 컴포넌트의 반복되는 리스트 아이템인 `li` 요소를 재사용을 위해 분리할 필요가 있다고 가정해 보겠습니다.

예제 13.2 단순한 형태의 리스트 컴포넌트

```
function ListComponent(props) {
  return (
    <ul>
      <li>
        <h3>...</h3>
        <p>...</p>
      </li>
      <li>
        <h3>...</h3>
        <p>...</p>
      </li>
    </ul>
  );
}
```

무언가 구현하려고 할 때 고민의 방향은 크게 두 가지가 있습니다. 하나는 구현 방법에 대해 먼저 고민하는 것입니다. 또 다른 하나는 구현한 결과가 가질 인터페이스를 먼저 고민하는 것입니다. 지금 만들려고 하는 것이 협력의 중심에 있는 경우 인터페이스를 먼저 고민하는 것은 문제를 해결하는 좋은 방법 중 하나입니다.

이제 예제 13.2의 리스트 컴포넌트를 다시 보겠습니다. 리스트 아이템을 분리했을 때 리스트 컴포넌트가 이를 사용하는 모습은 다음과 같이 크게 두 가지가 있을 수 있습니다.

예제 13.3 li 요소를 포함해 분리한 리스트 아이템 컴포넌트를 사용

```
function ListComponent(props) {
  return (
    <ul>
      <Item />
      <Item />
    </ul>
  );
}
```

예제 13.4 li 요소를 포함하지 않고 분리한 리스트 아이템 컴포넌트를 사용

```
function ListComponent(props) {
  return (
    <ul>
      <li>
        <Item />
      </li>
      <li>
        <Item />
      </li>
    </ul>
  );
}
```

그럼 둘 중 어떤 방법을 선택해야 할까요?

재사용을 위해 컴포넌트를 분리한다면 예제 13.3보다 예제 13.4와 같이 분리하는 편이 더 나은 선택입니다. 왜냐하면 예제 13.3의 `Item` 컴포넌트는 `li` 요소를 포함하고 있어서 `ul`과 같은 리스트 요소에서 사용하도록 강제되는 반면, 예제 13.4의 `Item` 컴포넌트는 `li` 요소를 포함하지 않기 때문에 리스트 요소 외에 다른 곳에서도 사용할 수 있기 때문입니다. 즉, `Item` 컴포넌트의 최상단이 `li`, `h3`, `p`가 아닌 `h3`, `p`이기 때문에 상대적으로 더 보편적인 속성을 갖고 있고 포괄적입니다.

그리고 더 높은 재사용 가능성을 위해서는 h3 요소를 사용하는 곳도 제한적일 수 있으므로 이를 해결할 수 있는 별도의 장치도 필요합니다. 여기서는 li가 아닌 div로 감싸고 조금 더 일반적인 이름으로 컴포넌트를 정의하는 것으로 마무리합니다.

예제 13.5 재사용을 위해 분리한 상품 카드 컴포넌트

```
function ProductCard(props) {
  return (
    <div>
      <h3>...</h3>
      <p>...</p>
    </div>
  );
}
```

참고 **이름과 의존성**

이름 또한 구현 정보의 일부로서 대상 간 의존을 만들어낸다는 사실을 다시 한번 상기하면 좋겠습니다.

이제 위 예제의 ProductCard 컴포넌트는 리스트 아이템으로서뿐만 아니라 다양한 곳에서 재사용이 가능합니다.

13.2.3 안정적인 재사용성

재사용을 위해 컴포넌트를 분리하는 과정은 간단할 수도 있지만 대부분의 경우 그렇지 않습니다. 왜냐하면 분리한 컴포넌트에 대한 변경이 빈번하게 발생하는 등 재사용하려는 컴포넌트가 안정적이지 않기 때문입니다. 결과적으로 재사용을 위해 분리한 공통 컴포넌트에 변경이 발생하더라도 이를 사용하는 다른 컴포넌트에 영향을 주지 않기 위해 조건문이 다수 추가되기도 합니다. 간단하고 단순한 형태의 조건문은 문제가 되지 않지만 경우의 수가 많고 복잡한 조건문은 그 자체로 유지보수를 어렵게 합니다. 그렇게 사소한 수정이 예기치 못한 문제를 발생시키게 됩니다.

따라서 중복을 제거하거나 재사용을 위해 컴포넌트를 분리하는 경우 분리한 컴포넌트가 안정적인 구조가 될지 한 번쯤 고민해봐야 합니다. 이번에는 분리한 컴포넌트가 안정적이려면 어떻게 해야 하는지 살펴보겠습니다.

다음 예제에는 Page1과 Page2라는 페이지 컴포넌트가 있습니다. 이 둘은 리스트와 리스트 아이템, 섹션과 헤딩, 문장 등 중복된 요소를 다수 갖고 있습니다.

예제 13.6 비슷한 요소와 구조를 사용하는 페이지 컴포넌트

```
function Page1() {
  return (
    <ul>
      <li>
        <section>
          <h3>신발</h3>
          <p>70,000원</p>
          <p>신발에 대한 설명 요약</p>
        </section>
      </li>
    </ul>
  );
}

function Page2() {
  return (
    <ul>
      <li>
        <section>
          <h3>모자</h3>
          <p>20,000원</p>
        </section>
      </li>
    </ul>
  );
}
```

다음은 예제 13.5와 같이 요소의 재사용성을 고려해 중복된 부분을 Card 컴포넌트로 분리한 예제입니다.

예제 13.7 각 페이지 컴포넌트에서 중복된 부분을 Card 컴포넌트로 분리

```
function Card({ name, price, summary, showSummary }) {
  return (
    <section>
      <h3>{name}</h3>
      <p>{price}</p>
      {showSummary && <p>{summary}</p>}
    </section>
  );
}

function Page1() {
  return (
    <ul>
      <li>
        <Card
          name="신발"
          price="70,000원"
          summary="신발에 대한 설명 요약"
          showSummary
        />
      </li>
    </ul>
  );
}

function Page2() {
  return (
    <ul>
      <li>
        <Card name="모자" price="20,000원" showSummary={false} />
      </li>
    </ul>
```

```
  );
}
```

이렇게 둘 이상의 컴포넌트에서 재사용하는 컴포넌트를 만드는 경우 showSummary 속성에 따라 조건부로 렌더링하는 것과 같은 조건문이 들어가곤 합니다. 지금은 아주 간단한 컴포넌트라서 큰 문제가 아닐 수 있지만 현실에서 마주하는 재사용 컴포넌트는 다음과 같이 점점 거대하고 복잡해집니다.

예제 13.8 시간이 지난 후 복잡해진 컴포넌트

```
function Card({ name, price, summary, showSummary, a, b, foo, bar }) {
  const [stateA, setStateA] = useState(a ? foo : bar);
  const condition1 = a && !b;

  return (
    <section>
      <h3>{name}</h3>
      <p>{price}</p>
      <div>
        <button>{stateA ? 'fooValue' : 'barBlue'}</button>
      </div>
      {showSummary && <p>{summary}</p>}
      {condition1 && <div>...</div>}
    </section>
  );
}
```

이렇게 조건문이 많아지면 결합도가 높아지고, 높은 결합도로 인해 사소한 변경이 예상치 못한 영향을 주게 됩니다. 이렇게 결합도가 높은 컴포넌트를 다른 곳에서 또 사용하고 조건문이 계속해서 추가된다면 복잡도가 올라가고 관리하기가 어려워집니다.

이렇게 된 이유는 중복을 제거할 때 진짜 중복이 아닌 우발적 중복을 제거해서 재사용했기 때문입니다. 따라서 조건문의 개수가 늘어나고 안정성이 떨어진다면 계속해서 동일한 컴포넌트를 재사용하는 것이 아니라 진짜 중복을 찾아 분리하는 과정을 거쳐야 합니다.

예를 들어, 진짜 중복이 무엇인지 파악했는데, 속성이나 로직과 관련된 것이 아닌 요소의 위치와 관련된 것이라면 다음과 같이 속성을 사용해 요소를 전달함으로써 제거할 수 있습니다.

예제 13.9 렌더링할 컴포넌트를 속성으로 전달

```
function Card({ name, price, summary }) {
  return (
    <section>
      <h3>{name}</h3>
      <p>{price}</p>
      {summary}
    </section>
  );
}

function Page1() {
  return (
    <ul>
      <li>
        <Card
          name="신발"
          price="70,000원"
          summary={<p>신발에 대한 설명 요약</p>}
        />
      </li>
    </ul>
  );
}

function Page2() {
  return (
    <ul>
      <li>
        <Card name="모자" price="20,000원" />
      </li>
    </ul>
  );
}
```

이 방법은 진짜 중복이 요소의 위치라는 것을 파악하고, 렌더링하는 요소는 외부에서 주입받도록 하는 컴포넌트 합성(composition) 또는 속성 렌더(render props)를 활용해 수정한 결과입니다. 이렇게 하지 않으면 같은 위치에 서로 다른 것을 렌더링하는 컴포넌트가 둘 이상인 경우 다음과 같이 중복 문제를 해결해야 합니다. 그리고 그 결과는 안정적이지 않은 컴포넌트입니다.

예제 13.10 같은 위치에 서로 다른 요소를 렌더링하는 문제를 주입이 아닌 구현으로 해결한 경우

```
function Card({ name, price, summary, tags }) {
  return (
    <section>
      <h3>{name}</h3>
      <p>{price}</p>
      {summary && <p>{summary}</p>}
      {tags && <div>...</div>}
    </section>
  );
}
```

이 방법은 리액트 컴포넌트의 props drilling 문제를 해결하거나 컴포넌트의 제어를 역전하는 등 좋은 점이 많고 공식 문서에서도 소개하는 만큼 알아 두면 많은 도움이 됩니다.[6] [7]

참고 **제어 역전**

제어(control)란 실행할지 말지, 어떤 순서로 실행할지 등 수행하는 작업에 대한 권한을 의미합니다. 그렇다면 컴포넌트의 제어를 역전한다는 것은 어떤 의미일까요? 다음과 같은 `input` 요소가 포함된 컴포넌트가 있다고 가정해 보겠습니다.

```
function Component({ onChange }) {
  return (
    <div>
```

6 리액트의 속성을 사용하는 방법은 최신 문서를 참고하면 좋습니다. 하지만 이전 공식 문서에서는 속성을 컴포넌트 합성이라는 관점에서도 설명하고 있어서 의미가 있습니다. 이전 공식 문서의 링크는 다음과 같습니다. https://legacy.reactjs.org/docs/composition-vs-inheritance.html

7 https://www.developerway.com/posts/react-component-as-prop-the-right-way

```
      {onChange ? <input onChange={event => {
        const value = event.target.value;
        if (value) {
          onChange(value);
        }
      }} /> : null}
    </div>
  )
}
```

이때 Component의 onChange에 아무 값도 전달하지 않고 input을 렌더링하고 싶어도 렌더링에 대한 제어권이 Component에 있기 때문에 Component 외부에서는 어쩔 도리가 없습니다. 또한 input에 값이 없으면 onChange 함수가 호출되지도 않습니다. 왜냐하면 onChange의 호출 시점에 대한 제어권을 Component가 갖고 있기 때문입니다.

반면 input 요소를 Component에 속성으로 전달한다면 제어권은 Component의 상위 컴포넌트인 MyComponent로 옮겨갑니다.

```
function MyComponent() {
  return <Component
    input={
      <input onChange={event => {
          const value = event.target.value;
          // ...
        }}
      />
    }
  />
}

function Component({ input }) {
  return (
    <div>
      {input}
    </div>
  )
}
```

여기서는 제어권을 간단하게 설명하기 위해 다소 극단적인 예시를 들었습니다. 또한 제어권 확보를 위해 컴포넌트를 속성으로 전달하는 방법은 자주 사용되지 않기도 합니다. 하지만 알아두면 도움이 될 때가 분명히 있을 것입니다.

13.2.4 배치 및 스타일 재사용성

컴포넌트가 복잡해 보이지 않더라도 컴포넌트를 구성하는 HTML의 배치 또는 스타일이 복잡하다면 컴포넌트를 분리해 유지보수성 및 재사용성을 향상시킬 수 있습니다. 다음 예제는 상품 카드 컴포넌트를 보여줍니다. 이 컴포넌트의 경우 사용하는 데이터는 모두 동일하지만 `vertical` 타입과 `horizontal` 타입에 따라 HTML 요소의 배치가 다릅니다.

예제 13.11 타입에 따라 요소의 배치 및 스타일이 다른 컴포넌트

```
function ProductCard({ type, product }) {
  const isHorizontal = type === 'horizontal';
  const nameStyle = {
    fontSize: 18,
    fontWeight: 'bold',
    margin: '5px 0',
  };

  const descriptionStyle = {
    fontSize: 14,
    color: '#555',
    margin: '5px 0',
  };

  const priceStyle = {
    fontSize: 16,
    color: '#f00',
    margin: '5px 0',
  };

  const containerStyle = {
    display: 'flex',
```

```
    flexDirection: isHorizontal ? 'row' : 'column',
    alignItems: 'center',
    padding: 10,
    margin: 10,
    maxWidth: 300,
    border: '1px solid #ddd',
  };

  const imageStyle = {
    width: isHorizontal ? 100 : '100%',
    height: 100,
    marginBottom: isHorizontal ? 0 : 10,
    objectFit: 'cover',
  };

  const detailsStyle = {
    marginLeft: isHorizontal ? 10 : 0,
    textAlign: isHorizontal ? 'left' : 'center',
  };

  return (
    <div style={containerStyle}>
      <img src={product.image} alt={product.name} style={imageStyle} />
      <div style={detailsStyle}>
        <h3 style={nameStyle}>{product.name}</h3>
        <p style={descriptionStyle}>{product.description}</p>
        <p style={priceStyle}>{product.price}</p>
      </div>
    </div>
  );
}
```

ProductCard 컴포넌트는 사용하는 데이터가 단순하고 형태도 단순하지만 각 타입별로 배치 및 스타일이 달라 조건문이 많습니다. 따라서 관리하기가 어렵고 중장기적인 재사용성이 떨어집니다.

이러한 경우 중복을 명확하게 파악해서 제거하는 과정이 필요합니다. 위 예제의 img 요소를 예로 들어 보겠습니다. img 요소의 width와 marginBottom 스타일은 타입에 따라 다릅니다. 그리고 height와 objectFit 스타일은 타입과 무관합니다.

예제 13.12 컴포넌트 타입에 따라 값이 달라지는 스타일과 그렇지 않은 스타일을 구분

```
// 다른 요소는 생략하고 img 요소만 살펴봅니다.
function ProductCard({ type, product }) {
  const isHorizontal = type === 'horizontal';

  // 타입에 따라 다른 값을 갖는 스타일
  const imageStyleDependingOnType = {
    width: isHorizontal ? 100 : '100%',
    marginBottom: isHorizontal ? 0 : 10,
  };

  // 타입에 관계없이 항상 같은 값을 갖는 스타일
  const imageStyleNotDependingOnType = {
    height: 100,
    objectFit: 'cover',
  };

  return (
    <img
      src={product.image}
      alt={product.name}
      style={{ ...imageStyleDependingOnType, ...imageStyleNotDependingOnType }}
    />
  );
}
```

그리고 img 요소가 사용하는 데이터 역시 타입과 무관합니다. 따라서 img 요소를 다음과 같이 분리할 수 있습니다.

예제 13.13 요소 배치 타입에 따라 값이 달라지는 값과 아닌 값을 구분해서 분리

```
function ProductImage({ src, alt, style }) {
  const defaultStyle = {
    height: 100,
    objectFit: 'cover',
  };

  return <img src={src} alt={alt} style={{ ...defaultStyle, ...style }} />;
}

function ProductCard({ type, product }) {
  const isHorizontal = type === 'horizontal';

  const imageStyle = {
    width: isHorizontal ? 100 : '100%',
    marginBottom: isHorizontal ? 0 : 10,
  };

  return (
    <ProductImage src={product.image} alt={product.name} style={imageStyle} />
  );
}
```

이렇게 분리하고 나면 타입에 따른 스타일을 결정하는 것은 ProductCard 컴포넌트에만 남아있고, ProductCard를 구성하는 하위 컴포넌트는 타입에 따른 배치 및 스타일에 대해 관심을 두지 않습니다.

13.2.5 컴포넌트가 재사용 가능하다는 것

컴포넌트가 재사용 가능하다는 것은 일반적이라는 것을 의미합니다. 그리고 무엇이 일반적인지 파악하는 과정은 중복인지 파악하는 과정과 닮아 있습니다. 따라서 재사용 가능한 컴포넌트를 만드는 것은 중복을 제거하는 과정과 같습니다. 하지만 여기에는 주의가 필요합니다. 실제 사용 사례, 즉 진짜 중복인지 파악하기 전에 먼저 재사용성을 고려해 컴포넌트를 만들면 잘못된 추상화로서 우발적 중복이 발생할 수 있습니다.

그렇기 때문에 안정적으로 재사용 가능한 컴포넌트를 만들려면 여러 가지를 고려해야 합니다. 먼저, 컴포넌트를 구성하는 HTML 요소가 특정 부모 요소에 의존하지 않는지 살펴봐야 합니다. 또한, 여러 곳에서 사용될 때 서로 다른 요구사항을 반영하기 위해 조건문이 많아진다면 이는 잘못된 추상화를 의미할 수 있습니다. 이러한 경우 컴포넌트 합성과 같은 방법을 활용해 안정성을 높여야 합니다. 마지막으로, UI 요소뿐만 아니라 배치나 스타일의 중복을 파악하고 제거하는 것도 중요합니다.

13.3 복잡한 컴포넌트

여러 책임을 가진 컴포넌트는 복잡해지기 마련입니다. 이러한 컴포넌트는 다음과 같이 자식 컴포넌트 없이 만든 거대한 페이지 컴포넌트와 비슷합니다.

예제 13.14 페이지 컴포넌트

```
function Page(props) {
  // 선택한 탭을 변경하면 보여주는 내용을 변경
  // 페이징을 처리
  // 단어를 검색
  // 검색 조건을 토글
  // 등등
}
```

이러한 컴포넌트는 기능 간에 결합이 강하게 발생해 유지보수하기가 쉽지 않습니다. 이것은 물체가 세 개만 되어도 앞으로 이들이 어떻게 상호작용할지 예측하는 것이 불가능에 가깝다는 삼체문제를 떠올리게 합니다. 즉, 서로 상호작용하는 기능이 많지 않더라도 복잡도는 극적으로 높아질 수 있습니다.

그렇기 때문에 컴포넌트를 책임에 맞게 분리해서 문제를 단순화해야 합니다. Page 컴포넌트가 탭, 검색, 페이징, 그리고 이 정보들을 취합해 콘텐츠를 보여주는 등 모든 기능에 대한 책임을 갖지 않도록 해야 합니다.

다음 그림은 복잡한 컴포넌트를 분리했을 때 상태를 관리하는 한 가지 방법을 보여줍니다.

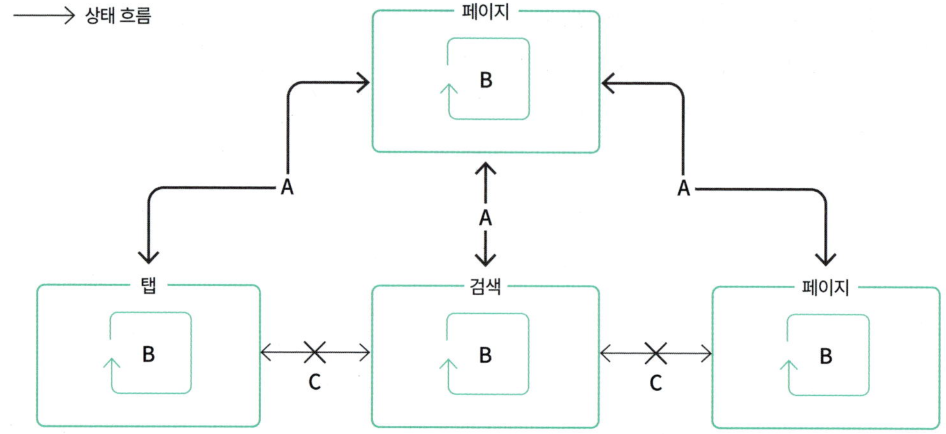

그림 13.3 복잡한 페이지 컴포넌트를 기능에 따라 세부 컴포넌트로 분리. A는 부모와 자식 간의 상태 흐름, B는 컴포넌트 내부 상태 흐름, C는 형제 사이에 영향을 주는 상태 흐름을 보여준다.

먼저 상태 흐름 A는 부모와 자식 간의 상태 흐름을 보여줍니다. 예를 들어, 부모가 컴포넌트 속성을 통해 상태를 전달하고, 마찬가지로 컴포넌트 속성으로 전달한 콜백 함수를 자식이 호출하면 부모가 콜백 함수 내부에서 부모 자신의 상태를 갱신하는 경우가 여기에 해당합니다. 물론 Context API나 전역 상태 관리 도구를 사용하는 것도 A에 해당합니다. 상태 흐름 B는 자기 자신의 상태 흐름을 나타냅니다. 이 상태는 외부의 다른 컴포넌트에 영향을 주지 않고 오로지 자기 자신의 UI 상태를 표현합니다. 상태 흐름 C는 컴포넌트로 분리하기 전 서로 다른 관심사를 갖는 기능이 서로 직접 영향을 주고받는 것을 나타냅니다.

위 그림의 탭 컴포넌트를 구체적인 코드로 표현하면 다음과 같습니다.

예제 13.15 탭 컴포넌트

```
function Tab(props) {
  // A
  const { selectTab } = useContext(PageContext);

  // B
  const [selectedTabName, setSelectedTabName] = useState('인기');

  const handleSelectTab = (tabName) => {
    // B
```

```
    setSelectedTabName(tabName);

    // A
    selectTab(tabName);
  };

  const highlightStyle = {
    // 탭 하이라이트 스타일
  };

  return (
    <div>
      <button
        type="button"
        style={selectedTabName === '인기' ? highlightStyle : null}
        onClick={() => handleSelectTab('인기')}
      >
        인기글
      </button>
      <button
        type="button"
        style={selectedTabName === '추천' ? highlightStyle : null}
        onClick={() => handleSelectTab('추천')}
      >
        추천글
      </button>
    </div>
  );
}
```

모든 기능이 예제 13.14와 같이 한 컴포넌트에 모여 있다면 탭과 검색, 페이징은 서로 영향(C)을 주고받습니다. 그리고 복잡도는 빠르게 증가합니다.

반면 예제 13.15와 같이 각 기능을 컴포넌트로 분리하면 기능 간 직접적인 상호작용(C)을 차단할 수 있습니다. 그리고 제한된 방법(A)을 통해 상태를 관리함으로써 상태 흐름을 예측 가능한 방향으로 돌릴 수 있습니다. 여기에 더해 각 컴포넌트가 명확한 관심사와 책임을 갖고 있으므로 유지보수성 역시 개선할 수 있습니다.

13.4 렌더링 성능

재사용성과 복잡성 외에 컴포넌트를 분리하는 또 다른 기준으로 렌더링 성능이 있습니다. 하나의 컴포넌트 안에서 서로 영향을 주지 않는 상태가 여럿 있다면 특정 상태의 갱신이 그와 관련이 없는 요소에까지 불필요하게 렌더링을 발생시켜 성능을 저하시킬 수 있습니다.

다음 예제에서 `isCardHovered`와 `activeTab`이라는 두 상태는 서로 독립적입니다. 하지만 한 상태가 갱신됐을 때 해당 상태와 무관한 요소까지 리렌더링하는 문제가 발생합니다.

예제 13.16 서로 관련 없는 상태가 모여 있으면 페이지의 렌더링 성능을 저하시킴

```
function Page() {
  const [isCardHovered, setIsCardHovered] = useState(false);
  const [activeTab, setActiveTab] = useState(null);

  return (
    <div>
      <h1>Page</h1>
      <ul>
        <li
          onMouseEnter={() => setActiveTab('Tab1')}
          onMouseLeave={() => setActiveTab(null)}
        >
          <span
            style={{
              backgroundColor: activeTab === 'Tab1' ? '#56ff14' : 'transparent',
            }}
          >
            Tab1
          </span>
        </li>
        {/* ... */}
```

```
        </ul>
        <ul>
          <li
            onMouseEnter={() => setIsCardHovered(true)}
            onMouseLeave={() => setIsCardHovered(false)}
          >
            <div
              style={{
                backgroundColor: isCardHovered ? '#f0f0f0' : 'transparent',
              }}
            >
              {/* 카드 구성 요소 */}
            </div>
          </li>
          {/* ... */}
        </ul>
      </div>
  );
}
```

따라서 다음과 같이 컴포넌트를 분리함으로써 렌더링 성능을 개선할 수 있습니다.

예제 13.17 서로 관련이 없는 상태를 컴포넌트를 분리해서 관리

```
function TabList() {
  const [activeTab, setActiveTab] = useState(null);

  return (
    <ul>
      <li
        onMouseEnter={() => setActiveTab('Tab1')}
        onMouseLeave={() => setActiveTab(null)}
      >
        <span
          style={{
            backgroundColor: activeTab === 'Tab1' ? '#56ff14' : 'transparent',
          }}
```

```
        >
          Tab1
        </span>
      </li>
      {/* ... */}
    </ul>
  );
}

function CardList() {
  const [isCardHovered, setIsCardHovered] = useState(false);

  return (
    <ul>
      <li
        onMouseEnter={() => setIsCardHovered(true)}
        onMouseLeave={() => setIsCardHovered(false)}
      >
        <div
          style={{
            backgroundColor: isCardHovered ? '#f0f0f0' : 'transparent',
          }}
        >
          {/* 카드 구성 요소 */}
        </div>
      </li>
      {/* ... */}
    </ul>
  );
}

function Page() {
  return (
    <div>
      <h1>Page</h1>
      <TabList />
```

```
      <CardList />
    </div>
  );
}
```

컴포넌트가 복잡하거나 재사용을 위한 것이 아니더라도 입력 요소와 같이 빈번하게 상태를 갱신하는 요소를 포함하는 컴포넌트의 경우 별도로 분리하면 성능을 개선하는 등 긍정적인 효과를 얻을 수 있습니다.

CHAPTER

14

헤드리스 UI

헤드리스 UI란 UI 중 사용자에게 보이는 요소와 스타일을 제외(headless)한 나머지 부분을 의미합니다. 여기서 나머지 부분이란 사용자에게 보이지는 않지만 상호작용하는 데 필요한 로직을 말합니다. 예를 들어, 체크박스의 선택 여부에 따라 특정 영역을 노출할지 여부를 결정한다면 선택 여부를 확인하고 그에 따라 특정 영역의 노출 여부를 결정하는 로직이 헤드리스 UI입니다.

특히 서비스의 특색에 맞게 구현하는 드롭다운의 경우 구현할 때마다 UI가 조금씩 다르더라도 핵심 로직이 동일할 수 있습니다. 이때 드롭다운의 핵심 로직을 헤드리스 UI로 따로 분리해서 관리하면 드롭다운을 구현할 때마다 보이는 부분만 신경 쓰면 돼서 적은 비용으로 구현할 수 있습니다.

헤드리스 UI라는 개념의 전제는 보이는 부분과 관련 동작은 변경 속도가 서로 다르다는 것입니다. 드롭다운의 보이는 부분은 서로 다른 애플리케이션뿐만 아니라 같은 애플리케이션 내부에서도 다를 수 있습니다. 반면 드롭다운의 동작을 다루는 보이지 않는 부분은 대부분의 경우 크게 다르지 않습니다.

코드 수준에서 비즈니스 또는 도메인 로직을 구현할 때 사용하는 이름은 모델입니다. 모델은 비즈니스 수준에서 공유하는 규칙을 구현하기 때문에 애플리케이션의 다른 부분에 비해 변경의 속도가 낮습니다. 이를 UI에 적용해 보면, 보이는 부분을 뷰라고 부르고 동작을 다루는 헤드리스 UI를 뷰 모델로 부를 수 있습니다.

참고 **뷰 모델과 헤드리스 UI**

뷰 모델은 뷰에서 사용하는 로직 및 상태를 관리합니다. 그 과정에서 비즈니스 로직 또는 리포지터리와 협력하기도 합니다. 이를 통해 뷰는 HTML, CSS와 같이 사용자에게 보여주는 부분에 더욱 집중할 수 있게 됩니다. 이때 헤드리스 UI는 뷰 모델의 일반적인 관심사 중 뷰의 동작에 특히 더 많은 관심을 가집니다.

그럼 구체적인 코드를 통해 헤드리스 UI에 대해 알아보겠습니다. 다음 예제는 카테고리 컴포넌트를 보여줍니다. 중요한 부분만 살펴보기 위해 다른 부분은 생략하고 카테고리를 선택하는 드롭다운의 동작만 남겨뒀습니다.

예제 14.1 카테고리 컴포넌트 중 드롭다운 동작과 관련된 코드

```
function Categories({ categories }) {
  // 드롭다운을 열고 닫는 상태
  const [isOpen, setIsOpen] = useState(false);
  const [selectedCategory, setSelectedCategory] = useState(null);

  const toggleDropdown = () => {
    setIsOpen(!isOpen);
  };

  const selectCategory = (category) => {
    if (selectedCategory === category) {
      // 이미 선택된 카테고리를 다시 선택하면 선택을 해제
      setSelectedCategory(null);
    } else {
      setSelectedCategory(category);
    }

    // 선택 후 드롭다운을 닫음
    setIsOpen(false);
  };

  // ...

  return <div>...</div>;
}
```

드롭다운을 열고 닫는 isOpen 상태가 있고, 드롭다운이 열려 있을 때 선택한 카테고리를 selectedCategory 상태에 담아둡니다.

이제 다른 페이지에 상품 옵션을 선택할 수 있는 드롭다운을 만들어야 한다고 가정해 보겠습니다. 상품 옵션을 선택하도록 하는 드롭다운 컴포넌트는 카테고리 드롭다운과 모양이 서로 다르고 중복 선택이 가능해야 합니다. 다음은 지불 정보를 보여주는 컴포넌트입니다. 이 컴포넌트에서는 상품의 가격과 옵션, 그리고 선택한 옵션에 따라 달라지는 가격 정보를 보여줍니다.(이번에도 필요한 코드를 제외한 다른 부분은 생략합니다.)

예제 14.2 예상 지불 정보를 보여주는 컴포넌트

```
function ProductPaymentInfo({ product }) {
  // 지불해야 할 가격을 담아둠
  const [priceToPay, setPriceToPay] = useState(product.price);

  const [open, setOpen] = useState(false);
  // 어떤 옵션이 선택됐는지 담아두고, 옵션을 표현할 때 다른 배경색을 적용하기 위해 사용
  const [chosenOptionIds, setChosenOptionIds] = useState([]);

  const handleToggleDropdown = () => {
    setOpen((prevOpen) => !prevOpen);
  };

  const handleChoiceOption = (chosenOption) => {
    const chosenId = chosenOption.id;
    const newChosenOptionIds = chosenOptionIds.includes(chosenId)
      ? chosenOptionIds.filter((id) => id !== chosenId)
      : [...chosenOptionIds, chosenId];

    // 선택된 옵션들의 가격을 합산
    const optionPrice = product.options
      .filter((option) => newChosenOptionIds.includes(option.id))
      .reduce((acc, option) => acc + option.price, 0);

    // 만약 추가된 옵션 가격이 5000원 이상이면 2000원을 할인
    const finalOptionPrice =
```

```
      optionPrice >= 5000 ? optionPrice - 2000 : optionPrice;

    setChosenOptionIds(newChosenOptionIds);
    setPriceToPay(product.price + finalOptionPrice);
    setOpen(false);
  };

  // ...

  return <div>...</div>;
}
```

이렇게 보니 구체적인 이름이나 활용은 다르지만 드롭다운과 관련된 중복이 보입니다. 예를 들어, 예제 14.1의 Categories 컴포넌트는 선택된 아이템을 selectedCategory 상태로 관리하고 예제 14.2에서는 chosenOptionIds 상태로 관리합니다. 하지만 이 둘 모두 드롭다운에서 선택한 아이템을 나타냅니다.

이처럼 드롭다운은 계속 만들어지는 반면 구현하는 방법에 일관성이 떨어져 관리하기가 어려워질 수 있습니다. 따라서 중복을 제거하기 위해 다음과 같이 드롭다운 동작을 담아 두는 훅을 만듭니다.

예제 14.3 드롭다운 동작을 관리하는 훅

```
function useDropdown({ allowMultiple = true, initialSelectedOptions = [] }) {
  const [isOpen, setIsOpen] = useState(false);
  const [selectedOptions, setSelectedOptions] = useState(
    initialSelectedOptions,
  );

  const open = () => {
    setIsOpen(true);
  };

  const close = () => {
    setIsOpen(false);
  };
```

```
  const select = (newOption) => {
    let newSelectedOptions = [];

    if (allowMultiple) {
      // 복수 선택을 허용하는 경우
      newSelectedOptions = selectedOptions.includes(newOption)
        ? // 이미 선택된 옵션이라면 선택을 해제
          selectedOptions.filter((selected) => selected !== newOption)
        : // 선택되지 않은 옵션이라면 추가
          [...selectedOptions, newOption];
    } else {
      // 복수 선택을 허용하지 않는 경우
      newSelectedOptions =
        newOption === selectedOptions[0]
          ? // 이미 선택된 옵션이라면 선택을 해제
            []
          : // 선택되지 않은 옵션이라면 새로 선택
            [newOption];
    }

    setSelectedOptions(newSelectedOptions);
    return [...newSelectedOptions];
  };

  return {
    isOpen,
    selectedOptions,
    open,
    close,
    select,
  };
}
```

예제 14.3은 예제 14.1과 예제 14.2에서 사용하던 드롭다운 동작을 헤드리스 UI로 구현하고 있습니다. 특히 예제 14.1에서는 선택할 수 있는 옵션이 하나인 반면, 예제 14.2에서는 옵션을 여러 개 선택할 수 있기 때문에 관련 옵션인 `allowMultiple` 매개변수와 코드를 추가했습니다. 다음은 이렇게 분리한 useDropdown을 사용하는 두 컴포넌트를 보여줍니다.

예제 14.4 헤드리스 UI인 useDropdown을 사용하는 두 컴포넌트

```
// 예제 14.1의 카테고리 컴포넌트
function Categories({ categories }) {
  const {
    isOpen,
    selectedOptions: selectedCategory,
    open,
    close,
    select,
  } = useDropdown({ allowMultiple: false, initialSelectedOptions: [] });

  const toggleDropdown = () => {
    if (isOpen) {
      close();
    } else {
      open();
    }
  };

  const selectCategory = (category) => {
    select(category);
    close();
  };

  // ...

  return <div>...</div>;
}

// 예제 14.2의 지불 정보 컴포넌트
function ProductPaymentInfo({ product }) {
  const [priceToPay, setPriceToPay] = useState(product.price);
```

```
  const {
    isOpen,
    selectedOptions: chosenOptionIds,
    open,
    close,
    select,
  } = useDropdown({ allowMultiple: true, initialSelectedOptions: [] });

  const handleToggleDropdown = () => {
    if (isOpen) {
      close();
    } else {
      open();
    }
  };

  const handleChoiceOption = (chosenOption) => {
    const newChosenOptionIds = select(chosenOption.id);

    const optionPrice = product.options
      .filter((option) => newChosenOptionIds.includes(option.id))
      .reduce((acc, option) => acc + option.price, 0);

    const finalOptionPrice =
      optionPrice >= 5000 ? optionPrice - 2000 : optionPrice;

    setPriceToPay(product.price + finalOptionPrice);
    close();
  };

  // ...

  return <div>...</div>;
}
```

여기서는 두 컴포넌트인 Categories와 ProductPaymentInfo가 드롭다운 동작을 직접 구현하지 않고 헤드리스 UI인 useDropdown을 사용합니다.

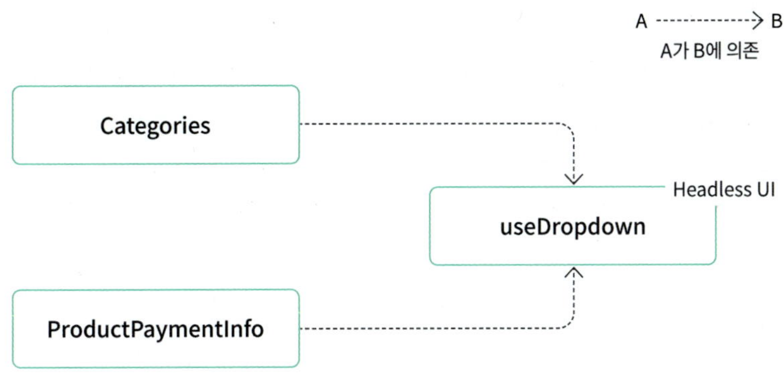

그림 14.1 Categories 컴포넌트와 ProductPaymentInfo 컴포넌트가 useDropdown에 의존

이를 통해 각 컴포넌트와 향후 드롭다운을 사용하는 컴포넌트의 경우 드롭다운 동작을 쉽게 구현할 수 있고 중복을 예방할 수 있습니다. 반면 useDropdown에 대한 의존성은 결합도를 높여 useDropdown의 변경이 더 넓은 범위에 영향을 미치게 합니다. 따라서 useDropdown을 안정적인 모듈로서 관리해야 할 필요가 생겼습니다.

마지막으로 ProductPaymentInfo 컴포넌트에 있는 비즈니스 로직을 분리해 보겠습니다. 해당 컴포넌트에는 옵션 가격이 5000원 이상이라면 2000원 할인하는 비즈니스 로직이 포함돼 있습니다. 다음은 분리된 로직인 ProductOption과 이를 사용하는 ProductPaymentInfo 컴포넌트를 보여줍니다.

예제 14.5 상품 옵션 관련 로직을 ProductOption으로 분리한 후 ProductPaymentInfo 컴포넌트에서 사용

```
/**
 * 상품 옵션 비즈니스 로직
 */
class ProductOption {
  static OPTION_DISCOUNT_PRICE_THRESHOLD = 5000;
  static DISCOUNT_AMOUNT = 2000;

  /** 전체 옵션 가격이 5000원 이상이면 2000원을 할인 */
  static applyDiscount(totalOptionPrice) {
```

```
    return totalOptionPrice >= ProductOption.OPTION_DISCOUNT_PRICE_THRESHOLD
      ? totalOptionPrice - ProductOption.DISCOUNT_AMOUNT
      : totalOptionPrice;
  }
}

function ProductPaymentInfo({ product }) {
  // 지불해야 할 가격을 담아둠
  const [priceToPay, setPriceToPay] = useState(product.price);

  // ... 이전과 동일

  const handleChoiceOption = (chosenOption) => {
    const newChosenOptionIds = select(chosenOption.id);

    // 선택된 옵션들의 가격을 합산
    const optionPrice = product.options
      .filter((option) => newChosenOptionIds.includes(option.id))
      .reduce((acc, option) => acc + option.price, 0);

    const finalOptionPrice = ProductOption.applyDiscount(optionPrice);

    setPriceToPay(product.price + finalOptionPrice);
    close();
  };

  // ...

  return <div>...</div>;
}
```

이제 컴포넌트의 의존관계는 다음과 같습니다.

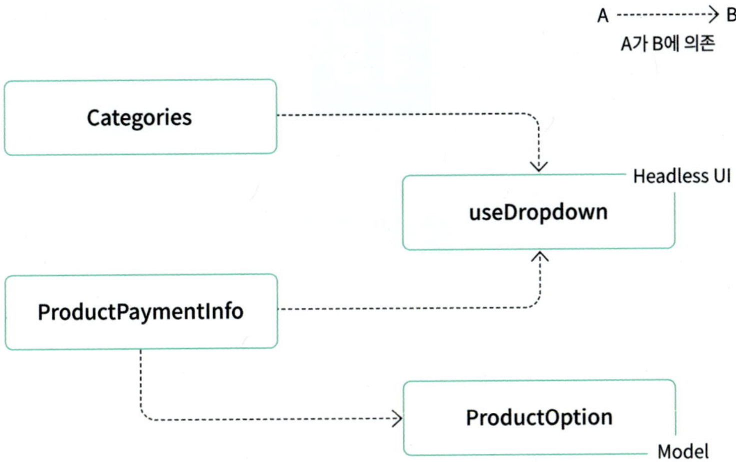

그림 14.2 ProductPaymentInfo 컴포넌트가 의존하는 헤드리스 UI와 모델

ProductPaymentInfo 컴포넌트는 헤드리스 UI인 useDropdown과 모델인 ProductOption에 의존합니다. 이 둘은 각각 뷰 동작과 비즈니스 규칙에 관심을 가집니다. 이렇게 관심사에 맞춰 로직을 분리하고 나니 ProductPaymentInfo 컴포넌트는 전보다 관심사가 줄어 관리하기가 더 용이해졌습니다.

CHAPTER 15

폴더 구조

개발을 시작한 지 얼마 안 된 개발자도, 심지어 개발자가 아니어도 폴더 구조는 항상 고민입니다. 왜냐하면 폴더 구조란 흩어져 있는 정보를 분류하는 기준이기 때문입니다. 흩어져 있는 정보를 잘 분류하지 않으면 필요한 정보를 찾기 어렵습니다. 특히 코드는 글을 쓸 때 문서를 참조하듯 다른 코드를 참조해서 작성하는 경우가 대부분이기 때문에 필요한 코드가 존재하는지, 그리고 어디에 위치하는지 찾는 경우가 빈번하고 이를 위한 적절한 분류 기법은 필수적입니다. 하지만 프런트엔드 애플리케이션을 위한 적절한 폴더 구조는 무엇인지 찾기 어려운 것이 현실입니다. 왜냐하면 대부분의 경우 자신이 속한 조직의 특수한 상황을 반영하거나 지나치게 어려운 개념을 담고 있어 모든 구성원이 이해하고 적용하는 데 한계가 있기 때문입니다.

그래서 이번 장에서는 폴더 구조를 이해할 때 필요한 개념과 폴더 구조를 다루는 기본적인 원칙을 살펴봅니다. 이를 통해 다양한 환경에서 왜 이런 구조를 갖게 됐는지 이해할 수 있고, 앞으로 어떤 방향으로 변화에 적응해야 하는지 알 수 있습니다.

15.1 파일과 폴더를 모듈로 이해하기

폴더 구조에 대한 내용을 구체적으로 살펴보기 전에 먼저 알아두면 좋은 것은 바로 폴더를 단순한 파일 묶음이 아닌, 하나의 모듈로서 이해하는 것입니다. 예를 들어, 여러 곳에서 공용으로 사용할 `Button` 컴포넌트를 만든다고 해보겠습니다. `Button` 컴포넌트는 상태에 따라 다른 스타일을 가질 수 있고, 접근성을 위한 별도의 로직을 포함할 수도 있습니다. 이런 요구에 따라 다음과 같은 폴더 구조를 만들 수 있습니다.

예제 15.1 Button 컴포넌트의 폴더 구조

```
components/
└── Button/
    ├── Button.jsx
    ├── useButton.js
    └── styles.css
```

이렇게 설계한 Button은 다른 곳에서 다음과 같이 사용합니다.

예제 15.2 Button 컴포넌트 가져오기

```
import { Button } from '../components/Button/Button.jsx';
```

이 방식은 당장 동작하는 데는 문제가 없습니다. 하지만 Button 폴더를 하나의 모듈로 본다면 이는 모듈의 내부 구현을 직접 참조하는 것과 같습니다. Button 폴더 내부 구조를 수정해서 Button.jsx 파일의 위치나 이름을 바꾼다면 이 컴포넌트에 의존하는 모든 파일의 import 경로를 일일이 수정해야 하는 큰 비용이 발생합니다.

이러한 문제는 폴더를 모듈로 이해하고, 이를 통해 캡슐화된 모듈처럼 폴더 내부의 구조 변경이 외부에 영향을 끼치지 않게 해서 해결할 수 있습니다. 즉, 폴더는 모듈로서 자신의 내부 구조나 구현 방식을 외부에 숨기고, 마치 API처럼 인터페이스를 통해 공개된 함수나 변수, 객체만 외부에 노출합니다. 이렇게 하면 외부에서는 내부의 복잡한 구현 및 설계를 알 필요가 없으며, 내부에서는 인터페이스를 변경하지 않는 한 외부에 대한 고려 없이 자유롭게 구조를 개선할 수 있습니다.

폴더를 모듈처럼 다루기 위한 가장 일반적인 방법은 배럴 파일(barrel file) 패턴을 활용하는 것입니다.[1] 이는 폴더에 index.js 파일을 만들고, 이 파일을 모듈의 유일한 출입구로 활용하는 방법입니다.

1 https://basarat.gitbook.io/typescript/main-1/barrel

예제 15.3 Button 폴더에 배럴 파일을 추가

```
components/
└─ Button/
    ├─ Button.jsx
    ├─ index.js // 배럴 파일
    ├─ useButton.js
    └─ styles.css
```

Button/index.js 파일은 Button 모듈이 외부에 공개하고자 하는 것들을 다시 내보내는, 즉 인터페이스로서의 역할을 합니다.

예제 15.4 배럴 파일인 Button/index.js

```
// Button.jsx 파일에서 export하는 모든 것을 외부에 공개
export * from './Button.jsx';
```

이제 Button 컴포넌트를 사용하는 쪽에서는 더 이상 내부 파일 경로에 접근할 필요 없이 폴더 자체를 모듈로 인식하고 사용할 수 있습니다.

예제 15.5 Button 모듈 가져오기

```
import { Button } from '../components/Button';
```

참고 배럴 패턴과 주의 사항

배럴 패턴을 사용할 때 몇 가지 염두에 둬야 할 내용이 있습니다. 먼저 배럴 패턴은 순환 참조 문제의 발생 가능성을 높이고 이를 해결하기 어렵게 합니다. 그리고 배럴 파일이 호출 스택 중간중간에 위치해 디버깅을 어렵게 만들기도 합니다. 따라서 배럴 패턴을 사용할 때는 순환 참조에 특히 유의하고 에러 처리에 더욱 신경 써야 합니다.

이렇게 폴더를 하나의 모듈로서 이해하고 활용하는 과정은 다음으로 살펴볼 개념들을 이해하는 데 중요한 역할을 합니다.

15.2 역할 중심 구조와 기능 중심 구조

폴더 구조를 설계하는 접근법은 크게 두 가지로 나눌 수 있습니다. 하나는 파일의 역할(role)을 기준으로 묶는 것이고, 다른 하나는 파일이 구현하는 기능(feature)을 기준으로 묶는 것입니다. 이 두 가지 접근법을 각각 계층 중심(layer-first) 구조와 기능 중심(feature-first) 구조라고도 합니다.

먼저 역할 중심 구조는 프런트엔드 애플리케이션을 다룰 때 가장 익숙한 방법입니다. 이 방법은 다음과 같이 애플리케이션을 구성하는 코드를 `components`, `hooks`, `apis`, `utils`와 같이 역할에 따라 나눕니다.

예제 15.6 역할 중심 구조

```
src/
├─ apis/
│   ├─ authAPI.js
│   └─ productAPI.js
├─ components/
│   ├─ LoginButton.jsx
│   └─ ProductCard.jsx
└─ hooks/
    ├─ useAuth.js
    └─ useProduct.js
```

역할별로 폴더를 나눴을 때 가장 큰 장점은 구현 속도입니다. 컴포넌트를 만들 때는 컴포넌트를 구현한 파일을 `components` 폴더에 넣기만 하면 됩니다. 애플리케이션에서 사용하고 있는 API를 조사할 때는 `apis` 폴더를 살펴보면 됩니다.

반면 로그인 또는 쿠폰 발급이라는 기능을 파악하기 위해서는 여러 역할 폴더를 살펴봐야 하고 이로 인해 인지 부하가 높아지는 단점이 있습니다. 또한 한 기능을 수정하기 위해 여러 폴더에 위치한 여러 파일을 수정해야 하고 놓친 부분은 없는지 검토하는 비용이 높아집니다.

기능 중심 구조는 특정 기능을 구현하는 데 필요한 모든 코드를 하나의 폴더에 모아둡니다. 예를 들어, 상품 상세 기능에 필요한 컴포넌트, 훅, API 호출 함수를 다음과 같이 모두 `productDetails`라는 폴더 안에서 관리합니다.

예제 15.7 기능 중심 구조

```
src/
└─ features/
    ├─ auth/
    │   ├─ LoginButton.jsx
    │   ├─ useAuth.js
    │   └─ authAPI.js
    └─ productDetails/
        ├─ ProductCard.jsx
        ├─ useProduct.js
        └─ productAPI.js
```

이 구조를 사용하면 상품 상세 관련 작업을 할 때는 productDetails 폴더만 신경 쓰면 됩니다. 즉, 응집도가 높아 기능의 맥락을 파악하기 쉽고, 수정으로 인해 발생하는 영향을 내부로 제한할 수 있습니다.

하지만 이 방식에도 문제는 있습니다. 인증 기능과 상품 기능 모두에서 사용해야 하는 공통 유틸리티 함수나 커스텀 훅이 있는 경우 기능 구조를 유지하기 위해서는 각 기능 폴더에 중복으로 구현해야 합니다. 중복 구현 문제를 해결하기 위해 기능 폴더 밖으로 해당 코드를 옮기면 그 코드는 유틸리티, 훅과 같은 역할 중심으로 관리되기 시작합니다. 즉, 온전한 기능 중심 폴더 구조를 유지하기가 어려워집니다.

이처럼 두 접근법은 각기 장단점이 있으므로 각 방법을 프로젝트 전반에 일률적으로 적용하기보다는 장점이 잘 발휘될 수 있는 상황에 활용하는 것이 무엇보다 중요합니다.

이제 폴더 구조를 관리하기 위한 한 가지 아이디어를 살펴보겠습니다. 이 방법은 '기능으로 나누고 기능 내부는 기능 및 역할로 나눈다.'라는 원칙을 프랙탈(fractal)[2] 형태로 적용하는 것입니다. 즉, 프로젝트 전체의 폴더 구조 패턴이 myPage와 같은 하위 폴더에서 동일하게 반복되는 자기 유사성(self-similarity) 구조를 띠게 됩니다. 시작은 프로젝트가 구현하는 애플리케이션을 하나의 기능으로 바라보는 것입니다.

2 어떤 구조의 일부가 전체 구조와 비슷한 형태를 띠는 것(자기 유사성)을 의미합니다. 예를 들어, 컴포넌트는 자식 컴포넌트와 훅으로 구성할 수 있고, 하위 컴포넌트는 다시 자신의 하위 컴포넌트와 훅으로 구성할 수 있습니다. 이러한 구조는 컴포넌트의 규모(scale)와 무관하게 비슷한 형태를 띱니다. 여기서는 폴더 구조를 설명하고 있지만 이러한 패턴은 애플리케이션 간의 관계에서도 발견할 수 있습니다.

다음 예제에서는 프로젝트 루트에 역할과 기능 폴더가 함께 위치합니다. 프로젝트 루트에 위치한 역할과 기능은 프로젝트 전체에서 공유할 수 있습니다. 예를 들어, 프로젝트 루트에 위치한 인증 기능인 `features/auth`는 프로젝트 전체에서 접근해 사용할 수 있습니다. 반면 `pages/myPage`에 위치한 비밀번호 변경 기능인 `features/passwordChange`와 `components`에 속한 컴포넌트는 `myPage` 내부에서만 접근해서 사용합니다.

예제 15.8 기능 및 역할 구조를 함께 사용한 폴더 구조

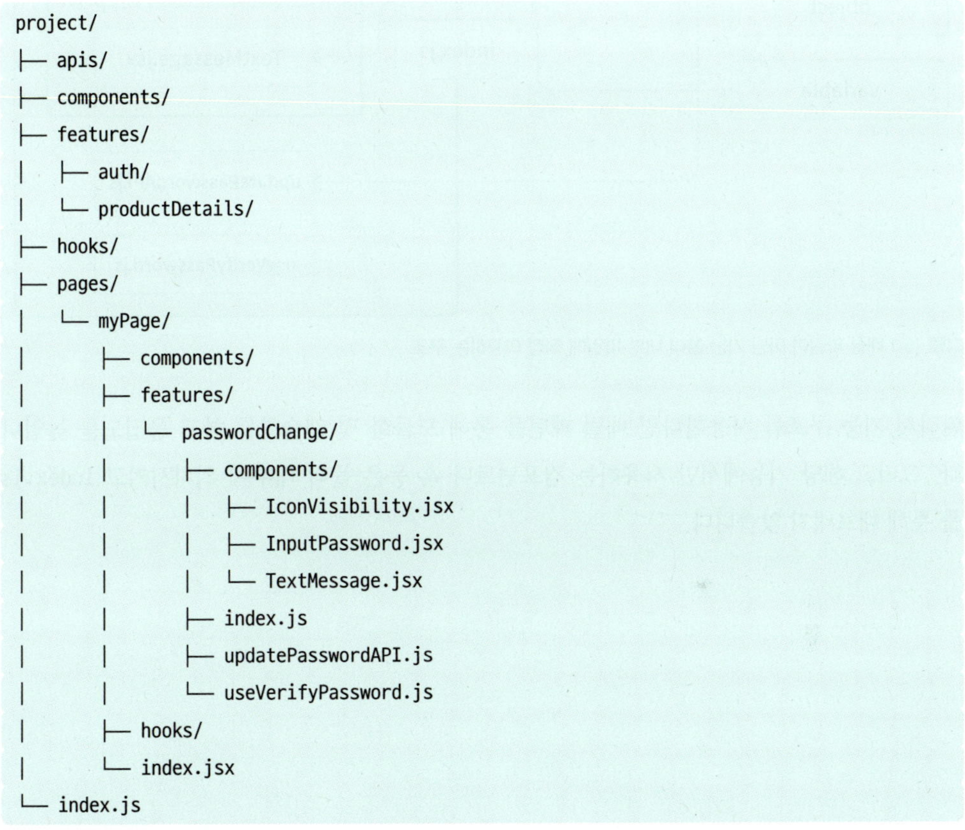

```
project/
├─ apis/
├─ components/
├─ features/
│  ├─ auth/
│  └─ productDetails/
├─ hooks/
├─ pages/
│  └─ myPage/
│     ├─ components/
│     ├─ features/
│     │  └─ passwordChange/
│     │     ├─ components/
│     │     │  ├─ IconVisibility.jsx
│     │     │  ├─ InputPassword.jsx
│     │     │  └─ TextMessage.jsx
│     │     ├─ index.js
│     │     ├─ updatePasswordAPI.js
│     │     └─ useVerifyPassword.js
│     ├─ hooks/
│     └─ index.jsx
└─ index.js
```

여기서 주목할 점은 하나의 기능 폴더를 모듈로서 다룬다는 것입니다. 그림 15.1처럼 외부에서 기능 폴더의 개별 파일에 의존하면 파일명 변경, 기능 폴더 내 파일 이동 등 세부 구현이 바뀔 때 외부에 영향을 줍니다. 그렇게 되면 구조는 기능 구조지만 역할 구조처럼 사용되고, 역할로서 사용하는데 기능 구조로 존재함으로써 인지 부하가 늘고 관리하기가 어려워집니다.

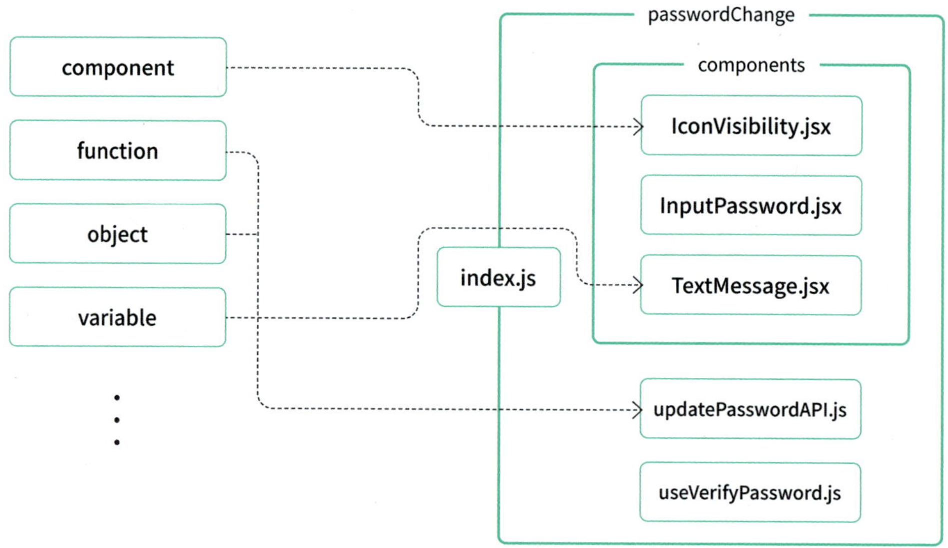

그림 15.1 배럴 파일이 아닌 기능 폴더 내부 파일에 직접 의존하는 구조

따라서 기능 구조를 사용한다면 배럴 패턴을 통해 모듈화 및 캡슐화를 하고 응집도를 높입니다. 그리고 해당 기능에서만 사용하는 컴포넌트나 훅 등은 폴더 내부에 위치시키고 `index.js`를 통해 내보내지 않습니다.

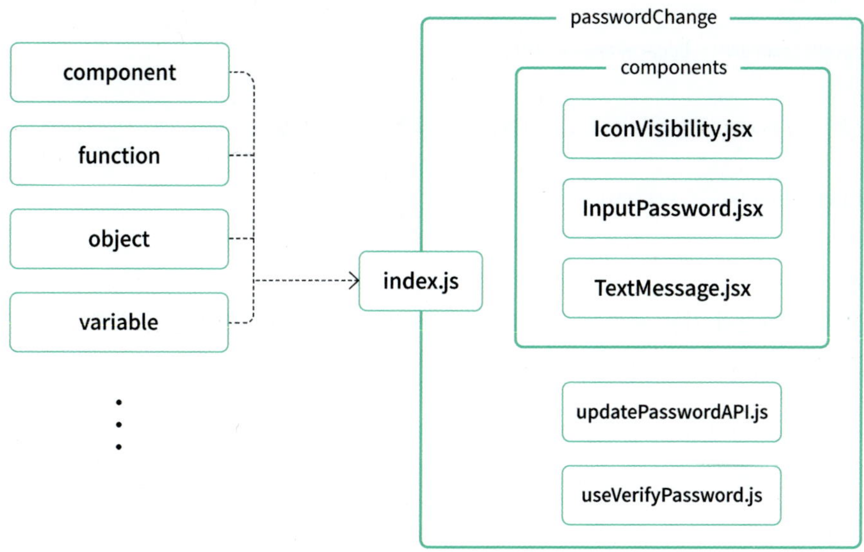

그림 15.2 배럴 파일을 통해 기능에 의존하는 구조

분리하려는 기능이 UI부터 API까지 포함할 필요는 없습니다. 훅과 스타일, 컴포넌트 등 둘 이상의 역할로 구성된 컴포넌트 또한 기능 구조를 활용해 관리할 수 있습니다. 또한 API를 사용해야 하는 기능이라고 하더라도 API 구현을 외부에 위임하는 기능 또한 기능 구조로 관리할 수 있습니다. 그림 15.2와 같은 구조를 가진 `PasswordChange` 기능 컴포넌트가 API를 기능 내부에서 구현한 `updatePasswordAPI`에 의존하지 않고 외부로부터 의존성을 주입받는다면 다음과 같은 모습이 됩니다.

예제 15.9 비밀번호를 변경하는 API 요청 함수를 외부로부터 주입받도록 수정

```
type UpdatePasswordAPI = (params: {
  /** 이전 비밀번호 */
  prevPassword: string;
  /** 새로운 비밀번호 */
  newPassword: string;
}) => PasswordChangeResponse;
```

```
function PasswordChange({
  updatePasswordAPI,
}: {
  updatePasswordAPI: UpdatePasswordAPI;
}) {
  // UpdatePasswordAPI 인터페이스를 구현한 API 요청 함수를 사용

  return <div>{/* ... */}</div>;
}
```

그리고 그림 15.2의 기능 구조는 `updatePasswordAPI.js` 파일이 제거된 것 말고는 바뀌는 게 없습니다. 즉, 여전히 하나의 기능으로서 동작합니다.

기능으로 분리하기가 모호하거나 비용이 높아 분리할 여력이 안 된다면 먼저 역할 구조를 활용합니다. 그리고 추후 필요에 따라 기능 구조로 전환합니다.

15.3 폴더의 위계와 의존성 방향

지금까지 파일을 모아서 관리할 때 어떤 기준으로 모아둘지 알아봤습니다. 이번에는 폴더와 파일의 수준을 관리하는 방법을 알아보겠습니다.

그림 15.3은 폴더와 파일의 수준을 어떻게 파악할 수 있는지 보여줍니다. 이때 프로젝트 폴더는 루트(root)라고 하고, 프로젝트 폴더로부터 세부 폴더 또는 파일로 갈수록 하위 수준, 반대 방향으로 갈수록 상위 수준이라고 합니다. 또한 프로젝트 폴더의 한 단계 바로 아래 위치를 최상위, 어떤 폴더의 가장 끝에 있는 파일 위치를 최하위라고 합니다.

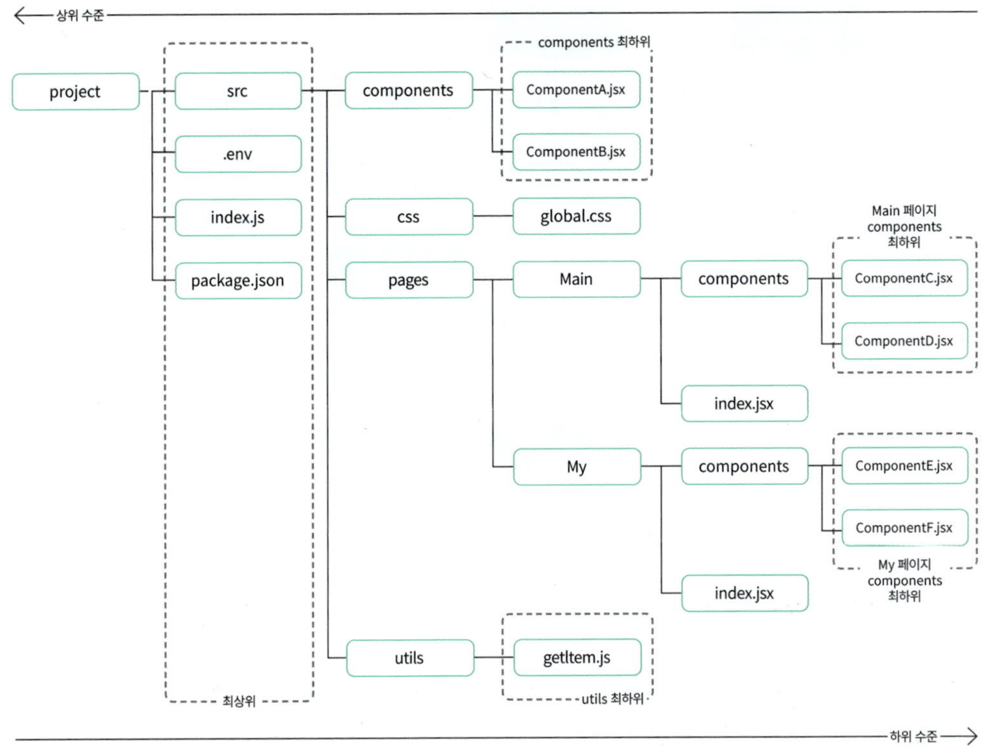

그림 15.3 파일 구조에서의 상위 수준과 하위 수준. 폴더와 파일을 트리 구조로 본다면 `project` 폴더는 루트 노드(root node), 파일이 있는 폴더는 노드(node), 파일은 리프 노드(leaf node)로 이해할 수 있습니다.

폴더가 담고 있는 파일의 공통점이 무엇인지 드러낸다면, 폴더 또는 파일의 수준은 해당 정보에 접근할 수 있는 범위를 드러냅니다.

폴더 수준을 통한 의존성 관리 원칙은 '**아래를 향하는 의존성은 만들지 않는다**'입니다. 즉, 파일은 자신보다 상위 수준에 있거나 **특정 관계**에 있는 파일에만 의존할 수 있습니다.

다음 그림의 `fileA`를 기준으로 했을 때 의존할 수 있는 대상은 다음과 같습니다.

- 형제: 같은 폴더에 있는 `fileB`(동일 수준)
- 삼촌: 부모 폴더(`folder1`)의 형제인 `folder2`와 그 자식인 `fileD`
- 조카(**단, 한 단계 아래까지**): 형제 폴더(`folder1-1`)의 자식인 `fileC`

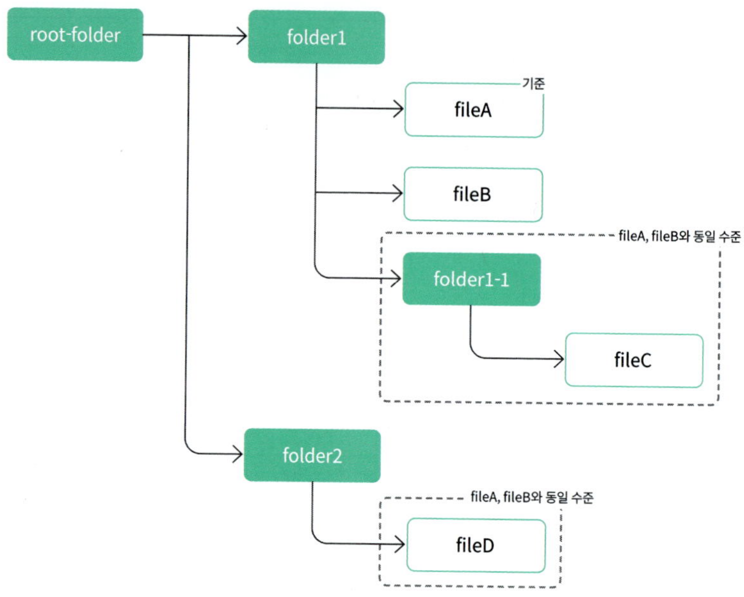

그림 15.4 fileA를 기준으로 했을 때 의존 가능한 파일

이처럼 '조카' 수준의 파일까지 의존성을 허용한 이유는 실용성 때문입니다. 배럴 파일이 없는 `folder1-1` 폴더 내부의 `fileC`를 `fileA`가 사용해야 하는 경우가 있기 때문입니다. 하지만 이 규칙은 무한정 허용되지 않습니다. `fileD`의 관점에서 `fileC`는 '사촌의 자식'으로, 한 단계보다 더 깊은 하위 수준이므로 접근할 수 없습니다. 이를 통해 무분별하게 하위 모듈의 구현에 의존하는 것을 막을 수 있습니다. 또한 '삼촌' 수준의 의존성은 현재 작업 중인 기능이 다른 최상위 기능이나 유틸리티, 컴포넌트 등에 접근해야 할 때 필요합니다.

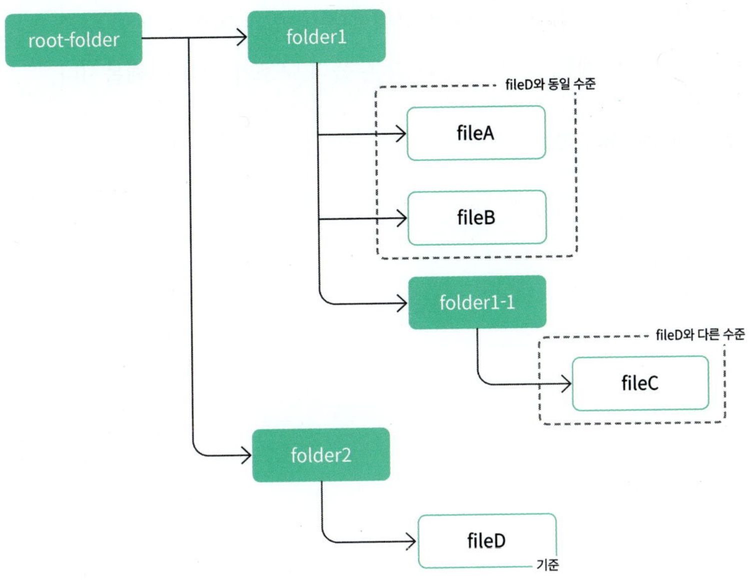

그림 15.5 fileD 기준으로 접근할 수 있는 파일과 접근 불가능한 파일

당연하게도, `fileA`는 다음 그림과 같이 조카의 자식인 `fileE`에 의존할 수 없습니다. 하지만 `fileC`는 조카인 `fileE`에 의존할 수 있습니다.

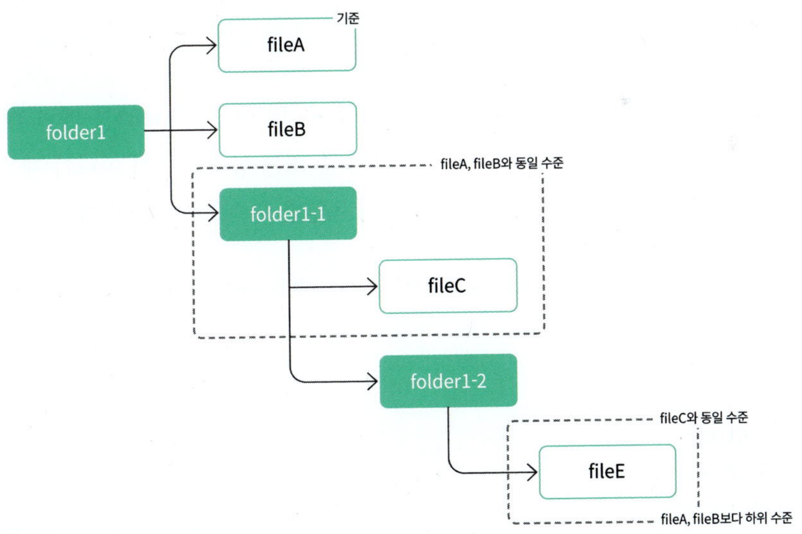

그림 15.6 fileA를 기준으로 했을 때의 하위 수준과 fileC와 동일 수준

의존하고 싶은 파일이 하위 수준에 있다면 하위 수준에 있는 파일을 동일 수준 또는 그 이상의 수준으로 올려야 합니다. 예를 들어, 다음과 같은 폴더 구조가 있다고 해봅시다.

예제 15.10 단순한 프런트엔드 폴더 구조

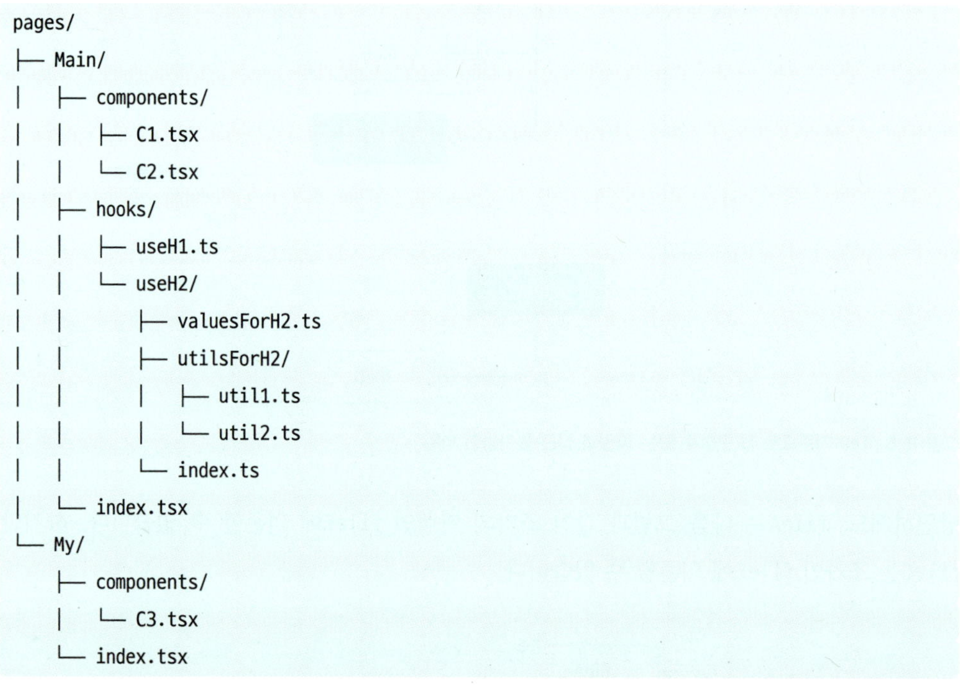

```
pages/
├─ Main/
│   ├─ components/
│   │   ├─ C1.tsx
│   │   └─ C2.tsx
│   ├─ hooks/
│   │   ├─ useH1.ts
│   │   └─ useH2/
│   │       ├─ valuesForH2.ts
│   │       ├─ utilsForH2/
│   │       │   ├─ util1.ts
│   │       │   └─ util2.ts
│   │       └─ index.ts
│   └─ index.tsx
└─ My/
    ├─ components/
    │   └─ C3.tsx
    └─ index.tsx
```

여기서 `C1.tsx`는 `useH2/utils/utils1.ts`에 의존할 수 없습니다. `useH2`를 배럴 패턴을 통해 구현했기 때문인 것도 있지만 `C1.tsx`와 동일한 수준 또는 상위 수준이 아니기 때문입니다. `useH2/utils/utils1.ts`가 필요하다면 다음과 같이 동일한 수준으로 맞춰야 합니다.

예제 15.11 `C1.tsx`가 `util1.ts`에 접근할 수 있게 `util1.ts`를 `C1.tsx`와 동일 수준인 `Main/utils` 폴더로 이동

```
pages/
├─ Main/
│   ├─ components/
│   │   ├─ C1.tsx
│   │   └─ C2.tsx
│   ├─ hooks/
│   │   ├─ useH1.ts
```

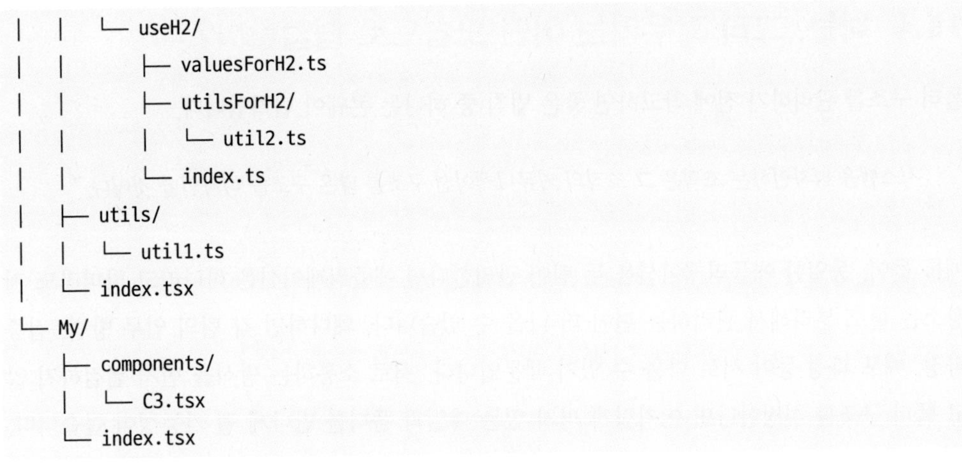

```
|   |   └─ useH2/
|   |       ├─ valuesForH2.ts
|   |       ├─ utilsForH2/
|   |       |   └─ util2.ts
|   |       └─ index.ts
|   ├─ utils/
|   |   └─ util1.ts
|   └─ index.tsx
└─ My/
    ├─ components/
    |   └─ C3.tsx
    └─ index.tsx
```

이렇게 하면 util1.ts는 utils와 동일한 수준이고, C1.tsx뿐만 아니라 useH2의 입장에서 상위 수준이기 때문에 기존과 동일하게 접근 가능합니다.

접근 가능한 범위를 제한함으로써 파일의 의존 관계를 전보다 수월하게 파악하고 관리할 수 있습니다. 그리고 이렇게 하기 위해서는 특별한 기준 없이 모든 파일을 최상위 수준에 위치시키는 것을 피해야 합니다. 이는 당장의 편의를 위해 전역 변수를 무분별하게 추가하는 것과 동일한 피해를 가져옵니다. 따라서 파일 또는 폴더를 생성할 때는 **현재 접근이 필요한 수준에 맞춰 위치시키고 수준을 올릴 필요가 있을 때 필요한 수준만큼 올려야 합니다.**

지금까지 살펴본 파일의 접근 가능 범위를 지킬 경우 파일 간 의존 관계를 시각적으로 빠르게 파악할 수 있습니다. 물론 프로젝트의 규모가 커지고 불가피한 예외 상황이 생기면서 폴더 구조만으로 의존 관계를 파악하는 데 한계가 있을 수 있습니다. 그럼에도 초기 정보로서 시각적으로 파악할 수 있는 방법을 제공하는 것은 분명한 장점이 있습니다. 기능 또는 역할로 나뉘는 폴더의 성격과 파일 및 폴더의 수준을 통해 프로젝트 전반의 구조를 직관적으로 그려낼 수 있기 때문입니다. 이를 통해 페이지나 컴포넌트 등 새로운 요소나 구조가 들어갈 위치를 빠르게 파악하고 적용할 수 있습니다.

15.4 나는, 그리고 우리는 어떤 모습으로 협업할까?

폴더 구조를 관리하기 전에 참고하면 좋은 법칙 중 하나는 콘웨이 법칙입니다.

> *"시스템을 디자인하는 조직은 그 조직의 커뮤니케이션 구조를 닮은 구조를 디자인할 것이다."*[3]

예를 들어, 동일한 애플리케이션을 두 팀이 관리한다면 애플리케이션은 하나라고 하더라도 저장소는 둘로 분리해서 관리하는 편이 더 나을 수 있습니다. 왜냐하면 각 팀의 업무 방법, 검증 과정, 배포 과정 등이 서로 다를 수 있기 때문입니다. 서로 소통하는 방식을 먼저 점검하지 않고 폴더 구조를 설정한다면 어지럽게 퍼져 있는 파일과 폴더를 만나게 될 가능성이 높습니다. 게다가 원인을 소통 방식에서 찾지 않고 더 나은 구조를 찾고 논의하는 데 많은 비용이 들 수도 있습니다.

예를 들어, 비밀번호 컴포넌트와 관련 훅을 하나의 폴더에 넣어서 기능 단위로 관리하는 사람과 컴포넌트는 컴포넌트 폴더에, 훅은 훅 폴더에 넣어서 역할 단위로 관리하는 사람이 한 팀에 있다면 프로젝트 폴더 구조는 정리되지 않은 혼란스러운 형태일 가능성이 높습니다.

비단 이 같은 현상은 사람이 모여야만 발생하는 것은 아닙니다. 한 개인이라고 하더라도 과거에 선호했던 정보 분류 방법과 현재 선호하는 방법, 미래에 선호하는 방법이 다르다면 정보 구조가 이러한 흐름을 반영할 것입니다.

그렇기 때문에 폴더 구조를 다룰 때 중요한 것은 방법 그 자체보다 시간의 흐름 또는 조직의 변화에도 불변하는 폴더 구조 관리 원칙은 무엇이고, 변화에 적응하기 위해 어떤 방법을 사용할지 결정하는 과정입니다.

3 원문: "Any organization that designs a system (defined broadly) will produce a design whose structure is a copy of the organization's communication structure." 출처: https://www.melconway.com/Home/Conways_Law.html

15.5 너무 오래 고민하지 않기

"리액트는 폴더에 파일을 어떻게 위치시켜야 하는지에 대해 의견을 갖고 있지 않습니다. 즉, 당신이 사용을 고려할 만한 리액트 환경에서 널리 알려진 접근법은 거의 없습니다. … 프로젝트를 이제 막 시작했다면 파일 구조를 잡는 데 5분 이상의 시간을 사용하지 마세요."[4]

지금까지 폴더 구조를 어떻게 잡으면 좋을지, 무엇을 참고하면 좋을지 살펴봤습니다. 하지만 가장 중요한 원칙은 바로 '**너무 오래 고민하지 않기**'입니다.

자주 경험하는 실패를 확실하게 피할 수 있는 방법이 있다면 미리 대비할 수 있을 것입니다. 예를 들어, '활용도가 높지만 분류하기 어려운 함수를 `libs`, `utils`, `helpers` 폴더에 분산해 관리하지 말고 한 폴더에 넣어서 관리하자'는 충분히 예측 가능하고 피할 수 있는 실패를 대비하는 과정입니다. 하지만 프로젝트가 어떤 방향으로, 어떤 모습으로 변화할지는 그 누구도 정확하게 예측할 수 없습니다. 다만 경험을 기반으로 추론할 뿐입니다.

그렇기에 너무 겁먹거나 경솔하게 대응하지 말고 더 중요한 문제에 집중해야 합니다. 그 과정에서 발견한 실패, 특히 예방할 수 있는 실패는 잘 기억해뒀다가 다음에 대비하면 됩니다. 그렇게 경험에 기반한 추론은 점점 예측이 되고, 실패 가능성을 낮춥니다.

4 https://legacy.reactjs.org/docs/faq-structure.html

CHAPTER

16

테스트

테스트는 소프트웨어에 존재하는 버그를 발견하는 데 도움이 되고, 작성한 코드에 문제가 없는지 빠르게 피드백을 받을 수 있으며, 이를 통해 리팩터링을 효율적으로 수행할 수 있게 합니다.[1] [2] [3] 특히 프런트엔드는 기능을 검증하기 위해 사용자 상호작용, 부수 효과 등 많은 조건이 필요하고, 자동화된 테스트는 이 과정의 비용을 낮추고 안정성을 높이는 데 중요한 역할을 합니다.

이처럼 테스트의 장점이 많음에도 실제로 적용하는 것은 쉽지 않습니다. 테스트의 장점을 체감하기 어렵고 작성에 많은 비용이 들다 보니 더욱 그렇습니다. 그래서 이번 장에서는 테스트의 장점 중 하나인 디버깅에 대해 알아보고, 이어서 테스트 도입을 어렵게 만드는 여러 비용에 대해 알아보겠습니다. 이 과정을 통해 테스트에 대한 부담을 줄이고, 테스트를 하지 않기로 선택하기보다 잘 활용하기 위한 전략을 고민해 보겠습니다.

1 『이펙티브 소프트웨어 테스팅』(제이펍, 2023), 2쪽

2 『단위 테스트』(에이콘, 2021), 32쪽

3 『리팩터링 2판』(한빛미디어, 2020), 133쪽

16.1 디버깅에 도움이 되는 테스트

테스트의 많은 장점 중 버그를 발견하는 데 어떻게 도움을 주는지 한 가지 이야기와 함께 살펴보겠습니다. 그림 16.1은 현재 개발 중인 기능 A의 의존성 그래프를 보여줍니다.

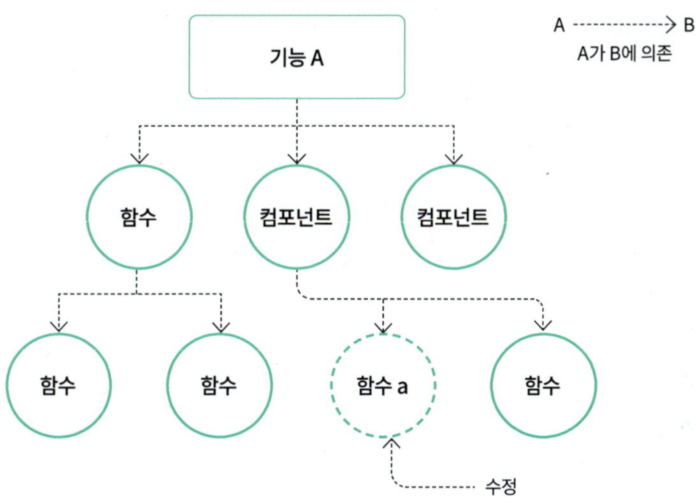

그림 16.1 기능 A의 의존성 그래프

기능 A를 구현하면서 새로 만든 컴포넌트가 a 함수에 의존하게 되어, a 함수의 일부를 수정했습니다. 기존에 a 함수에 의존하는 다른 기능이 많았기 때문에 특별히 신경 써서 수정했습니다. 그렇게 기능 A의 구현을 마무리하고 무사히 배포하는 데 성공했습니다. 그리고 며칠 후 기능 B에 문제가 발생했다는 문의가 들어옵니다. 문제를 살펴보니 기능 B가 의존하는 함수 중 이전에 수정했던 a 함수에서 문제가 발생했습니다.

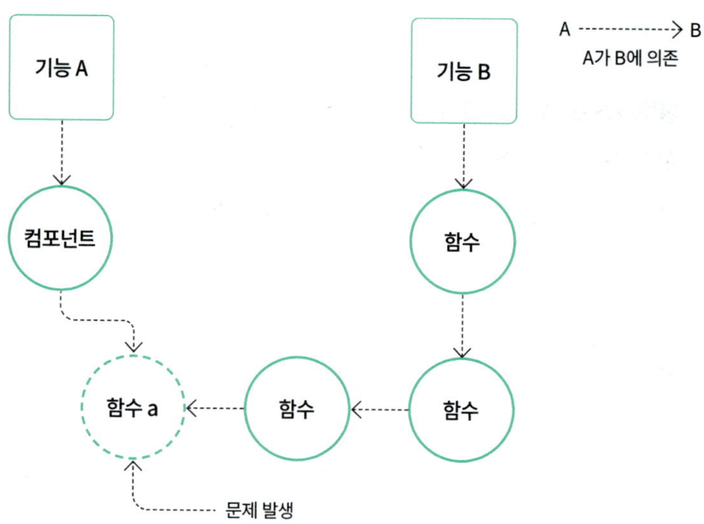

그림 16.2 a 함수에 의존하는 기능 A와 기능 B의 의존성 그래프

사실 이 이야기에는 생략된 부분이 있습니다. 기능 B에 문제가 있다는 문의를 받고 원인이 a 함수에 있다는 것을 확인하기까지 많은 비용이 들었다는 사실입니다. 기능 B가 의존하는 함수, 컴포넌트, 상수 등은 정말 많고, a 함수까지 찾아 들어가는 데 세 개의 함수를 끈기 있게 살펴봐야 했습니다. 그리고 이전과 같은 실수를 하면 안 되기 때문에 a 함수를 고칠 때는 기능 A 등 의존하는 다른 곳에 영향을 주지 않는지 따져봐야 합니다.

이제 a 함수에 대한 테스트가 있다고 가정해 보겠습니다. 그리고 지금까지 이야기가 어떻게 달라지는지 살펴보겠습니다.

가장 먼저 a 함수를 수정할 때 다른 곳에 영향을 주지 않는지 파악하기 쉽습니다. 기능 A를 위해 a 함수를 수정했는데 테스트를 통과하지 못했다면 a 함수에 의존하는 다른 기능에 문제가 발생할 수 있다는 것을 의미하기 때문입니다. 반면 테스트를 통과했다면 테스트를 통해 검증한 경우에 대해 문제가 없고, 따라서 a 함수에 의존하는 다른 기능에 영향을 주지 않는다는 것을 알 수 있습니다.

테스트를 통과했는데 테스트에서 다루지 않는 부분에서 문제가 발생했다면 해당 경우를 테스트에 추가해서 테스트가 더욱 꼼꼼하게 a 함수를 검증할 수 있도록 보완합니다. 이는 단순히 하나의 버그를 수정하는 것을 넘어 미래에 발생할 수 있는 동일한 종류의 버그를 영구적으로 예방하는 '백신'을 만드는 과정과 같습니다. 이를 통해 향후 a 함수에 대한 의존 관계를 더욱 안정적으로 관리할 수 있게 됩니다.

또한 기능 B에 문제가 발생했고 버그를 찾기 위해 a 함수까지 도달했고 a 함수가 테스트를 통과했다고 가정해 보겠습니다. 이 경우 그림 16.3과 같이 기능 B와 a 함수 사이에 있는 의존성에 놓친 부분은 없는지 다시 살펴보면 됩니다. 즉, 테스트를 통과한 부분을 기점으로 디버깅 경로가 분명해지고 비용이 낮아집니다.

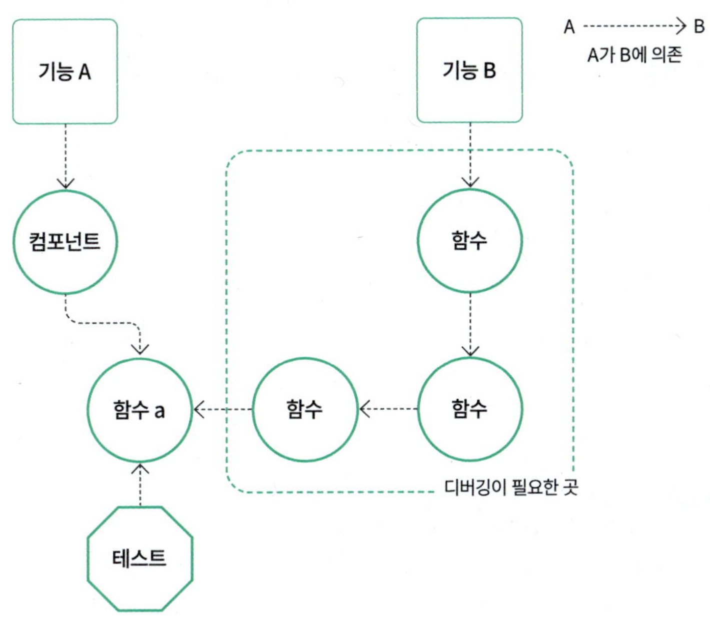

그림 16.3 테스트 덕분에 디버깅 범위가 줄어듦

그리고 무엇보다 a 함수를 수정하면서 문제는 없는지 빠르게 피드백 받을 수 있습니다. 특히 조건문이 까다롭게 설정된 경우 준비한 모든 테스트에 대해 통과 여부를 빠르게 확인할 수 있습니다.

이렇게 디버깅과 관련해서 테스트의 장점을 알아봤습니다. 이처럼 다양한 이점이 있음에도 테스트 도입이 어려운 이유는 비용 때문입니다. 그럼 테스트와 관련된 비용에는 어떤 것이 있는지 살펴보겠습니다.

16.2 테스트 비용

테스트를 작성하는 데는 다양한 비용이 따릅니다. 여기서는 그중 테스트를 만들고 유지보수하는 비용과 테스트해야 하는 경우의 수와 관련된 비용에 대해 알아보겠습니다. 이 비용을 잘 관리할 수 있다면 테스트 도입의 장벽이 낮아지고, 만족할 수 있는 테스트 수준을 정하는 데 도움이 됩니다.

가장 먼저 살펴볼 비용은 테스트를 만드는 데 들어가는 비용입니다. 테스트는 테스트 대상(SUT; System Under Test)의 사용자를 만드는 것과 유사합니다. 즉, 내가 만든 함수를 다른 사람이 어떻게 사용하고 무엇을 기대할지 생각하며, 이들을 대표하는 추상적인 사용자를 만드는 과정과 같습니다. 그렇게 테스트를 작성하다 보면 함수 사용이 불편해 보이거나, 이름이 적절하지 않거나, 매개변수를 이해하기 어렵다는 사실을 알게 되어 스스로 피드백을 얻고 관련 코드를 수정하는 경우도 있습니다.

이는 테스트를 작성하는 과정이 예상보다 힘들고 번거롭게 느껴지는 이유 중 하나입니다. 왜냐하면 테스트를 작성한다는 것은 보통 대상이 의도한 대로 기능하는지 검증하는 과정으로 이해하기 때문입니다. 그래서 함수 이름이나 매개변수 등을 수정하다 보면 기대보다 더 번거롭고 부담스럽게 느껴지기 마련입니다.

참고 SUT의 사용

SUT(System Under Test)는 테스트하려는 시스템, 특히 클래스를 의미합니다.[4] 그렇기 때문에 클래스 대신 자바스크립트 객체, 함수, 컴포넌트 등을 주로 사용하는 프런트엔드 환경에서는 적절한 용어로 보이지 않을 수도 있습니다. 하지만 여러 곳에서 테스트 대상이라는 의미로 통용되고 있고, 새로운 용어 또는 익숙하지 않은 용어를 사용해 이해하는 데 혼선이 생기는 것을 방지하고자 SUT를 그대로 사용합니다.

다음으로 살펴볼 비용은 유지보수 비용입니다. 보통은 테스트라는 정답을 만들어 두고, 정답대로 동작하는 코드를 작성하면 끝이라고 생각합니다. 하지만 테스트 역시 관리해야 할 소프트웨어입니다. 테스트 코드는 테스트 대상에 의존하며, 테스트 대상이 변하면 테스트 코드도 영향

4 『단위 테스트』(에이콘, 2021), 57쪽

을 받습니다. 따라서 만드는 것 외에 유지 및 관리에도 비용이 듭니다.[5] 즉, 테스트 코드에도 버그가 있을 수 있고 이해하기 어렵지는 않은지, 테스트 대상의 세부 구현이 바뀌었을 때 영향을 받지 않는지 등을 점검해야 합니다.

하지만 이는 우리가 기대하는 테스트의 모습이 아닙니다. 우리는 테스트 코드를 관리할 것이라 기대하지 않습니다. 그래서 코드를 수정하고 테스트가 실패하면 수정한 코드와 테스트 코드를 함께 살펴보지 않고 테스트 코드를 지워버리곤 합니다.

마지막으로 테스트를 통해 다루는 경우의 수에 대한 고민입니다. 테스트를 작성하다 보면 버그를 발생시킬 가능성이 있는 코드가 끊임없이 눈에 들어와 다른 경우를 놓치지는 않았는지 고민하게 됩니다. 그렇게 모든 경우의 수를 검증하려고 하면 테스트 대상과 테스트는 점점 거대해지고, 기능 구현보다 테스트 작성에 더 많은 시간과 노력이 들어가는 문제가 발생합니다.

이러한 비용 때문에 많은 장점에도 불구하고 테스트는 어렵고 멀게만 느껴집니다. 하지만 조금만 더 관심을 가지고 방법을 찾으면 테스트 비용은 충분히 줄일 수 있으며, 이익이 기대보다 더 크다는 사실을 알게 됩니다. 그럼 어떻게 테스트 비용을 줄일 수 있을지 차근차근 알아보겠습니다.

16.3 테스트 수준을 활용한 비용 관리

소프트웨어 테스트에는 여러 종류와 수준이 있습니다.[6] [7] 여기서는 원론적인 이야기보다 프런트엔드 개발을 할 때 '테스트'하면 떠오르는 테스트 수준과 관련 지어 살펴봅니다. 프런트엔드에서 테스트 수준은 보통 E2E(end-to-end) 테스트(functional test), 통합 테스트(integration test), 단위 테스트(unit test)로 구분됩니다.[8] 정적(static) 테스트도 포함되지만, 다양한 도구로 비교적 간편하게 도입할 수 있으므로 여기서는 다루지 않습니다. 따라서 우리의 고민은 E2E, 통합, 단위 테스트 중에서 어떤 테스트를 도입해야 하는지부터 시작합니다.

5 『단위 테스트』(에이콘, 2021), 36쪽

6 https://www.geeksforgeeks.org/software-testing-basics/

7 https://www.geeksforgeeks.org/what-is-front-end-testing/

8 https://kentcdodds.com/blog/static-vs-unit-vs-integration-vs-e2e-tests

참고 테스트 수준과 전략

각 테스트 수준의 비중을 어떻게 설정해야 하느냐에 대해서는 여러 관점이 있습니다. 테스트 피라미드(test pyramid)와 테스트 트로피(test trophy), 테스트 벌집(test honeycomb) 등은 비슷해 보이지만 서로 다른 테스트의 모습을 주장합니다. 여기서 정답은 하나가 아닙니다. '테스트 피라미드'가 단위 테스트의 중요성을 강조한다면, '테스트 트로피'는 사용자의 실제 흐름과 유사한 통합 테스트에 더 큰 가치를 둡니다. 중요한 것은 특정 모델을 맹목적으로 따르기보다는 우리가 만드는 제품의 특성과 팀의 상황에 맞는 테스트 전략을 스스로 결정하는 것입니다.[9]

E2E 테스트는 실제 사용자 관점의 테스트로, 애플리케이션이 처음부터 끝까지 잘 동작하는지 검증합니다. 따라서 네트워크, 데이터베이스 등 모든 의존성이 테스트 대상에 포함됩니다. 통합 테스트는 그보다 작은 범위를 테스트합니다. 둘 이상의 객체 또는 함수가 테스트하려는 동작을 위해 협력할 때 통합 테스트는 협력하는 객체 또는 함수를 모두 활용합니다.

단위 테스트는 함수, 클래스, 모듈, 컴포넌트 등 한 단위(unit)를 검증합니다. 이때 단위가 무엇인지는 사람마다 기준이 다를 수 있습니다. 단순히 함수, 클래스 등을 단위로 보기도 하고, 외부(API나 데이터베이스 등)에 의존하는지 여부를 따지기도 합니다.

프런트엔드에서는 이 세 가지 중 통합 테스트와 단위 테스트를 주로 활용합니다. 왜냐하면 E2E 테스트는 프런트엔드 애플리케이션 주변에 있는 다른 애플리케이션까지 테스트 범위에 포함되고, 따라서 테스트 작성, 수행, 검증 과정 모두 비용이 지나치게 높은 경우가 많기 때문입니다. 반면, 통합 및 단위 테스트는 현재 다루고 있는 애플리케이션으로 범위를 좁힐 수 있기 때문에 가장 현실적입니다.

다음 내용으로 넘어가기에 앞서 통합 테스트와 단위 테스트의 차이에 대해 다시 한번 짚고 가겠습니다. 할 일 목록을 다루는 `TodoList` 컴포넌트가 있다고 해보겠습니다. 이 컴포넌트는 할 일 목록을 보여주기 위해 `TodoItem` 컴포넌트를 자식으로 사용합니다. 이제 `TodoList`를 테스트하려고 할 때 통합 테스트와 단위 테스트는 서로 다른 방법으로 접근합니다.

통합 테스트는 `TodoList`를 있는 그대로 테스트합니다. 그렇기 때문에 가장 직관적입니다. `TodoList`를 테스트 환경에서 렌더링하고 텍스트를 입력하고 클릭하고 렌더링 결과를 확인합

9 https://martinfowler.com/articles/2021-test-shapes.html

니다. 반면, 단위 테스트는 `TodoList`가 `TodoItem`을 흉내 낸 컴포넌트를 사용하도록 하여 테스트합니다. 이를 모킹(mocking)이라고 하며, 테스트 대상을 고립시키기 위해 사용하는 방법입니다.

언뜻 보면 통합 테스트가 더 직관적이고 비용이 낮아 보이지만 실제로는 그렇지 않습니다. 먼저 테스트 환경은 `TodoList`뿐만 아니라 `TodoItem`을 모두 렌더링해야 합니다. 또한 `TodoItem`이 가지고 있는 훅이나 세부 로직도 포함하기 때문에 테스트에 실패한다면 파악해야 하는 범위도 그만큼 늘어납니다. 그리고 가장 현실적인 문제는 번거로움입니다. `TodoItem`이 렌더링을 위해 다른 라이브러리를 다수 포함하고 있다면 테스트 환경에서 이들을 사용하는 데 문제가 발생할 수 있습니다. 그렇게 테스트를 작성하는 과정이 점점 어려워지고 관리하기도 어려워집니다.

이와 달리 단위 테스트는 테스트하려는 `TodoList`를 고립시키기 위해 `TodoItem`을 흉내 내는 아주 간단한 대체 컴포넌트를 사용합니다. 그렇게 `TodoItem`으로 인해 늘어나는 비용을 제거할 수 있습니다. 또한 테스트 역시 `TodoList`에 대한 이해만을 필요로 하므로 인지 비용도 제한할 수 있습니다.

그리고 무엇보다 단위 테스트는 개발자가 코드를 작성하는 리듬과 가장 잘 맞아떨어집니다. 작은 기능 하나를 완성하고, 곧바로 그에 대한 테스트를 작성해 즉시 검증하는 짧은 주기의 피드백(short feedback loop)을 받으며 개발하는 것을 가능하게 합니다.[10] 즉, 코드를 작성하고 이에 맞는 테스트를 즉시 작성하고 검증하기에 좋습니다. 반면 통합 테스트나 E2E 테스트는 그렇지 않습니다. 극단적인 예로, 컴포넌트 하나를 만들었을 뿐인데 다수의 컴포넌트, 함수, API 등이 테스트 대상에 포함되고 비용이 급격하게 늘어날 수 있습니다.

참고 단위 테스트와 통합 테스트 구분하기

단위 테스트와 통합 테스트는 서로 구분하기에 모호한 부분이 존재합니다. 어떤 클래스(SUT)가 다른 클래스(A)에 의존하고 있다면, SUT를 테스트하는 것은 통합 테스트일까요, 단위 테스트일까요? 한 컴포넌트(SUT)가 다른 컴포넌트(B)에 의존하고 있다면 이 컴포넌트를 테스트하는 것은 통합 테스트일까요, 단위 테스트일까요? 아마 상황에 따라 다를 것입니다.

10 『이펙티브 소프트웨어 테스팅』(제이펍, 2023), 28쪽

SUT가 A에 의존하고 있더라도 A가 SUT 내부에서 어떻게 동작하는지 검증할 필요가 없다면 SUT에 대한 테스트는 단위 테스트에 가까울 것입니다. 하지만 A가 SUT 내부에서 어떻게 동작하는지 파악해야 하고 테스트해야 한다면 이 테스트는 통합 테스트에 가까울 것입니다.

그러나 이 기준이 절대적인 것은 아닙니다. 그렇기 때문에 지금 작성하고 있는 테스트가 어떤 카테고리에 속하는지 명확하게 나누는 데 에너지를 쓰기보다는 지금 테스트하려는 SUT가 테스트하기에 적절한 상태인지, 테스트는 SUT에 맞게 잘 작성됐는지 검토하는 게 더 나을 수 있습니다.

다만, 지금까지 설명한 내용이 단위 테스트가 가장 효과적이라는 것을 의미하지는 않습니다. 예를 들어, 테스트 대상의 내부 협력이 복잡한 반면 인터페이스가 단순하거나 중요한 기능을 포함하고 있어 안정성을 위해 충분한 비용을 투입하는 것이 의미 있다면 단위 테스트가 아닌 통합 테스트가 더 좋은 검증 수단일 수 있습니다.

16.4 중요한 대상을 먼저 테스트하기

해야 할 일이 많을 때 가장 먼저 해야 하는 것은 우선순위를 정하는 것입니다. 사람은 한 번에 한 가지밖에 할 수 없기 때문에 일의 양과 상관없이 문제를 하나씩 처리해야 하고, 여러 문제 중 어떤 문제를 먼저 해결할지 결정해야 합니다.

테스트를 작성할 때도 동일한 상황에 직면합니다. 많은 코드 중 어떤 코드를 먼저 테스트해야 할지 결정해야 합니다. 이를 결정하는 데 중요한 기준 중 하나는 안정적인 모듈입니다. 안정적인 모듈은 다수의 모듈이 의존하는 대상입니다. 여기서 주의해야 할 것은 안정적이라는 것이 모듈 자체가 안정적이라는 것을 의미하지 않는다는 점입니다. 오히려 다수가 의존하는 모듈이니 쉽게 바꿀 수 없어서 안정적이라는 의미에 가깝습니다. 따라서 안정적인 모듈을 안정적으로 유지하려면 테스트는 반드시 필요하다고 할 수 있습니다.

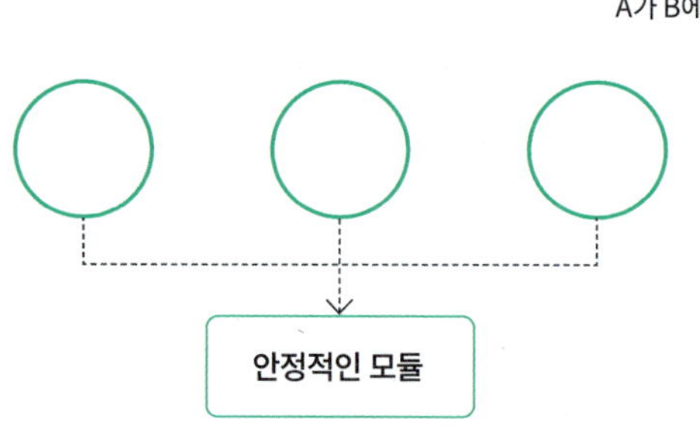

그림 16.4 안정적인 모듈은 다수의 모듈이 의존하는 모듈을 의미합니다.

비즈니스 로직은 대표적인 안정적인 모듈입니다. 또한 비즈니스 로직은 프런트엔드의 다른 그 어떤 단위보다 테스트가 수월하고 테스트의 가치가 높습니다.[11] [12] 따라서 컴포넌트나 각종 로직에 비즈니스 로직이 담겨 있다면 이를 분리해서 퍼져 있는 중복을 관리하고 테스트를 작성해야 합니다.

컴포넌트 역시 안정적인 모듈일 수 있습니다. 애플리케이션 전반에서 사용되는 공용 컴포넌트가 대표적인 예입니다. 또한 디자인 시스템을 관리하고 있다면 이 역시 안정적인 모듈에 해당하므로 관련된 테스트가 있으면 좋습니다. 이들은 함수와 달리 UI 요소를 반환하기 때문에 변경의 영향을 파악하기가 쉽지 않습니다. 왜냐하면 시각적인 결과를 검토하는 것은 그렇지 않은 경우보다 더 높은 비용을 치러야 하기 때문입니다. 따라서 테스트를 통해 자신에게 의존하는 곳에 변경이 영향을 주지 않는지를 시각 정보 대신 반환받은 데이터를 활용해 검증하는 것은 많은 비용을 절감하게 합니다.

그리고 유틸리티 함수도 잘 살펴보면 안정적인 모듈의 성격을 가진 경우가 많다는 점을 알 수 있습니다. 이러한 유틸리티 함수에 대한 테스트는 작성하는 것도 수월하고 코드의 안정성을 높이는 데 크게 기여합니다.

그림 16.4와 같이 안정적인 모듈이 다른 모듈에 의존하지 않는다면 이 모듈은 독립적이라고 합니다.[13] 독립적인 모듈은 테스트하기가 수월합니다. 하지만 그림 16.5와 같이 많은 모듈이 의존하는 안정적인 모듈이지만 독립적이지 않다면 해당 모듈을 테스트하기는 쉽지 않을 수 있습니다.

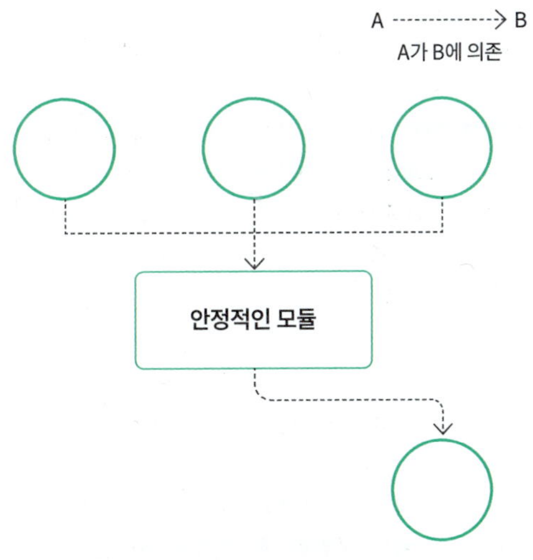

그림 16.5 안정적인 모듈이 다른 모듈에 의존할 수도 있습니다.

11 『단위 테스트』(에이콘, 2021), 46쪽
12 『쏙쏙 들어오는 함수형 코딩』(제이펍, 2022), 227쪽
13 『클린 아키텍처』(인사이트, 2021), 125쪽

이러한 경우 몇 가지 선택지가 있습니다. 다소 허무하긴 하지만 가장 먼저 선택할 수 있는 방법은 테스트하지 않는 것입니다. 주변에는 안정적이면서 독립적인 모듈이 더 있을 수 있고, 이들을 먼저 테스트하는 것이 더 나은 선택일 수 있습니다. 다음으로 선택할 수 있는 방법은 통째로 테스트하는 방법, 즉 통합 테스트를 하는 것입니다. 통합 테스트를 하는 데 비용이 크지 않다면 이 방법은 매우 효과적입니다.

예제 16.1은 테스트하려는 안정적인 모듈인 `calculateTotalPrice`와 이에 대한 테스트를 보여줍니다. `calculateTotalPrice`는 `calculateTax` 함수에 의존하지만, 결합도가 낮고 테스트 환경에서 `calculateTax`를 호출하는 데 어려움이 없기 때문에 통합 테스트를 통해 `calculateTotalPrice`를 수월하게 검증할 수 있습니다.

예제 16.1 총 가격을 계산하는 calculateTotalPrice 함수와 테스트 케이스

```
// taxUtils.js
export function calculateTax(amount, taxRate) {
  return amount * taxRate;
}

// calculateTotalPrice.js
import { calculateTax } from './taxUtils';

export function calculateTotalPrice(price, quantity, taxRate) {
  const subtotal = price * quantity;
  const total = subtotal + calculateTax(subtotal, taxRate);
  return total;
}

// calculateTotalPrice.test.js
import { calculateTotalPrice } from './calculateTotalPrice';

describe('calculateTotalPrice', () => {
  test('세금이 포함된 총 가격을 계산합니다.', () => {
    const price = 100;
    const quantity = 2;
    const taxRate = 0.1;
```

```
    const expectedTotal = 220; // (100 * 2) + (100 * 2 * 0.1)

    expect(calculateTotalPrice(price, quantity, taxRate)).toBe(expectedTotal);
  });
});
```

이처럼 안정적이지만 독립적이지 않은 모듈의 경우 의존하는 모듈과 함께 통합 테스트를 할 수 있다면 안정적이고 독립적인 모듈을 테스트하는 것과 같은 효과를 낼 수 있습니다. 그만큼 비용이 높지 않고 가치가 높기 때문에 테스트 우선순위가 높습니다.

참고 테스트 스위트

테스트 스위트(test suite)는 테스트 케이스(test case)의 모음입니다. 그리고 테스트 케이스는 테스트 대상(SUT)의 요구사항을 만족시키는 조건이 무엇인지 나타냅니다.[14] 익숙하지만 다소 투박한 방법으로 이해해 보자면 프런트엔드 테스트에서 사용되는 `describe`는 테스트 스위트를 나타내고 `test`는 테스트 케이스를 나타낸다고 할 수 있습니다.[15]

하지만 안정적인 모듈을 테스트할 때 의존하는 다른 모듈과 함께 테스트하기에 어려움이 있을 수 있습니다. 이럴 때는 테스트하려는 안정적인 모듈 SUT에 SUT가 의존하는 모듈을 주입할 수 있도록 설계하고, 테스트에서는 해당 모듈을 흉내 내는 다른 모듈을 주입해서 테스트할 수 있습니다. 그림 16.6은 이 과정을 보여줍니다.

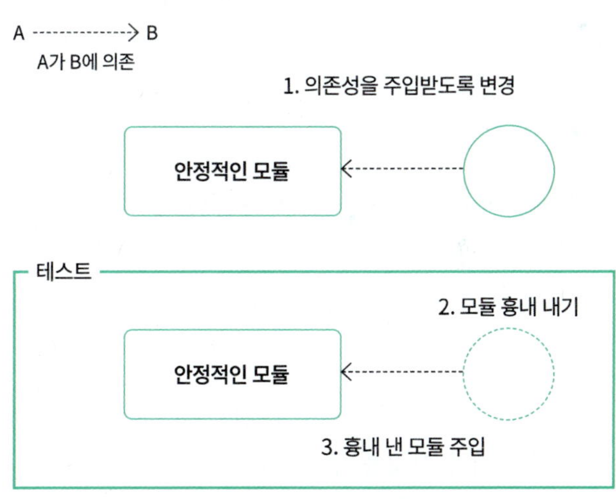

그림 16.6 테스트하려는 모듈에 의존성을 주입하도록 설계하고 안정적인 모듈이 의존하는 모듈을 테스트 내부에서 흉내 내고 주입합니다.

14 https://en.wikipedia.org/wiki/Test_suite

15 https://jestjs.io/docs/api#describeeachtablename-fn-timeout

예를 들어 예제 16.2는 현재 주문 상태를 출력하는 안정적인 함수인 checkOrderStatus를 보여줍니다. 이 함수는 fetchOrderStatus에 의존하며, fetchOrderStatus는 API에 요청해 주문의 상태를 응답받아 반환합니다.

예제 16.2 현재 주문 상태를 출력하는 안정적인 함수인 checkOrderStatus

```
// api.js
export async function fetchOrderStatus(orderId) {
  const response = await fetch(
    `https://api.example.com/orders/${orderId}/status`
  );
  const data = await response.json();
  return data.status;
}

// checkOrderStatus.js
import { fetchOrderStatus } from './api.js';

export async function checkOrderStatus(orderId) {
  const status = await fetchOrderStatus(orderId);
  return status === 'shipped' ? '배송 완료' : '배송 중';
}
```

이제 checkOrderStatus를 테스트하면 테스트 환경에서도 API 요청을 보내게 되고, 이 과정에서 데이터가 조작되거나 일관된 환경에서 테스트를 할 수 없는 등 의도치 않은 문제가 발생할 수 있습니다. 그렇기 때문에 fetchOrderStatus가 테스트 환경에서 API 호출을 하지 않고 준비된 데이터를 반환하도록 흉내 내어 테스트합니다.

그러기 위해서는 그림 16.6처럼 checkOrderStatus가 fetchOrderStatus에 직접 의존하는 것이 아니라 그것을 주입받도록 설계를 바꿔야 합니다. 다음은 의존관계를 역전하고 fetchOrderStatus를 주입받도록 수정한 checkOrderStatus를 보여줍니다.

예제 16.3 checkOrderStatus가 fetchOrderStatus를 주입받도록 설계

```
// checkOrderStatus.js
export async function checkOrderStatus(orderId, fetchOrderStatus) {
```

```
  const status = await fetchOrderStatus(orderId);
  return status === 'shipped' ? '배송 완료' : '배송 중';
}
```

이렇게 하면 다음과 같이 fetchOrderStatus를 흉내 낸 함수인 stubFetchOrderStatus를 정의한 후에 주입해서 테스트할 수 있습니다.

예제 16.4 checkOrderStatus에 대한 테스트

```
// checkOrderStatus.test.js
import { checkOrderStatus } from './checkOrderStatus';

describe('checkOrderStatus', () => {
  const stubFetchOrderStatus = async (orderId) => {
    return orderId === 'order123' ? 'shipped' : 'processing';
  };

  test('주문이 배송된 상태면 "배송 완료"를 반환합니다.', async () => {
    const result = await checkOrderStatus('order123', stubFetchOrderStatus);
    expect(result).toBe('배송 완료');
  });

  test('주문이 배송 중 상태면 "배송 중"을 반환합니다.', async () => {
    const result = await checkOrderStatus('order456', stubFetchOrderStatus);
    expect(result).toBe('배송 중');
  });
});
```

하지만 테스트를 위해 모듈의 인터페이스와 설계를 바꾸는 과정은 종종 높은 비용을 요구하기도 합니다. 특히 안정적인 모듈은 정의상 다수의 모듈이 의존하는 대상이고, 인터페이스를 수정하는 행위 자체가 코드 전반을 불안정하게 만들 수도 있기 때문입니다. 그럴 때는 의존하는 모듈을 주입받도록 설계를 바꾸지 않고, 다음과 같이 테스트 도구인 Jest의 mock 메서드를 활용해 fetchOrderStatus를 흉내 내어 테스트할 수 있습니다.

예제 16.5 checkOrderStatus의 설계를 바꾸지 않고 fetchOrderStatus를 흉내 내어 준비된 값 shipped를 반환

```
// checkOrderStatus.test.js
import { checkOrderStatus } from './checkOrderStatus';
import { fetchOrderStatus } from './api';

jest.mock('./api', () => ({
  fetchOrderStatus: jest.fn(),
}));

describe('checkOrderStatus', () => {
  test('주문이 배송된 상태면 "배송 완료"를 반환합니다.', async () => {
    // fetchOrderStatus 함수를 흉내 내서 테스트 환경에서만 "shipped" 반환
    fetchOrderStatus.mockResolvedValue('shipped');

    const result = await checkOrderStatus('order1');
    expect(result).toBe('배송 완료');
  });

  test('주문이 배송 중 상태면 "배송 중"을 반환합니다.', async () => {
    // fetchOrderStatus 함수를 흉내 내서 테스트 환경에서만 "processing" 반환
    fetchOrderStatus.mockResolvedValue('processing');

    const result = await checkOrderStatus('order2');
    expect(result).toBe('배송 중');
  });
});
```

16.5 스텁과 목

스텁(stub)과 목(mock)은 테스트를 다룬다면 빠질 수 없는 개념이며, 이 둘을 잘 구분하는 것은 테스트를 관리하는 데 있어 매우 중요합니다. 스텁과 목은 모두 테스트 더블(test double)로서 테스트 대상(SUT)을 검증할 때 SUT가 의존하는 대상들을 흉내 냅니다(대역합니다).

참고 **테스트 더블**

테스트 더블(test double)은 영화 업계에서 흔히 스턴트맨이라고도 불리는 스턴트 더블(stunt double)의 개념을 테스트에 응용한 용어입니다. 스턴트 더블은 영화에서 어렵거나 위험하거나 정교한 연기가 필요할 때 실제 배우를 대역하는 사람을 의미합니다.

테스트 더블은 테스트를 어렵게 만들거나 방해하는 요소들을 대역해 테스트 대상이 테스트 환경에서 독립적으로 본연의 역할에 집중할 수 있도록 합니다. 대역이라는 의미에서 스턴트 더블과 테스트 더블은 같은 의미를 갖지만, 스턴트 더블은 주인공을 대역해 위험 요소로부터 지켜주는 반면, 테스트 더블은 주인공의 주변을 대역해 주인공을 지켜줍니다.

테스트 더블인 스텁과 목은 흉내 내는 대상이 서로 다릅니다. 스텁은 SUT가 입력 데이터를 얻기 위해 상호작용하는 의존성을 흉내 냅니다. 목은 SUT가 상태를 변경하기 위해 상호작용하는 의존성을 흉내 내고, 이를 통해 출력을 검증합니다.[16]

앞에서 살펴본 예제 16.2와 예제 16.3의 `checkOrderStatus`는 `fetchOrderStatus`와 상호작용해서 필요한 데이터를 입력받습니다. 따라서 테스트 환경에서 `fetchOrderStatus`를 흉내 내는 행위를 스텁이라고 할 수 있습니다. 예제 16.4에서는 `fetchOrderStatus`를 흉내 내는 스텁을 테스트 환경에서 구현해 `stubFetchOrderStatus`에 할당합니다. 예제 16.5에서는 테스트 도구인 Jest의 `mock` 메서드를 사용해 `fetchOrderStatus`를 흉내 내는 스텁을 만듭니다.

참고 **스텁과 픽스처**

스텁의 특징 중 하나는 SUT와의 상호작용입니다. 따라서 SUT에 입력값 자체를 직접 전달하는 경우에는 이를 스텁이 아니라 픽스처(fixture), 데이터, 인자 등으로 부릅니다.

목은 SUT가 의존성과 상호작용해 상태를 변경하는 등 부수 효과를 일으키는지 검증하기 위해 의존성을 흉내 냅니다. 이를 예제를 통해 좀 더 자세히 살펴보겠습니다. 다음은 댓글 아이디와 내용을 받아 수정 API 요청을 하는 함수입니다.

16 『단위 테스트』(에이콘, 2021), 149쪽

예제 16.6 댓글 수정 API 요청을 수행하는 함수

```
import { updateComment } from './api.js';

export async function editComment(commentId, content) {
  const isValidId = typeof commentId === 'string' && commentId.trim() !== '';
  if (!isValidId) {
    throw new Error('댓글 ID가 유효하지 않습니다.');
  }

  const isValidContent = typeof content === 'string' && content.trim() !== '';
  if (!isValidContent) {
    throw new Error('댓글 내용이 유효하지 않습니다.');
  }

  const sanitizedContent = sanitize(content);

  await updateComment(commentId, sanitizedContent);
}
```

이 함수 역시 예제 16.3처럼 API 요청 함수를 매개변수로 주입받도록 설계할 수 있습니다.

예제 16.7 API 요청 함수를 매개변수로 주입받도록 수정

```
export async function editComment(commentId, content, updateComment) {
  // ... 이전과 동일

  if (typeof updateComment !== 'function') {
    throw new Error('updateComment 함수가 제공되지 않았습니다.');
  }

  await updateComment(commentId, sanitizedContent);
}
```

이제 `editComment` 함수를 테스트합니다. 테스트에서 가장 중요한 것은 입력에 따라 어떤 출력을 하는지 검증하는 것입니다. `editComment`를 검증한다면 입력인 `commentId`와 `content`에 따라 API 요청을 적절히 수행하는지 확인해야 합니다. 왜냐하면 `updateComment`를 통한 API 요

청이 editComment가 외부에 데이터를 출력하는 방법이기 때문입니다. 하지만 데이터를 갱신하는 실제 API 요청 함수를 호출할 수 없기 때문에 출력을 흉내 내는 목을 사용합니다.

목을 준비하는 과정은 checkOrderStatus를 테스트하기 위해 fetchOrderStatus를 흉내 내는 스텁을 준비하는 과정과 비슷하지만 조금 다릅니다. 다음은 예제 16.7처럼 의존성을 주입받을 때 목을 준비해서 주입하는 방법을 보여줍니다.

예제 16.8 테스트 도구를 사용해 목 함수를 생성

```
describe('editComment', () => {
  test('댓글 ID와 내용이 유효하면 updateComment가 호출됩니다.', async () => {
    // jest.fn()을 사용해 mock 함수를 생성
    const mockUpdateComment = jest.fn().mockResolvedValue();
    const commentId = '123';
    const content = 'This is a comment.';

    await editComment(commentId, content, mockUpdateComment);
  });
});
```

매개변수로 주입하기 위한 스텁을 생성할 때는 일반적인 함수를 정의했지만 목은 그렇지 않습니다. 테스트 도구인 Jest에서 제공하는 fn이라는 메서드를 사용해 목을 생성합니다. 그리고 mockUpdateComment에 할당해 editComment 함수에 주입합니다. 목은 SUT와 의존성 간의 상호작용을 통한 출력을 검증하기 때문에 다음과 같이 기대하는 상호작용이 발생했는지 검증합니다.

예제 16.9 목 mockUpdateComment를 사용해 상호작용을 통한 출력 검증

```
describe('editComment', () => {
  test('댓글 ID와 내용이 유효하면 updateComment가 호출됩니다.', async () => {
    // jest.fn()을 사용해 mock 함수를 생성
    const mockUpdateComment = jest.fn().mockResolvedValue();

    // ... 이전과 동일

    expect(mockUpdateComment).toHaveBeenCalledWith(commentId, content);
```

```
  });
});
```

참고 **목을 생성하는 jest.fn**

테스트 도구인 Jest의 `jest.fn` 메서드는 목을 생성해서 반환합니다. 이렇게 생성된 목은 스파이(spy)처럼 SUT와 목이 어떤 상호작용을 했는지 파악할 수 있게 합니다.[17] Jest뿐만 아니라 다른 테스트 도구 역시 이 같은 메서드를 통해 SUT와 목의 상호작용을 검증할 수 있도록 합니다.

`updateComment`를 주입받는 구조가 아니라면 다음과 같이 목을 생성하고 사용할 수 있습니다.

예제 16.10 테스트 도구인 Jest의 mock 메서드를 사용해 updateComment를 목으로 대체

```
import { updateComment } from './api';
import { editComment } from './editComment';

// jest.mock을 사용해 api 모듈의 updateComment 함수를 목으로 대체
jest.mock('./api', () => ({
  updateComment: jest.fn(),
}));

describe('editComment', () => {
  test('댓글 ID와 내용이 유효하면 updateComment가 호출됩니다.', async () => {
    const commentId = '123';
    const content = 'This is a comment.';
    updateComment.mockResolvedValue();

    await editComment(commentId, content);

    expect(updateComment).toHaveBeenCalledWith(commentId, content);
  });
});
```

17 https://jestjs.io/docs/mock-function-api

그런데 이쯤에서 한 가지 의문이 생길 수 있습니다. 예제 16.5와 예제 16.10을 번갈아 보면 스텁과 목의 차이가 보이지 않기 때문입니다.

예제 16.11 스텁과 목을 위한 테스트 도구의 사용

```
// 예제 16.5
jest.mock('./api', () => ({
  fetchOrderStatus: jest.fn(),
}));

fetchOrderStatus.mockResolvedValue('shipped');
```

```
// 예제 16.10
jest.mock('./api', () => ({
  updateComment: jest.fn(),
}));

updateComment.mockResolvedValue();
```

두 예제 모두 Jest의 mock을 사용해 SUT가 의존하는 API 함수를 흉내 내고 있습니다. 그리고 여기에는 기술적인 차이가 없습니다. 이 점은 매우 중요한 사실을 알려줍니다. 바로 도구로서의 목과 대역으로서의 목이 서로 다르다는 것입니다.[18]

예제 16.11에서 `fetchOrderStatus`와 `updateComment` 함수는 모두 `jest.fn`이라는 목 도구를 사용해 만들어졌습니다. 하지만 `fetchOrderStatus`는 스텁 역할을 하고 `updateComment`는 목 역할을 합니다. 즉, 각각 SUT가 데이터를 입력받기 위해 상호작용하는 의존성을 흉내 내고, 데이터를 출력하기 위해 상호작용하는 의존성을 흉내 냅니다.

지금까지 살펴본 스텁과 목은 테스트를 관리하는 데 중요한 차이를 만들어냅니다. 먼저 스텁은 SUT의 입력을 흉내 내므로 SUT 내부에서 스텁을 어떤 식으로 몇 번 호출하는지 등을 검증할 필요가 없습니다. 즉, 스텁이 어떤 입력을 받든 SUT가 기대하는 형태로 값을 반환하는 단순한 동작만으로 충분합니다.

---

18 『단위 테스트』(에이콘, 2021), 150쪽

하지만 목은 다릅니다. 목은 SUT가 반환하는 값이 아닌, SUT와 상호작용을 통해 발생하는 결과를 검증합니다. 즉, SUT 내부에서 출력으로서 외부에 영향을 주는 함수의 동작을 검증합니다. 그렇기 때문에 함수의 호출 횟수, 전달받은 인자 등을 검증하는 것이 중요할 수 있습니다.

참고 테스트 더블과 CQS

CQS(Command-Query Separation) 원칙을 지켜 코드를 작성했다면 테스트에서 SUT를 검증할 때 스텁과 목 중 어느 것을 사용하면 좋을지 파악하기가 수월할 것입니다. 스텁은 SUT에 필요한 입력을 제공하는 조회(query)를 흉내 내고, 목은 SUT가 외부에 영향을 주는 결과를 만들기 위한 상호작용인 명령(command)을 흉내 냅니다.[19]

목을 사용한 검증은 테스트를 작성할 때는 큰 문제가 되지 않을 수 있습니다. 하지만 테스트를 관리할 때 문제가 발생합니다. 왜냐하면 SUT와 상호작용해서 출력하는 과정은 SUT의 내부 구현이기 때문입니다. SUT가 정의한 인터페이스에 맞게 동작한다면 내부에서 상호작용하는 함수에 어떤 값을 전달하고 전달받는지, 몇 번 호출하는지 등은 SUT의 고유한 책임이고 외부에 노출돼서는 안 됩니다. 하지만 목은 이러한 세부 구현을 강제로 노출시킵니다.

이로 인해 몇 가지 문제가 발생할 수 있습니다.

첫 번째로 목을 수정하지 않고, 코드 개선을 위해 내부에서 상호작용하는 함수를 이전과 다르게 호출한 것만으로 테스트를 실패하게 합니다. 예를 들어, SUT에서 글의 내용을 수정하는 API를 사용한다고 해보겠습니다. SUT를 테스트하는 과정에서 수정 API에 전달하는 인자, 호출 여부, 반환값 등을 목을 활용해 검증합니다. 이때 API 명세가 변경되어 정상 동작하도록 수정하는 행위는 테스트를 실패하도록 만듭니다. 왜냐하면 테스트 환경에서 목에 전달되는 인자, 반환값 등이 바뀌었기 때문입니다.

또 다른 문제는 상호작용하는 함수를 잘못 수정해서 SUT에 문제가 발생했다고 했을 때 테스트가 실패해야 함에도 상호작용 함수를 흉내 낸 목으로 인해 SUT가 정상적으로 동작해서 테스트가 통과하는 것입니다.

19 『단위 테스트』(에이콘, 2021), 154쪽

전자를 가리켜 코드는 정상적으로 동작하는데도 불구하고 테스트가 실패했다고 해서 거짓 양성(false positive)이라 하고, 후자를 가리켜 코드에 문제가 있는데도 불구하고 테스트를 통과하므로 거짓 음성(false negative)이라 합니다.

참고 **거짓 양성과 거짓 음성**

질병이 있는지(양성) 없는지(음성) 분류할 때 실제 질병이 없음에도 질병이 있다고 분류하는 경우를 거짓 양성이라고 합니다. 반대로 질병이 실제로 있음에도 질병이 없다고 분류하는 경우를 거짓 음성이라고 합니다.

이 문제는 도구로서의 목을 사용해 스텁을 만들고, 스텁과 SUT 간의 상호작용을 검증하려고 할 때도 발생합니다.

예제 16.12 스텁과 SUT의 상호작용을 검증

```
test('주문이 배송된 상태면 "배송 완료"를 반환합니다.', async () => {
  // fetchOrderStatus 함수를 흉내 내서 테스트 환경에서만 "shipped"를 반환
  fetchOrderStatus.mockResolvedValue('shipped');

  const result = await checkOrderStatus('order123');

  // 스텁과 SUT 간의 상호작용을 검증
  expect(fetchOrderStatus).toHaveBeenCalledWith('order123');
  expect(fetchOrderStatus).toHaveBeenCalledTimes(1);
  expect(result).toBe('배송 완료');
});
```

예제 16.12는 예제 16.5에서 도구로서의 목인 `jest.mock`을 사용해 만든 스텁인 `fetchOrderStatus`가 SUT와 어떻게 상호작용하는지 추가로 검증하는 과정을 보여줍니다. 이러한 검증은 목과 동일한 문제를 일으킬 수 있기 때문에 주의해야 합니다.

결국 목의 이러한 특징은 테스트 관리 비용을 증가시킵니다. 그리고 종종 비용 부담으로 인해 테스트를 제거하거나 무시하는 선택을 하게 됩니다. 따라서 목과 스텁을 잘 구분하고 과도하지 않게 필요한 곳에서 적절한 방법으로 사용하는 것이 매우 중요합니다.

16.6 프라이빗 메서드는 테스트하지 않는다

테스트를 작성하다 보면 SUT가 사용하는 내부 로직을 테스트해야 할지 고민될 때가 많습니다. 특히 해당 로직이 복잡한 로직을 담당하고 있다면 더욱 그렇습니다.

예제 16.13 복잡한 로직을 통해 결과를 만들어내는 함수

```
export function sut() {
  // 복잡한 로직
  const valueForResult = /** 복잡한 로직의 결괏값 */

  // ...
}
```

이 경우 다음과 같이 테스트하려는 함수 내부에 있는 복잡한 로직을 테스트하기 위해 해당 로직을 분리하고 외부로 공개하기도 합니다.

예제 16.14 테스트하기 위해 내부 로직을 분리

```
// 테스트하기 위해 분리
export function doComplicateLogic() {
  // 복잡한 로직
}

export function sut() {
  const valueForResult = doComplicateLogic();

  // ...
}
```

이 같은 과정은 컴포넌트 내부 로직을 훅으로 분리해서 테스트하거나 클로저 내부의 함수를 테스트하기 위해 클로저 외부로 공개하는 등 다양한 모습으로 나타납니다. 특히, 클래스에서 내부 구현을 다루는 방법 중 하나인 프라이빗 메서드를 테스트하기 위해 퍼블릭으로 공개해야 하는지 고민하는 경우가 많아 '프라이빗 메서드도 테스트해야 하나요?' 같은 유명한 질문도 있습

니다. 심지어 이 질문은 워낙 유명한 질문이라 이 질문에 답하기 위한 웹사이트[20]도 있는데, 이 웹사이트에서는 프라이빗 메서드는 테스트하지 않는다고 답합니다.

예제 16.15 프라이빗 메서드를 테스트하기 위해 메서드를 퍼블릭으로 변경

```
class A {
  #doComplicateLogic() {
    // 복잡한 로직
  }

  sut() {
    const valueForResult = this.#doComplicateLogic();

    // ...
  }
}

// 복잡한 로직을 담은 doComplicateLogic 메서드를 테스트하기 위해 프라이빗에서 퍼블릭으로
변경

class A {
  doComplicateLogic() {
    // 복잡한 로직
  }

  sut() {
    const valueForResult = this.doComplicateLogic();

    // ...
  }
}
```

또한 프라이빗 메서드와 마찬가지로 내부 구현 역시 테스트하지 않습니다. 왜냐하면 세부 구현을 테스트함으로써 캡슐화가 깨지기 때문입니다.

20 https://shoulditestprivatemethods.com/

캡슐화가 깨지면 어떤 문제가 발생할까요? 먼저 내부 구현에 대한 의존성이 발생합니다. doComplicateLogic은 sut 함수 내부에서 사용할 의도로 만들었습니다. 하지만 테스트를 위해 외부로 공개하면서 이 함수를 다른 곳에서 가져다 쓸 가능성이 생겨납니다. 이는 의도치 않은 의존성으로, 향후 doComplicateLogic 함수를 수정하거나 제거할 때 sut 외에 다른 코드까지 모두 고려해야 하는 상황이 만들어집니다. 즉, 결합도가 높아집니다.

다음으로, 캡슐화의 가장 큰 장점인 자유로운 내부 구현 변경을 어렵게 합니다. 캡슐화는 내부를 신경 쓰지 않고 공개된 인터페이스에만 집중하게 해서 인지 부담을 낮춰줍니다. 또한 모듈이 공개한 인터페이스대로 동작한다면 내부는 자유롭게 수정할 수 있습니다. 하지만 내부 구현인 doComplicateLogic을 직접 테스트하면 테스트 코드는 sut의 입력과 출력이 아닌 doComplicateLogic의 특정 구현 방식에 강하게 결합됩니다. 이는 목을 통해 내부 상호작용을 흉내 내면서 발생할 수 있는 문제와 동일한 문제를 발생시킵니다. 즉, sut의 출력은 동일하더라도 내부 로직을 개선하는 과정에서 doComplicateLogic의 구현이 바뀌면 테스트가 실패하는, 깨지기 쉬운 테스트가 만들어집니다.[21]

참고 **내부 구현과 테스트**

목은 내부 구현이 테스트 환경에 노출되게 하는 한 가지 방법일 뿐입니다. 그리고 목을 사용한다고 무조건 내부 구현이 노출되는 것도 아닙니다. 따라서 목뿐만 아니라 다른 원인으로 인해 내부 구현이 노출되거나 깨지기 쉬운 테스트가 되지 않는지 잘 살펴볼 필요가 있습니다.

예를 들어, 테스트 케이스 설명에 SUT의 이름을 그대로 쓰거나, 문자열의 공백이나 띄어쓰기가 테스트 결과에 영향을 주거나, 오류 발생 사실뿐만 아니라 오류 메시지까지 검증하는 경우가 여기에 해당합니다.

물론 처음부터 완벽할 필요는 없습니다. 다만 사소한 이유로 테스트가 깨졌을 때 테스트를 포기하지 않고 더욱 견고하게 다듬어 활용할 수 있어야 합니다.

이러한 문제가 있음에도 내부 구현을 테스트하고 싶은 마음은 아마 조금 더 완벽하게 SUT를 이해하고 검증하고 싶은 욕구 내지는 불안일지도 모릅니다. 내부 구현을 테스트하기 전에 SUT의 인터페이스를 꼼꼼하게 검증하는 것으로 충분하다는 마음가짐이 더 중요합니다.

21 https://martinfowler.com/bliki/IntegrationTest.html

인터페이스는 외부에서 모듈에 대해 파악할 수 있는 가장 많은 정보를 담고 있습니다. 그렇기 때문에 모듈은 내부 정보가 아닌 인터페이스를 기반으로 협력합니다. 테스트 역시 마찬가지입니다. 테스트는 사용자를 대신해서 인터페이스대로 SUT를 사용할 수 있는지 검증합니다. 내부 구현을 테스트해야만 하는 상황이라면 SUT를 이해하는 데 인터페이스만으로 충분하지 않다는 것을 의미할 수 있습니다. 그리고 더 많은 정보를 외부에 제공하기 위해 구현을 공개하는 것뿐만 아니라 새로운 모듈로 분리해야 할지도 모릅니다.[22]

그렇게 SUT의 동작을 인터페이스 기반으로 검증하면 내부 구현을 변경할 수 있는 자유도가 더 높아집니다. 외부 의존성을 신경 쓰지 않고 내부 구현을 변경한 후에, 테스트를 통해 SUT가 인터페이스에 따라 동작하는지 검증하는 과정을 통해 내부 구현의 변경이 문제를 일으키는지 바로 확인할 수 있기 때문입니다. 즉, 내부 구현은 구현에 대한 직접 검증이 아닌 공개된 인터페이스를 검증하는 것으로 충분합니다.

16.7 완벽한 테스트를 지향하지 않기

테스트를 작성하다 보면 기대했던 것보다 더 많은 시간과 노력이 들어갈 때가 종종 있습니다. 여유가 많아서 그런 것이 아니라면 기본적으로 기능 구현이 테스트 작성보다 우선합니다. 따라서 테스트를 작성하는 데 많은 비용이 들어가고 있다면 이를 인식하고 적정선에서 멈춰야 합니다. 그렇다면 이러한 '적정선'은 어떻게 알 수 있을까요?

이를 파악하기 위해서는 먼저 완벽한 테스트란 없다는 사실을 인정해야 합니다. 참 또는 거짓에 따라 다르게 동작하는 함수는 두 가지 경우의 수만 존재하지만 조건문과 세부 조건이 늘어나면 경우의 수는 기하급수적으로 증가합니다. 그리고 이는 우리가 이론적으로 파악할 수 있는 범위에 불과합니다. 진짜 버그는 우리가 예측할 수 없는 곳에서 기대하지 못한 방법으로 발생한다는 것을 생각해 보면 버그가 존재하지 않는 애플리케이션을 위한 테스트는 존재하지 않는다는 사실을 금방 알 수 있습니다.

그렇기 때문에 완벽한 테스트, 모든 경우의 수를 다루는 테스트를 작성하는 게 아니라 치명적인 버그를 예방하고 이를 위해 경우의 수를 줄이는 데 집중해야 합니다. 예를 들어, SUT가 의

22 『이펙티브 소프트웨어 테스팅』(제이펍, 2023), 237쪽

존하는 대상에서 오류가 발생했을 때 SUT가 어떻게 동작해야 하는지 명시하고, 테스트를 통해 이를 검증해야 합니다. 오류가 발생했을 때 애플리케이션이 정상 동작하지 않는다면 반드시 테스트를 통해 검증하는 과정을 추가해야 합니다. 정의되지 않은 변수에 접근하거나 객체가 아닌 `undefined`를 참조하는 등은 너무 흔한 버그지만 치명적인 문제를 야기할 수 있는 대표적인 문제입니다. 특히 타입스크립트의 경우 런타임에 예상치 못한 타입의 값을 받는 경우에 치명적인 버그로 직결될 수 있기 때문에 이에 대응해야 합니다. 대표적으로 함수 타입을 전제로 코드를 작성했는데 런타임에 함수가 아닌 값이 들어온다면 변수가 참(truthy)인지 검증하는 것만으로는 부족할 수 있습니다.

다음으로, 바닐라 자바스크립트 환경에서 변수에 할당되는 값의 타입을 예측할 수 없거나 조건문으로 인한 경우의 수가 너무 많은 경우 테스트를 통해 대응 범위를 좁혀야 합니다. 값의 타입을 예측할 수 없다면 값을 특정 타입으로 변환해 경우의 수를 줄일 수 있습니다. 조건문이 너무 많다면 조건문을 별도의 함수로 분리해서 함수가 반환하는 값으로 경우의 수를 줄인 다음, 조합한 결과를 테스트할 수 있습니다.

마지막으로, 테스트 코드 또한 하나의 코드로 바라봐야 합니다. 코드는 완벽할 수 없습니다. 코드는 애플리케이션이 변함에 따라 관리하고 개선해야 하는 대상입니다. SUT의 인터페이스가 달라지면 그에 맞춰 테스트도 수정해야 합니다. SUT의 인터페이스가 달라졌다고 해서 SUT의 역할이나 중요성이 달라지지는 않기 때문입니다. 따라서 테스트 코드 역시 장황하지 않으며 비교적 변화에 잘 대응할 수 있도록 작성해야 합니다.

정리하면, 테스트는 기능보다 우선하지 않습니다. 테스트는 완벽하지 않습니다. 그렇기 때문에 치명적일 수 있는 문제를 예방하고, 효과적으로 검증하기 위해 노력해야 합니다. 그리고 필요한 경우 제거하지 않고 관리해야 합니다. 이를 통해 테스트는 완벽하지 않더라도 애플리케이션이 견딜 만한 수준의 버그만 허용하는 '면역력 높은' 애플리케이션으로 점진적으로 발전하는 데 기여할 것입니다.[23]

23 『이펙티브 소프트웨어 테스팅』(제이펍, 2023), 21쪽

CHAPTER

17

스타일

프런트엔드에서 스타일은 다루기 쉬워 보이지만 어느 순간 가장 골치 아픈 문제를 만들곤 합니다. 자바스크립트 코드에서 의존성으로 인해 문제가 발생하듯 스타일 역시 문제를 해결하기 위해 의존하는 스타일을 수정하다 보면 페이지 이곳저곳을 건드려 감당할 수 없을 정도로 큰 문제가 되어 있기도 합니다. CSS 선택자가 겹쳐 원하는 스타일이 적용되지 않거나 우선순위를 일일이 따져야 할 만큼 동일한 스타일이 여러 곳에 중복으로 정의된 상황을 마주하기도 합니다.

이번 장에서는 이와 같은 스타일과 관련된 문제들을 다루기 위한 몇몇 방법을 살펴봅니다. 이 방법들은 당장 마주한 문제를 해결하는 데에도 도움이 되지만 문제가 발생하지 않도록 예방하는 방법이기도 합니다. 또한 특정 기술에 해당하는 방법이 아닌, 일반적인 CSS를 다루는 방법입니다. 따라서 필요한 경우 각 상황에 맞게 응용할 수 있습니다.

17.1 스타일 결합자로 영향 범위 제한하기

CSS의 가장 큰 어려움의 하나는 스타일의 영향 범위가 예측하기 어렵다는 점입니다. 스타일은 전역적으로 정의 및 적용되고, 스타일 규칙들 사이에 의존성이 쉽게 발생합니다. 그래서 특정 스타일에 대한 변경이 애플리케이션의 전혀 다른 부분에 의도하지 않은 영향을 줄 가능성이 높습니다.

이러한 문제를 해결하는 가장 기본적인 방법은 CSS 결합자(combinator)를 사용해 스타일의 적용 범위를 특정 요소 및 자손으로 한정하는 것입니다. 다음은 parent라는 상위 선택자를 사용해 child1과 child2의 스타일을 부모의 범위 안으로 제한하는 간단한 예입니다.

예제 17.1 상위 선택자를 이용한 스타일 범위 한정

```
/* .parent 내부의 .child1에만 적용 */
.parent .child1 {
  color: blue;
}

/* .parent 내부의 .child2에만 적용 */
.parent .child2 {
  font-weight: bold;
}

/* 전역 .child1 선택자에 영향을 주는 스타일 */
.child1 {
  /* ... */
}
```

이렇게 정의한 스타일은 .child1이 단독으로 정의한 스타일에 영향을 주지 않습니다. 즉, child1과 child2 스타일은 parent라는 문맥 안에서만 유효하게 되어 스타일이 영향을 미치는 범위가 명확해집니다. 이는 child1이 범용적으로 정의된 스타일일 때 강력한 힘을 발휘합니다. 예를 들어, 범용적으로 사용되는 .button 선택자와 스타일이 있다고 해보겠습니다.

예제 17.2 버튼을 위한 범용 스타일

```
.button {
  padding: 10px 20px;
  width: 210px;
  height: 50px;
  font-size: 16px;
  color: white;
  background-color: blue;
  border: none;
```

```
  border-radius: 5px;
}
```

상품 카드에서 사용하는 버튼의 스타일이 일부만 달라야 한다면 예제 17.3과 같이 대부분이 중복인 새로운 선택자와 스타일을 정의하기보다 예제 17.4처럼 카드 내부의 .button에 대해 특정 스타일만 덮어쓸 수 있습니다.

예제 17.3 .button 선택자에 의한 스타일과 일부만 다른 새로운 스타일

```
.button-product-card {
  padding: 10px 20px;
  width: 210px;
  height: 50px;
  font-size: 16px;
  color: black;
  background-color: white;
  border: 1px solid black;
  border-radius: 5px;
}
```

예제 17.4 새로운 스타일을 .product-card 자손 중 .button 선택자로 제한

```
<style>
  .product-card .button {
    color: black;
    background-color: white;
    border: 1px solid black;
  }
</style>

<!-- 새로운 스타일은 이 요소에 영향을 주지 않습니다. -->
<button class="button">로그아웃</button>

<article class="product-card">
  <!-- 새로운 스타일은 이 요소로 제한됩니다. -->
  <button class="button">구매하기</button>
</article>
```

스타일 결합자를 활용해 스타일의 영향 범위를 제한하는 것은 코드의 변경으로 인한 영향을 제한하기 위해 캡슐화하는 것과 유사합니다. 그리고 `product-card`를 기준으로 영향 범위를 제한해서 볼 수 있으므로 상품 카드의 스타일을 다룰 때 집중해서 파악하는 범위도 줄어듭니다. 이 역시 코드의 캡슐화와 유사한 효과입니다.

또한 여러 스타일 규칙을 하나의 상위 선택자 아래에 그루핑함으로써 이 스타일들이 하나의 개념을 위해 협력하고 있다는 사실을 명확하게 보여줍니다. 이는 관련 있는 스타일을 한데 모아 관리함으로써 응집도를 높이는 효과를 가져옵니다.

17.2 스타일 책임 분리하기

스타일을 캡슐화해서 컴포넌트 단위로 관리하기 시작했다면 다음으로 고민해야 할 것은 스타일링의 책임을 어디에 둘 것인가의 문제입니다. 편의점을 예로 들어보겠습니다. 진열대에 놓인 개별 상품(음료수, 과자 등)의 디자인은 각 상품 포장 그 자체가 결정합니다. 하지만 어떤 상품을 어느 진열대에, 몇 줄로, 어떤 간격으로 배치할지는 진열대, 즉 상위 공간의 역할입니다.

이 개념은 요소의 위계에 따라 스타일을 다르게 적용하는 것과 같습니다. 즉, 요소의 위계에 따라 내부 스타일(글자 크기, 색상, 안쪽 여백 등)을 정의하는 규칙과 외부 스타일을 정의하는 규칙(위치, 크기, 바깥 여백 등)을 나누고 적용하는 것입니다.

예를 들어, 다음은 버튼 요소를 위한 스타일 규칙으로, 어느 요소든 `class` 속성에 `button`을 할당하면 적용됩니다.

예제 17.5 재사용 가능한 버튼의 기본 스타일

```
/* components/button.css */
.button {
  padding: 10px 20px;
  width: 210px;
  height: 50px;
  font-size: 16px;
  color: white;
  background-color: blue;
  border: none;
```

```
  border-radius: 5px;
}
```

이제 다음과 같이 세 개의 버튼 요소를 배치하는 상황을 가정해보겠습니다.

예제 17.6 세 버튼 요소를 배치

```
<div class="button-group">
  <button class="button">버튼 1</button>
  <button class="button">버튼 2</button>
  <button class="button">버튼 3</button>
</div>
```

이때 이 버튼들을 배치하는 책임은 `.button-group` 요소에 있으며, 다음과 같이 스타일을 정의함으로써 버튼을 배치할 수 있습니다.

예제 17.7 버튼 요소를 배치하기 위한 .button-group 스타일 정의

```
.button-group {
  display: flex;
  flex-direction: row;
  align-items: center;
  gap: 8px;
}
```

`gap: 8px`과 같이 일관된 간격을 적용하는 게 아니어도 책임은 여전히 `.button-group`에 있으며 적용 방법은 다음과 같습니다.

예제 17.8 두 번째와 세 번째 .button 요소에 서로 다른 간격을 적용

```
.button-group {
  display: flex;
  flex-direction: row;
  align-items: center;
}
.button-group > .button:nth-child(2) {
  /* .button-group의 자식 중 .button 선택자를 가진 2번째 요소 */
  margin-left: 4px;
```

```
}
.button-group > .button:nth-child(3) {
  /* .button-group의 자식 중 .button 선택자를 가진 3번째 요소 */
  margin-left: 8px;
}
```

여기에서 자식의 배치에 대한 책임을 `.button-group`이 맡는다는 것은 `.button-group` 선택자가 사라지면 배치와 관련된 모든 스타일 또한 적용되지 않는다는 것을 의미합니다. 이렇게 하지 않는다면 요소 배치에 대한 정보를 파악하기 위해 요소별로 정의한 스타일을 왔다 갔다 하면서 파악해야 하고, 이는 생각보다 힘든 과정입니다.

언뜻 당연해 보이는 이 방법은 리액트 컴포넌트를 다룰 때 간과되곤 합니다. 예를 들어, 개별 컴포넌트가 자신의 스타일을 정의하는 과정에서 주변 요소와의 간격 또한 스스로 정의하곤 합니다. 이러한 경우 배치를 조정하는 것은 컴포넌트를 왔다 갔다 하며 코드를 수정하는 것은 상당히 번거롭고 어려운 과정이 될 수 있습니다. 따라서 리액트의 경우에도 배치와 관련된 스타일을 부모에서 컴포넌트 속성을 통해 자식에게 전달하도록 하거나 지금까지 살펴본 것처럼 CSS 결합자를 사용하는 것이 좋습니다.

예제 17.9 부모가 외부 스타일을 책임지고 자식 컴포넌트에게 전달

```
function ParentComponent() {
  return (
    <div>
      <ChildComponent />
      <ChildComponent style={{ marginLeft: '4px' }} />
      <ChildComponent style={{ marginLeft: '4px' }} />
    </div>
  );
}

function ChildComponent({ style: styleProp = {} }) {
  return (
    <div style={{ display: 'flex', ...styleProp }}>
      {/* ... */}
    </div>
```

```
  );
}
```

컴포넌트의 깊이가 깊은 경우도 마찬가지입니다. 자식 컴포넌트의 배치를 부모를 포함한 상위 컴포넌트 중 어떤 컴포넌트에서 책임질지 경계를 정함으로써 속성을 깊게 전달하는 문제를 피할 수 있습니다. 그리고 이를 통해 각 요소의 내부 스타일과 외부 스타일에 대한 책임을 나누고, 각각 응집도 있게 스타일을 관리할 수 있습니다.

17.3 인지 부하를 낮추는 스타일 작성법

코드 라인으로 따져보면 스타일은 한 줄에 하나를 정의하는 경우가 대부분입니다. 그래서 스타일을 작성하다 보면 수백 줄은 금방 넘어가기 마련입니다. 이렇게 스타일의 규모가 커지면 CSS 코드를 이해하기 어려워집니다. 이는 코드의 가독성을 떨어뜨리고 유지보수를 어렵게 만듭니다.

이럴 때 스타일 코드를 작성하는 몇 가지 규칙을 정해두면 대규모 스타일을 이해하는 데 필요한 인지 부하를 크게 낮출 수 있습니다.

첫 번째 규칙은 스타일 속성의 순서를 정하는 것입니다. 순서는 다른 요소와 영향을 주고받을 가능성이 높은 스타일로 시작해서 그럴 가능성이 적은 스타일 순입니다. 그리고 연관 있는 스타일을 한데 묶어서 작성합니다.

1. 레이아웃 속성: position, top, left, display, flex, grid, …
2. 크기 및 여백 속성: width, height, margin, padding, …
3. 시각적 속성: background, color, border, box-shadow, …
4. 폰트 및 텍스트 속성: font-size, font-weight, text-align, …

예제 17.10 정해진 순서에 따라 작성된 스타일

```
.card {
  /* 1. 레이아웃 */
  position: absolute;
```

```
  left: 0;
  top: 0;
  display: flex;
  flex-direction: column;

  /* 2. 크기 및 여백 */
  margin: 10px;
  padding-left: 20px;
  padding-right: 16px;
  width: 300px;

  /* 3. 시각적 속성 */
  background-color: #fff;
  border: 1px solid #ddd;
  border-radius: 8px;

  /* 4. 폰트 및 텍스트 */
  font-family: 'Arial', sans-serif;
  color: black;
}
```

이렇게 일관된 순서로 스타일을 작성하면 특정 속성을 찾거나 코드의 전체적인 구조를 파악하는 데 드는 시간을 크게 줄일 수 있습니다. 또한 스타일을 세로로 작성하지 않고 가로로 작성하는 것이 가능해집니다. 스타일을 가로로 작성하는 방법은 CSS 파일의 규모가 큰 경우 선택자를 구조적으로 빠르게 찾는 데 좀 더 효과적입니다.

예제 17.11 스타일을 가로로 작성하는 방법. 이를 통해 공간을 많이 차지하는 스타일 속성을 한 줄로 제한하고, 선택자를 우선적으로 살펴볼 수 있습니다. 이를 위해서는 스타일 속성을 정의하는 순서에 유의해야 합니다.

```
/* 스타일을 가로로 작성하는 방법 */
.card { position: absolute;left: 0;top: 0;display: flex;... }
.card > .thumbnatil-wrapper { ... }
.card > .content-wrapper { ... }
.card .divider { ... }
```

두 번째는 상태에 따른 스타일을 명확하게 분리하는 것입니다. BEM(Block, Element, Modifier) 방법론에서 모디파이어(modifier)는 요소의 상태에 따른 변화를 표현합니다.[1] 이를 활용하면 요소의 기본 스타일과 상태에 따른 스타일을 분리해서 관리할 수 있습니다.

예제 17.12 CSS 모듈을 활용한 상태별 스타일 정의

```
.button {
  /* 기본 스타일 */
  padding: 10px 20px;
  border: none;
  transition: background-color 0.3s;
  cursor: pointer;
}

/* 활성화(active) 상태 스타일 */
.active {
  background-color: blue;
  color: white;
}

/* 비활성화(inactive) 상태 스타일 */
.inactive {
  background-color: grey;
  color: #ccc;
  cursor: not-allowed;
}
```

그리고 자바스크립트를 사용해 스타일을 동적으로 적용합니다.

예제 17.13 초기 상태와 함께 요소에 스타일을 적용

```
<!-- 초기 상태를 HTML 요소에 적용 -->
<button class="button inactive">버튼</button>
```

1 https://en.bem.info/methodology/quick-start/

예제 17.14 자바스크립트를 활용한 동적 스타일링

```
const $myButton = document.getElementById('my-button');

$myButton.addEventListener('click', (event) => {
  const $target = event.target;
  const isActive = $target.classList.contains('active');

  if (isActive) {
    $target.classList.remove('active');
    $target.classList.add('inactive');
  } else {
    $target.classList.remove('inactive');
    $target.classList.add('active');
  }
}
```

이처럼 상태에 따른 스타일 변화를 분리하면 이 요소가 어떤 상태들을 가지고 있고 각 상태에서 어떻게 보이는지 파악하기가 쉬워집니다. 이는 복잡한 상호작용을 가진 요소를 이해하고 디버깅하는 데 큰 도움이 됩니다.

마지막 규칙은 스타일과 요소 간의 순서를 맞추는 것입니다. 이 역시 간과하기 쉽지만 잘 맞춰 둔다면 스타일을 파악하는 데 큰 도움이 됩니다. 예를 들어, 다음과 같은 상품 카드 요소가 있다고 해봅시다.

예제 17.15 상품 카드 요소

```
<article class="product-card">
  <div class="product-thumbnail">
    <img src="..." alt="..." >
  </div>
  <div class="product-info">
    <h3 class="product-name">상품 이름</h3>
  </div>
</article>
```

그런데 이 요소의 스타일을 정의할 때 HTML 요소의 순서와 잘 맞추지 않는다면 요소의 스타일을 찾는 데 어려움이 생깁니다.

예제 17.16 순서가 잘 잡혀 있지 않은 스타일

```
.product-name { ... }
.product-thumbnail { ... }
.product-card { ... }
```

따라서 정확하지는 않더라도 관련 있는 HTML 요소와 순서를 맞춰서 정의하는 것이 HTML 요소와 연관 지어 스타일을 이해하는 데 큰 도움을 줍니다.

예제 17.17HTML 요소의 순서에 맞춰 스타일의 순서를 정의

```
.product-card { ... }

.product-thumbnail { ... }
.product-thumbnail > img { ... }

.product-info { ... }
.product-name { ... }
```

지금까지 살펴본 방법 외에도 CSS 선택자, 결합자, 의사 클래스 및 요소 등을 적절하게 사용하는 것 역시 스타일을 작성하고 이해하는 데 많은 도움이 됩니다. 사실 이러한 방법들의 목적은 스타일뿐만 아니라 코드에서도 동일합니다. 바로 필요한 정보를 효율적으로 찾고 효과적으로 다루는 것입니다.

CHAPTER

18

AI와 프런트엔드

세부적인 코드부터 모듈, 애플리케이션에 이르기까지 관심사에 맞게 분리하고, 캡슐화하고 결합도와 응집도를 적정 수준으로 유지하기 위해 노력하고, 코드에 린트를 적용하고, 네이밍 컨벤션을 준수하는 등의 노력들은 대부분 사람이 코드를 잘 다루도록 만들기 위한 것입니다. AI가 코드 구현의 많은 부분을 대신해주는 지금도, 코드 구현을 대부분 처리해줄 앞으로의 미래에도 이 사실은 매우 중요합니다. 코드의 일부분이라도 사람이 다뤄야 한다면 누가 코드를 작성하든 간에 사람이 그 코드를 이해할 수 있어야 합니다.

그렇기 때문에 AI에 구현을 위임하더라도 나와 동료, 즉 사람이 이해할 수 있게 구현하도록 가이드해야 합니다. 이번 장에서는 구체적인 구현은 AI에게 위임해서 생산성을 올리고, 사람은 코드의 복잡성을 관리하는 데 더욱 집중할 수 있는 방법을 살펴봅니다.

18.1 AI, 그리고 사람과 협업하기

새로운 기능에 대한 요청이 들어왔습니다. 그리고 이 기능에 대한 명세가 작성되고, 곧 백엔드 개발자와 프런트엔드 개발자는 구체적으로 어떻게 기능을 구현할지 논의합니다. 어떤 데이터를 어떤 식으로 요청하고 응답을 받을지 토론하고 정리해서 문서화합니다. 이제 각자의 자리에서 논의 결과를 바탕으로 실제 구현을 시작합니다. 중간중간 특이사항이 발생하면 논의를 통해 약속했던 내용을 수정하고, 다시 이를 기반으로 구현을 재개합니다.

이 같은 과정은 혼자 애플리케이션을 구현할 때도 마찬가지입니다. 클라이언트가 있고 서버가 있으며, 어떻게 데이터를 주고받을지 정하고, 이를 기반으로 각각 구현합니다. 클라이언트와 서버 간의 협업 방식만 그런 것이 아닙니다. 같은 기능 또는 페이지를 둘 이상의 프런트엔드 개발자가 구현한다고 해도 같은 과정을 거칩니다.

이러한 협업 과정은 매우 중요한 사실을 알려줍니다. 둘 이상의 주체가 협력하기 위해서는 약속이 있어야 하고, 세부 작업은 각 주체에게 달려있다는 것입니다. 이 주체는 사람일 수도 있고 애플리케이션일 수도 있으며 함수, 객체와 같이 아주 작고 추상화된 개념일 수도 있습니다. 그렇기 때문에 혼자서 함수를 만들더라도 다른 곳에서 이 함수를 사용할 때 어떻게 사용할지 먼저 정하고 그에 따라 세부 사항을 구현합니다.

AI와 협업하는 과정 역시 동일합니다. 기존 애플리케이션에 존재하는 객체, 함수 등과 어떤 인터페이스를 기반으로 협력해야 하는지 정의하고 나서 구체적인 구현을 위임합니다. 이렇게 함으로써 세부 구현에 있어 생산성을 높임과 동시에 변경 사항을 포함한 애플리케이션 구조를 이해할 수 있습니다. 왜냐하면 객체, 함수 등이 서로 어떻게 협력해야 할지 정의한 후에 구현을 요청하기 때문입니다.

반면, 단순히 어떤 기능을 구현해달라는 요청은 AI가 해당 기능을 구현하는 데 필요한 정보를 수집하도록 합니다. 이 과정에서 AI가 사용하는 토큰이 증가하고 필요한 정보를 충분히 파악하지 못해 결과가 만족스럽지 못할 수 있습니다. 또한 인터페이스 정의까지 AI가 맡기 때문에 추후 관련 기능을 다룰 때 더 많은 정보를 파악해야 하고 유지보수 비용이 증가합니다.

예를 들어, 예제 18.1에서 단순 요청의 경우에는 AI가 컴포넌트 이름을 정의하고, user 상태를 그대로 사용해야 하는지, 필요한 정보만 활용하면 되는지 파악하고 결정해야 합니다. 이때 AI가 작업한 결과물을 이해하지 않고 지나친다면 코드 전반에 대한 정보가 점점 줄어드는 문제가 발생합니다.

예제 18.1 컴포넌트 구현을 위한 단순 요청과 인터페이스 기반 요청

```
# 단순 요청
- MyPage 컴포넌트에서 사용할 프로필 컴포넌트를 만들어줘.
- 디자인은 Figma MCP를 활용해줘.
- 데이터는 MyPage 컴포넌트에서 사용하는 user 상태를 사용하면 돼.
```

```
# 인터페이스 기반 요청
- MyPage 컴포넌트에서 사용할 Profile 컴포넌트를 만들어줘.
- 디자인은 Figma MCP를 활용해줘.
- Profile 컴포넌트는 MyPage 컴포넌트에서 사용하는 user 상태의 profileImageUrl, email,
nickname 속성을 사용하면 돼.
```

반면 인터페이스 기반으로 요청하면 컴포넌트 이름과 user 상태 중 어떤 정보를 활용하는지 정의했기 때문에 AI가 스스로 판단해야 하는 정보의 양이 줄어듭니다. 그리고 구현된 결과를 세부적으로 파악하지 않더라도 프로필 컴포넌트가 어떤 이름이고 어떤 정보를 사용하는지 알기 때문에 추가 기능 구현이나 수정이 필요할 때 들어가는 노력이 줄어듭니다.

예제 18.1의 두 프롬프트 방식 모두 세부적인 구현에 대한 언급이 없음에도 MyPage 컴포넌트와 프로필 컴포넌트의 협력 방식에 대한 정보의 차이가 발생합니다.

참고 AI 작업물에 대한 이해

AI가 대부분의 작업을 하더라도 무엇을 만들고 있고, 무엇을 만들었는지 이해하는 과정은 반드시 필요합니다. 왜냐하면 애플리케이션의 규모가 커질수록 작업을 진행하는 데 필요한 문맥의 양이 계속 늘어나기 때문입니다. 그리고 요청한 사람이 이해하기 어려운 인터페이스를 AI가 정의하거나 구현할 수도 있기 때문입니다.

따라서 AI가 예측 가능한 범위에서 구현할 수 있도록 해야 합니다. 그러려면 '요청한 작업 외 추가 개발을 하지 않도록' 요청하거나 '작업을 진행하기 전에 계획을 공유하도록' 요청하는 등의 세심함이 필요합니다.

지금까지 살펴본 내용은 둘 이상의 사람이 협업하는 모습, 혼자라고 하더라도 둘 이상의 애플리케이션과 객체, 함수를 다루는 모습, AI와 협업하는 모습 등이 매우 닮았음을 보여줍니다. 그것은 바로 인터페이스를 먼저 정의하고 세부 구현은 인터페이스 기반으로 각자에게 위임하는 것입니다. 이는 모든 구성이 협력 방법에 대한 정보를 공유하는 한편, 세부적인 구현 정보는 필요한 경우 파악하도록 하는 매우 효과적인 방법입니다.

18.2 AI와 함께 설계하기

AI와의 협업은 명확한 인터페이스를 전달하고 세부 구현을 위임하는 방식에만 머무르지 않습니다. AI는 코드 작성을 넘어, 아키텍처와 설계를 함께 고민하는 과정에도 유용하게 활용할 수 있습니다. 복잡하게 얽힌 코드를 어떻게 개선하면 좋을지 모를 때, 혹은 새로운 기능을 추가하기에 앞서 어떤 구조가 더 나은 선택일지 고민될 때 AI와 함께 논의하며 아이디어를 얻고 설계의 완성도를 높일 수 있습니다.

예를 들어, '현재 컴포넌트의 복잡한 상태 관리를 개선하기 위한 리팩터링 방법 세 가지를 장단점과 함께 제안하도록' 요청할 수 있습니다. 또는 '새로운 인증 기능으로 토큰 기반과 세션 기반 인증 중 어떤 방식이 더 적합할지 애플리케이션의 특성을 고려해 논의하도록' 하는 등 특정 문제에 대한 해결책을 함께 모색할 수도 있습니다.

여기서 중요한 것은 세부 구현 요청과 설계 논의를 의식적으로 구분하는 것입니다. 이 둘은 AI에 접근하는 방식과 기대하는 결과가 다릅니다. 세부 구현을 요청할 때는 '정의한 인터페이스를 만족하는 코드를 작성하도록' 지시하는 등 **닫힌 질문**의 형태를 띱니다. 이 경우 개발자가 설계의 주도권을 가지며, AI는 명확한 명세를 따르는 역할을 수행합니다. 반면 설계를 논의할 때는 '현재 코드의 문제점을 분석하게' 하거나 '더 나은 대안을 찾아보도록' 하는 등 **열린 질문**을 통해 AI가 비판적인 시각으로 코드를 분석하고 대안을 제시하도록 할 수 있습니다.

이 두 가지 협업 방식을 명확히 구분하고 활용할 때 AI를 단순한 코드 생성 도구를 넘어 함께 협업하고 논의하는 상대로 대할 수 있습니다. 세부 구현의 생산성을 높이는 동시에, 코드의 구조와 설계를 비판적으로 검토하고 개선하는 데도 도움을 받을 수 있는 것입니다. 이를 통해 개발자는 더욱 견고하고 확장 가능한 코드를 만드는 데 더 많은 시간을 활용할 수 있습니다.

18.3 AI와 함께 테스트하기

테스트는 안정적인 애플리케이션의 필수 요소이지만 테스트를 작성하는 데 드는 비용으로 인해 신경 쓰기 어려운 것이 현실입니다. 하지만 AI를 활용하면 이러한 테스트 작성의 장벽을 낮출 수 있고, 애플리케이션의 안정성을 높일 수 있습니다.

테스트 코드는 디버깅을 돕는 것뿐만 아니라 코드의 동작 방식을 설명하는 문서의 역할도 합니다. 따라서 AI에 테스트 작성을 위임하는 것은 코드의 일부뿐만 아니라 코드에 대한 중요한 문서를 작성하도록 요청하는 것과 같습니다. 그렇기 때문에 AI에게 유용하고 유지보수하기 쉬운 테스트를 작성하도록 요청하려면 명확한 테스트 작성 원칙을 함께 제공해야 합니다.

가장 먼저 AI에게 알려줘야 할 원칙은 구현이 아닌 동작을 테스트하라는 것입니다. AI에게 테스트 작성을 요청할 때 컴포넌트의 내부 로직이 어떻게 동작하느냐가 아니라 '사용자가 버튼을 클릭했을 때 화면에 올바른 결과가 표시되는지'와 같이 외부에 공개된 동작과 최종 결과를 중심으로 테스트하도록 해야 합니다. 그리고 '불필요한 목(mock) 객체 사용을 피하도록' 명시하는 것이 중요합니다. 이는 테스트가 내부 구현에 덜 의존하게 만들어 리팩터링할 때 쉽게 깨지지 않는 테스트를 작성하게 합니다.

또한 모든 경우의 수를 테스트하려는 것은 비효율적일 뿐만 아니라 거의 불가능에 가깝습니다. 따라서 AI에게 '핵심 시나리오에 집중해서 테스트를 작성하도록' 지시하는 것이 중요합니다. 이는 기능의 정상적인 흐름을 보여주는 대표적인 경우와 시스템에 치명적인 오류를 발생시킬 수 있는 예외적인 경우를 선별해서 테스트의 우선순위를 정하는 것과 같습니다.

AI와 함께 테스트 코드를 작성하는 것은 코드 설계를 개선하는 데도 활용할 수 있습니다. 테스트하기 어려운 코드는 종종 설계상의 문제를 안고 있을 가능성이 높기 때문입니다.[1] 테스트 작성이 어렵다면 AI에게 '이 코드는 테스트하기 어려워 보이는데, 테스트하기 쉬운 구조로 리팩터링하는 방법을 제안해 줘'라고 요청할 수 있습니다. 이는 AI가 단순히 주어진 코드를 테스트하는 것을 넘어 코드의 구조적 문제점을 진단하고 개선 방향을 제시하게 함으로써 테스트 용이성이 높은 설계로 코드를 개선하는 효과가 있습니다.

마지막으로, 코드는 결국 사람이 읽고 다뤄야 하는 것처럼, 테스트 코드 또한 결국 사람이 읽고 관리해야 합니다. AI는 기본적으로 영문으로 결과물을 생성하는 경향이 있으므로 '테스트 메시지는 한글로 작성해줘'와 같이 명확한 언어 지침을 제공하는 것은 간과하기 쉽지만 매우 중요한 사항입니다. 단순히 한글로 작성하는 것을 넘어 '어떤 조건에서 무엇을 기대하는지' 명확히 드러나는 메시지를 작성하도록 요구해야 합니다. 특히 테스트 결과가 두 가지 이상의 조건에 따라 달라지는 경우 '각 조건의 조합을 `describe` 블록으로 묶어 테스트를 구성해달라'고 지시해서 복잡한 시나리오를 체계적으로 표현할 수 있습니다. 또한 여러 입력 값에 대해 동일한 검증을 반복해야 할 경우 테스트 내부에 반복문을 사용하기보다 `test.each`와 같은 데이터 기반 테스트 도구를 활용하도록 지시하면 각 테스트 케이스의 의도를 한눈에 파악할 수 있습니다.

1 『단위 테스트』(에이콘, 2021), 32쪽

다음은 AI에게 테스트 작성을 요청하기 전 지금까지 다룬 테스트 원칙을 참고하도록 하는 프롬프트입니다. (참고로 이 내용은 당연하지만 정답이 아니니 각자 상황에 맞게 수정하고 발전시킬 필요가 있습니다.)

예제 18.2 AI에게 전달하는 테스트 작성 가이드라인 예시

```
# AI 테스트 작성 가이드라인

앞으로 작성하는 모든 테스트 코드는 아래 원칙들을 따라줘.

1.  동작 검증: 함수의 최종 반환값이나 컴포넌트의 최종 렌더링 결과와 같이, 코드의 공개된
동작(public behavior)만을 검증한다. 내부 구현을 테스트하지 않는다.
2.  핵심 시나리오 집중: 모든 경우의 수를 테스트하기보다, 기능의 정상적인 흐름을 검증하는
대표적인 시나리오와, 치명적인 버그를 유발할 수 있는 예외적인 경우에 집중하여 테스트를 구성한다.
3.  테스트 용이성 제안: 테스트하기 어려운 코드를 발견하면, 테스트하기 좋은 구조로 리팩터링하는
방법을 함께 제안한다.
4.  메시지 명확성: 모든 테스트 메시지는 한글로 작성하며, '어떤 조건에서 무엇을 기대하는지'
명확히 드러나도록 서술한다.
5.  구조화: 테스트 결과가 두 가지 이상의 조건에 따라 달라지는 경우, describe를 사용해 각
조건별로 테스트를 그룹화한다.
6.  데이터 기반 테스트: 여러 입력 값에 대해 동일한 검증을 반복할 경우, test.each와 같은 도구를
사용하여 테스트 케이스를 명확히 분리한다.
7.  목(Mock) 최소화: 꼭 필요한 경우가 아니라면 Mock 객체 사용을 피하고, 실제 객체나 모듈을
사용한다.
```

테스트 작성을 요청할 때 이처럼 분명한 가이드라인을 제공하는 것은 예상치 못한 구현을 예방하고, 코드의 품질을 높이며, 문서 작성 가이드와 같이 일관성 있는 테스트 코드를 작성할 수 있도록 합니다. 이를 통해 이해하기 쉽고 관리하기 쉬운 테스트 코드를 낮은 비용으로 준비할 수 있습니다.

기호

A – F

H – Z

ㄱ – ㅂ

memo